FLENSBURGER HEFTE

Hellsehe

Der Blick über die Schwelle

Inhalt

Zu den Steiner-Zitatangaben in den FLENSBURGER HEFTEN: Die GA-Nummern beziehen sich auf die jeweilige Bibliographie-Nummer der Rudolf Steiner Gesamtausgabe im Rudolf Steiner Verlag, Dornach/Schweiz. Danach sind in der Regel das Erscheinungsjahr der benutzten Ausgabe, das Vortragsdatum bzw. Kapitel und die Seitenzahl angegeben, von der Autor-, Titel- und Ortsnennung wird abgesehen. Nach Bibliographie-Nummern geordnet ist die Rudolf Steiner Gesamtausgabe im Katalog des Rudolf Steiner Verlags aufgeführt. Der Katalog ist durch den Buchhandel erhältlich.

Liebe Leserinnen und Leser!

Einen Blick in die Zukunft des eigenen Schicksals werfen, nähere Einzelheiten darüber erfahren, wie die Menschheit in zehn oder 20 Jahren leben wird – wer möchte das nicht? Sich in die eigene Vergangenheit und in die von anderen Menschen hineinversenken und sie hellsehend erblicken – würden sich dadurch nicht manche zwischenmenschlichen Lebensrätsel entschlüsseln lassen? Die Gedanken eines anderen Menschen lesen, seine Gefühle und seinen Charakter abspüren – wäre das hilfreich oder vielleicht auch sehr belastend?

Wir zeigen in diesem Buch das Pro und Contra und die Vielschichtigkeit hellseherischer Erfahrungen. Wir unterscheiden dabei drei verschiedene Wege zu übersinnlichen Erfahrungen: die angeborene hellseherische Gabe, den meditativen bzw. anthroposophischen Schulungsweg und die Keime eines neuen Hellsehens, das sich im Zusammenhang mit neuen Seelenfähigkeiten des Menschen entwickelt. Und wir machen deutlich, daß übersinnliche Wahrnehmungen Hand in Hand mit der Ausbildung einer spirituellen Begrifflichkeit gehen sollten, da letztendlich nur sie Sicherheit und eine gültige Erkenntnis übersinnlicher Phänomene gewährleisten kann.

Wir sprechen mit bekannten Hellseherinnen, die anschaulich von ihren Fähigkeiten berichten. Und Dr. Johannes W. Schneider, Psychologe und Anthroposoph, interviewen wir über die Bedeutung des Hellsehens für den anthroposophischen Schulungsweg.

Auch wenn die meisten größeren Zeitungen und Zeitschriften mehr oder weniger die neue Rechtschreibung eingeführt haben, bleiben wir bis auf weiteres bei der alten.

Es grüßt Sie
Ihre
FLENSBURGER HEFTE-Redaktion

Hellsehen und anthroposophischer Schulungsweg

Interview mit Johannes W. Schneider

von Klaus-Dieter Neumann

Dr. Johannes W. Schneider, *geb. 1928. Nach dem Studium von Pädagogik, Psychologie und Geschichte ein einjähriges heilpädagogisches Praktikum in Schweden. Dann zehn Jahre Lehrer an einer süddeutschen Waldorfschule. Seit 1965 als Vortragsredner und Seminarleiter tätig, seit 1970 auch in der Ausbildung von Kindergärtnerinnen und Altenpflegerinnen. Sein besonderes Interesse gilt neben der Entwicklungspsychologie den ostasiatischen Kulturen.*

Buchveröffentlichungen: „Michael und seine Verehrung im Abendland" (Dornach 1981); „Erinnerungen an frühere Erdenleben?" (Dornach 1996); „Vom Sinn und Wert der Lebenskrisen" (Dornach 1998); „Träume besser verstehen" (Stuttgart 1999).

Vor etlichen Jahren habe ich einmal einen aus Südamerika stammenden Heilpraktiker aufgesucht, der ganz offenkundig in der Lage war, durch Hellsehen Krankheiten zu diagnostizieren. Alle Informationen, die er verlangte, waren meine berufliche Tätigkeit und mein Namenszug, den ich ihm zu Papier brachte. Mehr nicht, auch nicht die leiseste Andeutung über Krankheitsbilder, Lebenswandel oder ähnliches. Als ich ihm gegenübersaß, schaute er sich lediglich intensiv die Fingerkuppe des kleinen Fingers meiner rechten Hand an. Nach einer Weile begann er dann, ausführlich und sehr detailliert über meine Beschwerden zu sprechen.

Und er lag in allem 100%ig richtig. Unter anderem diagnostizierte er eine Krankheit, für deren Diagnose in einer Uni-Klinik ein mehrtägiger stationärer Aufenthalt notwendig gewesen war. Dabei drang er zwar nicht bis zur exakten begrifflichen Klassifizierung vor, aber die Symptomatik war in allen Einzelheiten korrekt beschrieben und auch die vermuteten Ursachen, die der Medizin ansonsten ein Rätsel sind, waren plausibel.

Das ist wohl ein klassisches Beispiel für eine hellsichtige Fähigkeit, wie man sie landläufig versteht. Aber Hellsehen ist ein sehr vielschichtiges Phänomen. Nicht nur, daß man zwischen verschiedenen Arten der Hellsichtigkeit unterscheiden kann – z.B. zwischen angeborener und erworbener Fähigkeit –, sie tritt auch jeweils in sehr unterschiedlicher Ausprägung auf: unterschiedlich stark und umfassend und auf verschiedenste Bereiche des Daseins bezogen. Übersinnliche Wahrnehmungen reichen von der Gedankenbeobachtung über das Erleben des Wesens eines anderen Menschen bis hin zur Schau von Elementarwesen oder Engeln. Auch die Wege zu übersinnlichen Wahrnehmungen sind verschieden. Im folgenden Interview gibt Johannes W. Schneider einen Eindruck von der Vielschichtigkeit hellsichtiger Fähigkeiten, und er schildert, welche Bedeutung das Hellsehen und die Ausbildung spiritueller Begriffe für den anthroposophischen Schulungsweg haben.

Hellsehen als umfassender Begriff für übersinnliche Wahrnehmungen

Klaus-Dieter Neumann: Aus Überlieferung und Tradition kennt man noch Phänomene wie das zweite Gesicht, Spökenkiekerei, Wahrsagen u.ä. Und durch den heutigen Esoterikboom ist eine ganze Reihe unterschiedlichster Hellseher und Heiler in den Blickpunkt des Interesses gerückt. Können Sie einmal sagen – auch im Hinblick auf Leserinnen und Leser, die sich vielleicht zum ersten Mal mit dem Thema befassen –, was eigentlich Hellsehen ist?

Johannes W. Schneider: Unter Hellsehen versteht man ganz allgemein, daß etwas wahrgenommen wird, das der gewöhnlichen Beobachtung des wahrnehmenden und denkenden Menschen nicht zugänglich ist. Eine andere, sonst nicht sichtbare Welt soll sich im Hellsehen erschließen. Dazu gehört auch, daß man in anderer Art wahrnimmt, als wir es gewöhnlich tun. Ich kann z.B. einen Baum, den ich mit meinen Augen sehe, auch hellsichtig wahrnehmen und sehe dann z.B. einen Lichtglanz um den Baum herum. Auch das würde man als Hellsehen bezeichnen. Es geht also nicht nur um eine andere Welt, sondern auch darum, daß wir die vertraute Welt im Hellsehen in anderer Art wahrnehmen.

K.-D.N.: Rudolf Steiner führt einmal aus, daß man unter dem Begriff Hellsehen eigentlich auch Hellhören subsumieren müsse. Denn auch das Stimmenhören und die Wahrnehmung von Tönen gehöre dazu. Könnte man nicht noch weiter gehen und sagen, daß der Begriff Hellsehen eigentlich jegliches übersinnliche Wahrnehmen umfaßt?

J.W. Schneider: Ja. Der Begriff Hellsehen ist eigentlich zu eng und ungenau gefaßt. Denn Hellhören, Hellfühlen, Helltasten, Hellschmekken, Hellriechen usw. kann man unter diesem Begriff durchaus miteinbeziehen.

K.-D.N.: Was kann man – allgemein gesprochen – unter einer übersinnlichen bzw. geistigen Welt verstehen, die durch Hellsehen wahrgenommen wird?

J.W. Schneider: Die übersinnliche oder geistige Welt, die wahrgenommen wird, ist nicht einfach ein Jenseits, das von unserer alltäglichen Wahrnehmungswelt abgegrenzt ist. Die Vorstellung, daß die übersinnliche Welt auf der anderen Seite einer undurchlässigen Grenze liegt, durch die sie von unserer Welt getrennt ist, führt in die Irre. Das kann man sich z.B. daran verdeutlichen, daß auch dasjenige, was zwischen Menschen geschieht, die sich wirklich verstehen, ein geistiger Vorgang ist. Und zu der übersinnlichen Wahrnehmung gehört auch die Wahrnehmung der Seele, des inneren Wesens eines anderen Menschen. Den sehe ich mit den Augen, aber an seinen Gesichtszügen z.B. kann ich indirekt auch etwas von seiner Innerlichkeit wahrnehmen.

K.-D.N.: Demnach sind übersinnliche Wahrnehmungen der persönlichen Erfahrung eines jeden Menschen zugänglich, wenn er nur darauf aufmerksam wird?

J.W. Schneider: Ja. Vor allem im ausdrucksvollen Blick des anderen Menschen haben wir ständig eine übersinnliche Wahrnehmung.

K.-D.N.: Auch in der Gedankenwahrnehmung während eines Gesprächs? Die wird zwar auch durch sinnliche Wahrnehmungen vermittelt, letztlich erfassen wir aber in einem komplexen Vorgang nur aufgrund einer übersinnlichen Wahrnehmung die Gedanken des anderen.

J.W. Schneider: Ja, sicher. Ich kann auch eine Handgeste als Ausdruck des inneren Wesens eines Menschen verstehen. Auch das ist schon eine übersinnliche Wahrnehmung. Am deutlichsten wird eine solche übersinnliche Erfahrung vielleicht, wenn wir als moderne Menschen empfinden, daß der andere in seiner jeweiligen Äußerung echt ist, d.h. daß er *sich* zeigt und nicht nur irgendeinen angelesenen Gedanken äußert. Auch diese Wahrnehmung der Echtheit ist im Grunde genommen eine übersinnliche Wahrnehmung.

Sehr häufig können Menschen heute an dem anderen wahrnehmen, ob er an das glaubt, was er sagt, ob er auch wirklich dahintersteht. Gibt er sich so, wie er ist, oder habe ich eine Maske vor mir? Und daß wir zwischen der Maske und einem ehrlichen Ausdruck des Menschen unterscheiden können, beruht auf einer hellsichtigen Wahrnehmung. Wir sind in der Lage zu erfassen, ob in der Äußerung eines Menschen sein Ich steckt oder nicht. Jacques Lusseyran bezeichnet diese Fähigkeit mit dem Begriff des moralischen Hörens. Wir hören, ob in den Worten des anderen sein Ich anwesend ist oder ob nur Worte ausgesprochen werden, die auswechselbar sind und die irgendein anderer auch so aussprechen könnte.

Eine hellsichtige Wahrnehmung ist noch keine Erkenntnis

K.-D.N.: Worin liegt der Unterschied zwischen ungeschultem und geschultem Hellsehen?

J.W. Schneider: Es ist schwer, hier in bezug auf den modernen Menschen eine definitive Grenze zu ziehen. Eindeutig von einer ungeschulten übersinnlichen Wahrnehmung kann man sprechen, wenn sie in bestimmten Ausnahmesituationen auftritt, wenn sie z.B. durch Schockzustände, Schreck, fiebrige Erkrankungen, an der Todesschwelle etc. hervorgerufen wird. Sie überkommt den Menschen in einer besonderen Situation, und zwar oft in einer Weise, daß er dadurch überwältigt ist.

Aber das geschilderte moralische Hören, die Fähigkeit zur Wahrnehmung der Echtheit eines Menschen würde ich nicht einfach als ungeschult bezeichnen. Denn diese Art der Hellsichtigkeit ist durch das moderne Leben, in der unmittelbaren Auseinandersetzung mit der Welt, schon durch eine Schulung gegangen, wenn auch nicht durch eine meditative. Diese Fähigkeit bilden wir in der Menschenbegegnung immer weiter aus.

Indem der Mensch heute ständig gehalten ist, in der Auseinandersetzung mit der Welt am Leben zu reifen, ist das bereits eine Schulung, durch die er auch solche Fähigkeiten entwickelt, die er durch Meditation noch verstärken kann. Und daß wir heute in viel stärkerem Maße in der Lage sind, die Echtheit eines Menschen wahrzunehmen, als dies noch am Anfang des 20. Jahrhunderts der Fall war, ist ein ganz erheblicher Fortschritt.

K.-D.N.: Ich habe bei der Frage insbesondere an die Unterscheidung zwischen atavistischem Hellsehen als Relikt aus vergangenen Zeiten sowie neu auftretender und durch Schulung hervorgebrachter Fähigkeit gedacht.

J.W. Schneider: So paradox es auch klingen mag: Wir haben heute einen neuen Atavismus, d.h. etwas, das eigentlich verklungen schien, taucht heute wieder neu auf. Vor 100 Jahren war der Mensch in seiner bürgerlichen Existenz wenig geneigt, überhaupt eine übersinnliche Welt in sein Welt- und Selbstverständnis einzubeziehen. Heute ist für uns die Grenze sehr viel durchlässiger, und daher kommt auch der Atavismus erneut herauf. Dementsprechend verfügen auch heutige

Hellseher, die Klienten empfangen und beraten, oft über eine atavistische Fähigkeit.

K.-D.N.: Inwiefern sind die Erkenntnismöglichkeiten eines ungeschulten Hellsehers, der zwar verschiedenste Bilder wahrnimmt oder Visionen hat, dem aber oft adäquate geisteswissenschaftliche Begriffe fehlen, eingeschränkt?

J.W. Schneider: Ich würde dasjenige, was hellsichtig wahrgenommen wird, überhaupt noch nicht als eine Erkenntnis bezeichnen. Es ist zunächst eine Wahrnehmung, die dem Vorgang einer sinnlichen Wahrnehmung entspricht. Wenn ich in der Sinneswelt einen Baum wahrnehme, der vor mir steht, ist das noch kein Erkenntnisvorgang. Dadurch, daß ich Bäume sehe, bin ich noch kein Biologe. Genauso kann man sagen, daß allein durch die Wahrnehmung des Seelischen eines anderen Menschen noch lange nicht die Erkenntnis dieses Seelischen gegeben ist. Wenn ich das Seelische eines anderen Menschen wahrnehme, heißt das noch nicht, daß ich es auch erkenne, d.h. daß ich es deuten und meine Wahrnehmung richtig einordnen kann. Und genau da liegt häufig das Problem bei hellsichtigen Menschen.

Läuterung, Erleuchtung und Einweihung

K.-D.N.: Gehen wir einmal einen Schritt weiter, um den Begriff in seiner Beziehung zum Schulungsweg weiter zu charakterisieren. Was bedeuten Läuterung, Erleuchtung und Einweihung?

J.W. Schneider: Diese drei Begriffe stammen aus der Mystik, und zwar nicht nur aus der christlichen, sondern wir finden sie in ähnlicher Weise z.B. auch in der jüdischen oder islamischen Mystik. Mit diesen Begriffen ist ein dreistufiger Weg beschrieben, der in diesem Aufbau übrigens auch noch bei Rudolf Steiner vorkommt. Er beschreibt ihn in seinem Buch „Wie erlangt man Erkenntnisse der höheren Welten?“ (GA 10), nur daß dort die Stufe der Läuterung bzw. Reinigung von ihm Vorbereitung genannt wird.

Die Läuterung kennt man in der alten Schulung als das Prinzip der Reinigung von dem Irdischen. Die Bindung an das Irdische, z.B. an den Egoismus, wird gelöst, und indem die Seele rein wird, tritt die Erleuchtung ein. Das bedeutet genaugenommen, daß man nicht an seiner Seele arbeitet, um hellsichtig wahrnehmen zu können, sondern um sich zu reinigen. Die Folge dieser Reinigung ist dann die Hellsichtigkeit. In dem Augenblick, in dem man sein Seelisches aus der irdischen Bindung gelöst hat, tritt die Erleuchtung als Lichtwahrnehmung der geistigen Welt ein.

Damit wird man hellsichtig, aber noch nicht erkennend. Die Aufgabe der Einweihung ist es, den Menschen in die Lage zu versetzen, das hellsichtig Wahrgenommene auch erkennen und verstehen zu können. Der Eingeweihte ist derjenige, der die geistige Welt versteht, und zwar unabhängig davon, ob er sie sieht oder nicht. Die Stufenfolge geht in der Tradition zwar sehr häufig von der Läuterung über die Erleuchtung zur Einweihung, aber man kann selbstverständlich auch zur Einweihung gelangen, ohne hellsichtig zu sein. Man kann die geistige Welt verstehen, ohne sie selbst schauen zu können.

K.-D.N.: Sind Erleuchtung und Hellsehen immer gleichzusetzen?

J.W. Schneider: Nein, mit Erleuchtung ist diejenige Hellsichtigkeit bezeichnet, die auf der Grundlage der Läuterung eintritt. Daraus folgt auch, daß man nicht jede Hellsichtigkeit in diesem Sinne als Erleuchtung bezeichnen kann, die eine Stufe des traditionellen dreistufigen Weges ist.

K.-D.N.: Kann es sein, daß auf dem Weg der Schulung die Erleuchtung und die Fähigkeit des Hellsehens nur für einzelne Momente auftritt und dann wieder verlischt?

J.W. Schneider: Das wird sogar die Regel sein, daß man bei einer regulären Schulung in Momenten, in denen man das auch will, eine Hellsichtigkeit entwickelt, von der im übrigen Tageslauf überhaupt nichts zu bemerken ist.

Die Lotusblumen bzw. Chakren

K.-D.N.: In der kleinen Schrift „Die geistige Führung des Menschen und der Menschheit“ (GA 15) schildert Rudolf Steiner, daß sich die Seelenarbeit der Läuterung schließlich im Ätherleib des Menschen abdrücke wie der Petschaft im Siegellack. In der Folge komme es dann zur Erleuchtung. Was ist mit diesem Bild gemeint?

J.W. Schneider: Das beschreibt eine allgemeine Gesetzmäßigkeit. Die Läuterung bezieht sich auf den Astralleib, indem man an seinem Seelischen gestaltet. Die Hellsichtigkeit tritt aber erst dann ein, wenn sich diese Seelenarbeit im Lebensorganismus, im Ätherleib des Menschen eingedrückt hat, d.h. wenn die Regsamkeit des Ätherleibes so geordnet und stark ist, daß er die Lichtwahrnehmungen der geistigen Welt aufnehmen kann.

K.-D.N.: Was sind Lotusblumen bzw. Chakren, und wie bildet man sie aus?

J.W. Schneider: Unter Chakren versteht man übersinnliche Wahrnehmungsorgane. So wie der Mensch mehrere Sinnesorgane hat, die je ein bestimmtes Sinnesgebiet wahrnehmen können, so hat er auch für verschiedene Bereiche der geistigen Welt unterschiedliche Wahrnehmungsorgane. Diese übersinnlichen Organe sind in jedem Menschen bereits veranlagt, sie entstehen also nicht erst durch die seelisch-geistige Tätigkeit, sondern werden durch sie entfaltet und selbst in Tätigkeit versetzt. Das ist durchaus mit dem Sinnesorganismus vergleichbar: Wie ich veranlagte Sinnesorgane habe, in die aber der Willensstrom der Aufmerksamkeit erst eingreifen muß, ehe ich etwas sehe, höre, schmekke usw., so habe ich auch diese übersinnlichen Wahrnehmungsorgane bereits veranlagt, und durch die innere Tätigkeit – nun allerdings durch eine längere Schulung – werden auch sie in Tätigkeit gebracht.

Der Ausdruck Lotusblume ist durch die imaginative Wahrnehmung dieser Organe entstanden, denn sie haben imaginativ wahrgenommen die bildhafte Gestalt von Lotusblumen, die mit einer jeweils verschiedenen Anzahl von Blütenblättern ausgestattet sind. Sie werden auch als Räder bezeichnet, wobei mit dem Wort Rad keine bildhafte Anschauung des Organs wiedergegeben, sondern die Tätigkeit bezeichnet ist. Beide Ausdrücke sind auch problematisch, weil sie leicht bestimmte festlegende Vorstellungen hervorrufen können. Lotusblume klingt allzu statisch und deutet darauf, daß es sich um eine Blüte handelt, und Rad klingt allzu mechanisch, als handle es sich einfach um eine Drehbewegung. In Wirklichkeit haben wir es aber nicht mit einem Drehen in sich zu tun – ein Rad dreht sich um eine Achse –, sondern mit einem Umtasten desjenigen Inhaltes, dem sich das übersinnliche Wahrnehmungsorgan zuwendet. Deshalb ist es vielleicht nicht schlecht, das Wort Chakra zu benutzen, denn damit sind nicht so leicht Mißverständnisse verbunden.

K.-D.N.: Wie viele Chakren hat der Mensch?

J.W. Schneider: In der Überlieferung findet man verschiedene Zahlen, bis hin zu der phantastisch anmutenden Anzahl von 20 Chakren. Rudolf Steiner spricht davon, daß *vor allem* fünf in Betracht kommen: die zweiblättrige Lotusblume an der Stirn, die 16blättrige in der Kehlkopfgegend, die zwölfblättrige in der Herzregion, die zehnblättrige etwas darunter und die sechsblättrige in der Körpermitte, d.h. etwa eine Handbreit unter dem Nabel. *Vor allem* diese fünf.

Wenn man nun die gängige Literatur hinzunimmt – ich sehe einmal von Extravaganzen ab –, dann gibt es nur noch zwei weitere. Und es ist eine Frage, warum Steiner diese zwei bei der Aufzählung ausläßt. Zum einen ist das die vierblättrige Lotusblume am untersten Teil des Rumpfes, zum anderen die sogenannte 1.000blättrige am Scheitelpunkt, den Kopf oben überragend. Soweit ich das beurteilen kann, sind das ältere Wahrnehmungsorgane, die noch bis in die atlantische Zeit zurückreichen und die heute unbedingt ruhen sollten, d.h. die Ausbildung sollte sich heute auf die anderen genannten Lotusblumen beziehen. In der indianischen Kunst sind vor allem diese beiden Chakren dargestellt. Die vierblättrige und die 1.000blättrige sollten heute eigentlich gar nicht berührt werden. Sie sind Organe, die mit demjenigen mitschwingen, was im Kosmos geschieht, und deren Tätigkeit weniger auf der Eigenaktivität des Menschen beruht.

Die Bedeutung der moralischen Entwicklung

K.-D.N.: Welche Bedeutung hat die moralische Entwicklung für den Menschen, der durch einen Schulungsweg geistige Erkenntnisse anstrebt?

J.W. Schneider: Es mag heute ungewohnt klingen, aber ich möchte doch sehr deutlich betonen, daß eine moralische Entwicklung nicht nur für die Geistesforschung, sondern auch ganz allgemein für die wissenschaftliche Forschung von großer Bedeutung ist. Gerade wenn man auf dem Gebiet der Humanwissenschaften arbeitet, muß man sich letztlich doch sagen, daß man ohne eine moralische Haltung gar nicht in der Lage ist, zu adäquaten Erkenntnissen zu kommen. Man kann nur dasjenige erkennen, vor dem man eine Achtung hat.

Und das gilt für den geistigen Erkenntnisweg in einem noch stärkeren Maße. Denn im gewöhnlichen Leben kann man zwar etwas intellektuell durchschauen, ohne daran moralisch beteiligt zu sein, aber auf übersinnlichem Gebiet ist immer der gesamte Mensch in die Wahrnehmung und Erkenntnis miteinbezogen. Daher ist die moralische Entwicklung von einer ganz besonderen Bedeutung. Sie ist die Basis des Erkennens und nicht etwa nur ein erfreulicher Begleitumstand. Wenn ich ein Wesen erkennen will, brauche ich eine entsprechende zurückhaltende, achtungsvolle Haltung gegenüber diesem Wesen, sonst zeigt es sich nicht. Sonst sieht man eine Erscheinung, aber nicht das Wesen.

K.-D.N.: Demnach kommt es nicht nur darauf an, bestimmte Inhalte aufzunehmen, sondern ganz wesentlich auch darauf, entsprechende Empfindungen auszubilden. Habe ich Sie richtig verstanden, daß die Ausbildung solcher Empfindungen gegenüber geistigen Inhalten überhaupt erst die Grundlage schafft und es möglich macht, daß sich etwas geistig Substantielles bzw. Wesenhaftes im Erleben offenbart?

J.W. Schneider: Ja, die Empfindung wird zum Wahrnehmungsorgan. Das ist natürlich etwas, das wir im gewöhnlichen Wissenschaftsbetrieb so nicht kennen.

K.-D.N.: Rudolf Steiner weist darauf hin, daß mit visionärem, ungeschulten Hellsehen oft negative Eigenschaften verbunden sind. Wie kommt das?

J.W. Schneider: Diese negativen Eigenschaften wie Lügenhaftigkeit, Eitelkeit, Machtstreben usw. sind ohnehin im Menschen mehr oder weniger ausgeprägt vorhanden. Sie werden nicht erst mit dem Auftreten der Hellsichtigkeit veranlagt. Aber sie können durch die Hellsichtigkeit unter Umständen erheblich gesteigert werden, denn z.B. kommt es natürlich der Eitelkeit sehr entgegen, daß man über eine Fähigkeit verfügt, die andere nicht haben. Und man hat dadurch auch die Möglichkeit, eine gewisse Macht auszuüben, indem man etwas sieht, was den anderen Menschen verschlossen ist. Daraus kann der Machtanspruch erwachsen, daß die anderen Menschen zu glauben haben, was der Hellseher ihnen über seine Wahrnehmungen mitteilt. Dieser Machtanspruch wäre eine typische negative Eigenschaft, die mit dem Hellsehen auftreten kann.

Wenn solche negativen Charaktereigenschaften Platz greifen, dann machen sie zwar alles weitere geistige Wahrnehmen nicht unmöglich, aber sie verzerren es. Wenn ein Hellseher seiner Eitelkeit und seinem Machtstreben unterliegt, ist es ihm nicht mehr möglich, reine geistige Wahrnehmungen zu haben, sondern nur noch aus seiner Egoität heraus verzerrte.

Die höheren Erkenntnisstufen Imagination, Inspiration und Intuition

K.-D.N.: Was versteht Steiner unter den höheren Erkenntnisstufen Imagination, Inspiration und Intuition?

J.W. Schneider: In der anthroposophischen Literatur, und manchmal auch bei Rudolf Steiner, bezeichnet das Wort Imagination unter Umständen einfach bildhaftes geistiges Wahrnehmen. Steiner meint aber eigentlich etwas Genaueres damit, und zwar eine Bildhaftigkeit, die sich aus der Verdichtung eines Denkens in Prozessen ergibt. Wenn ich z.B. den Wachstumsvorgang einer Pflanze meditativ mitvollziehe, dann kann sich diese Bewegung des Wachsens in ein bestimmtes Gefühl und weiterhin in eine bestimmte Lichterscheinung verdichten. Im genaueren Sinne meint der Begriff Imagination eigentlich dieses so verdichtete Bild und nicht irgendein geistiges Bild.

Und diese Stufe der Imagination ist auf dem anthroposophischen Meditationsweg etwas Neues. Diese Stufe gibt es in der Tradition nicht. In der Tradition könnte man demgegenüber eher von einer Vision sprechen, die von der geistigen Welt in eine empfängliche Seele hineingeprägt wird, d.h. solche Bilder entstehen nicht aus einem Verdichtungsprozeß des Denkens. Das ist das eigentlich Neue in der anthroposophischen Meditation. Es wird nicht etwa eine noch höhere Erkenntnisstufe hinzugefügt, sondern eine elementare.

Indem ich durch diese Art der Imagination hindurchgehe, wird auch die Inspiration etwas anderes, als in der Tradition bekannt. In der Tradition meinen die Worte inspirieren und Inspiration ein Hineinhauchen, Hineintönen, Hineinklingen der geistigen Welt in die Seele. Auf dem anthroposophischen Meditationsweg müßte man demgegenüber die Inspiration als eine Begegnungsfähigkeit mit geistigen Wesen bezeichnen. Nimmt man z.B. den Weg des Yoga, dann kann man sagen, daß die Erlebnisse von Anfang an inspirativ und gar nicht imaginativ sind. Und weil der Mensch auf dem Weg des Yoga mit diesen inspirativen Erlebnissen beginnt, ist er Empfänger und nicht jemand, der schon souverän begegnen kann. Deswegen kommt man auch auf dem Weg des Yoga sehr viel rascher zu inspirativen Erlebnissen als auf dem anthroposophischen Weg. Nur sie sind qualitativ etwas sehr Verschiedenes. Denn Inspiration im anthroposophischen Sinn bedeutet die Fähigkeit, unmittelbar, sozusagen im Gespräch, geistigen Wesen begegnen zu können.

Und Intuition meint, daß man sich identifiziert, hineinversetzt in ein anderes Wesen, um es gewissermaßen von dessen Innenseite her zu verstehen. Die Intuition entspricht einem Erlebnis, das wir aus dem zwischenmenschlichen Verkehr kennen, wenn wir uns in die Gedankenart eines anderen Menschen hineinversetzen – ohne sie deshalb billigen zu müssen – und sie von innen her verstehen. Das ist ein intuitives Element. Intuition ist also nicht im herkömmlich vagen Sinne gemeint, daß man einen Einfall hat, sondern es ist die Fähigkeit, sich in ein anderes Wesen hineinzuversetzen.

K.-D.N.: Betrachten wir einmal die Imagination etwas näher. Goethe schildert einmal mit folgenden Worten seine Fähigkeit der inneren Anschauung:

„Ich hatte die Gabe, wenn ich die Augen schloß und mit niedergesenktem Haupte mir in der Mitte des Sehorgans eine Blume dachte, so verharrte sie nicht einen Augenblick in ihrer ersten Gestalt, sondern sie legte sich auseinander und aus ihrem Innern entfalteten sich wieder neue Blumen. – Es war unmöglich, die hervorquellende Schöpfung zu fixieren, hingegen dauerte sie so lange als mir beliebte, ermattete nicht und verstärkte sich nicht.“ (Goethe, zit. nach: GA 1a/1982/S.VIII, Vorwort von K.J. Schröer)

Goethe hat diese Fähigkeit durch seine langjährige Beschäftigung mit der Natur und insbesondere mit der Metamorphose der Pflanzen ausgebildet. Handelt es sich bei dem beschriebenen Erlebnis um eine Imagination im anthroposophischen Sinn?

J.W. Schneider: Ja, und das wird auch durch eine andere Bemerkung Goethes deutlich. Nachdem er das Wachstumsprinzip der Pflanzen erkannt hatte, sagt er, daß er nun gerne nach Indien reisen würde, und zwar nicht um diese oder jene neue Pflanze zu entdecken, sondern um Pflanzenmöglichkeiten, die er aus sich heraus entwickeln könne, von der Natur bestätigt zu bekommen. Goethe erfaßt also den Prozeß des Pflanzenwachstums, indem er alle verschiedenen Möglichkeiten, wie sich die Urpflanze in allen einzelnen Pflanzen realisieren kann, mitvollziehen kann. Er befindet sich damit in der schöpferischen Sphäre des Wachsens.

Goethe bleibt nicht bei dem Beobachteten stehen, das man einordnet, denn da bewegen wir uns im gewöhnlichen Denken. Er bewegt sich im hervorbringenden Denken, das von den Möglichkeiten der Pflanze ausgeht und den schöpferischen Prozeß mitvollzieht. Damit befindet er sich mit seinem anschauenden Denken nicht mehr in der physisch-materiellen Welt, sondern in der Welt der Lebenskräfte.

„Der Teufel stinkt nach Schwefel"

K.-D.N.: Können Sie noch einmal anhand eines weiteren Beispiels schildern, wie man zum Schauen imaginativer Bilder kommt?

J.W. Schneider: Das Charakteristische auf dem anthroposophischen Weg ist, daß sich gar nicht so leicht oder plötzlich ein Bild einstellt. Zunächst einmal muß ich die Eigenart z.B. eines Pflanzenwachstums, eines bestimmten Textverlaufs oder einer konkreten menschlichen Seele empfinden. Ich muß zunächst zu einem bestimmten Empfindungserlebnis kommen. Das wird im allgemeinen aber nicht sehr hoch eingeschätzt. Dieses Empfindungserlebnis ist aber außerordentlich wichtig, weil es ein Verdichtungsvorgang ist.

Wenn ich das Pflanzenwachstum – das ist vielleicht am anschaulichsten – mitvollziehe, bin ich in einem fortdauernden Prozeß, d.h. im nächsten Augenblick ist der vorhergehende wieder vergangen, und ich gehe diesen Prozeß Schritt für Schritt mit. In der Verdichtung ziehe ich dann die Eigenart dieses Weges in einer Empfindung zusammen. Ich habe dann also keine den wechselnden Formen entsprechende wechselnde Empfindungen, sondern es stellt sich eine Empfindung als Konzentration dieses ganzen Wachstumsprozesses ein.

Und dieses Gefühl kann sich nun weiter verdichten, und zwar bei den einzelnen Menschen auf verschiedene Weise: zu einem Lichterlebnis, zu einem Farberlebnis – einheitlich oder differenziert –, zu einem Klang-, Duft- oder Formerlebnis. Das kann sehr verschieden sein, denn das hängt von der Seelenverfassung des betreffenden Menschen ab. Menschen, die stark nach der Mystik hin veranlagt sind, haben häufig ein Geruchs- oder Geschmackserlebnis. Wir kennen das z.B. aus der alten Redewendung: „Der Teufel stinkt nach Schwefel." Wenn man sich auf die Art dieses dämonischen Wirkens einläßt, kann sich das zu einem Geruchserlebnis verdichten, so daß man einen Geruch wie Schwefel wahrnimmt.

Ein anderes Beispiel ist, daß man in der Überlieferung vom „süßen Jesulein" spricht. Süß ist der imaginative Ausdruck für reif, d.h. mit dem Begriff ist nicht gemeint, daß es sich um einen besonders wonnigen Säugling handelt, sondern er deutet darauf hin, daß an diesem kleinen Kind Reife des Menschseins erlebt wird. So kann man auch, wenn ein bestimmter Mensch spricht, an seiner Gedankenart z.B. das Erlebnis der Süße haben, d.h. ein Erlebnis der Reife und des Ausgereiftseins. Das ist bereits imaginativ. Das kann sich dann dahingehend weiterentwickeln, daß ein differenziertes inneres Bild auftritt. Aber der Einstieg in die Imagination ist dieses einfache Empfindungserlebnis. Dieses Erlebnis ist aber nicht wie die gewöhnlichen Empfindungen eine Antwort auf einen Reiz, sondern Verdichtung eines Vorgangs, den ich selbst vollzogen habe. Das ist der eigentliche Einstieg in die Imagination.

K.-D.N.: Wie verhält es sich mit der imaginativen Wahrnehmung eines geistigen Wesens, z.B. eines Elementarwesens; an welchen Erscheinungen kann man da zunächst seine Empfindungen ausbilden und verdichten?

J.W. Schneider: Nehmen wir einmal das Beispiel der Wahrnehmung von Elementarwesen. Ein Elementarwesen wirkt ja in den Naturprozessen, d.h. ich muß mich zunächst auf dasjenige einlassen, was in der Natur geschieht. Das kann das Wachstum einer Pflanze, aber auch etwas sehr viel Umfassenderes sein. In der ganzen Art, wie eine Landschaft gestaltet ist, ist das Leben und Weben von Elementarwesen wirksam. Und das hat in jeder Landschaft einen verschiedenen Charakter, Duktus oder Klang, dem man nachspüren kann. Und das kann nur geschehen, indem man sich zunächst darauf einläßt, was in der Natur geschieht. In der imaginativen Wahrnehmung von Elementarwesen verdichtet sich, was man vorher mit seinen Sinnen als den Charakter dieser Landschaft aufgenommen und zur Empfindung gebracht hat.

Durch Gedankenbeobachtung zur Intuition

K.-D.N.: Schließen sich irgendwann an das imaginative Erleben Inspiration und Intuition an, oder kann man z.B. auch zur Intuition kommen, ohne vorher ein imaginatives Erleben ausgebildet zu haben?

J.W. Schneider: Ja, das ist der Weg, den Rudolf Steiner in der „Philosophie der Freiheit“ (GA 4) beschreibt. Er zeigt dort auf, wie man ziemlich direkt in die Intuition hineinkommt, d.h. die Imagination und die Inspiration sind nur angedeutet da. Wenn ich den Gedankenprozeß eines anderen Menschen beobachtend mitvollziehe, dann komme ich zunächst in eine Bewegung hinein, und die kann sich nun zu einer Art Geste verdichten. Ich erlebe dann diese oder jene Geste der Gedankenführung, die bei jedem Menschen ganz verschieden ist. Dabei bildet sich nicht ein imaginatives Bild völlig aus, aber in dieser eigentümlichen Geste des Denkens haben wir einen Ansatz von Imagination auf diesem Weg der Gedankenbeobachtung, der eigentlich in die Intuition hineinführt.

Und so kann man auch zu einem bestimmten Klangerlebnis kommen, etwa wenn man empfindet, daß die Gedanken zweier Menschen gut zusammenklingen, obwohl sie inhaltlich sehr verschieden sein können. Indem ich das Zusammenklingen oder auch die Disharmonie zweier Gedankenprozesse wahrnehme, bin ich in einem inspirativen Element. So kann man z.B. wahrnehmen, ob der Anfang eines Gedankenprozesses, sein Höhepunkt und sein Schlußpunkt einen guten und vollen Akkord ergeben oder eine Dissonanz. Das ist ein inspiratives Element in der Beobachtung des Denkens, die in die Intuition hineinführt, aber eben doch einen Anklang von Imagination und Inspiration mitenthält.

Die Bedeutung des Hellsehens für die Anthroposophie

K.-D.N.: Worauf basieren die Forschungsergebnisse und Darstellungen Rudolf Steiners?

J.W. Schneider: In bezug auf diese Frage trifft man immer wieder auf den großen Irrtum – auch unter Anthroposophen –, daß Rudolf Steiner gesagt und dargestellt habe, was er *geschaut* hat. Aber gerade darüber hat er geschwiegen. Denn über dasjenige, was durch hellsichtige Erfahrung, durch Schauung, durch Imagination gefunden ist, kann man so noch nicht sprechen, weil es erst einer vertieften Durcharbeitung in der Inspiration bedarf. Was Steiner auf den verschiedensten Lebensgebieten als Anregungen gibt, ist nicht das Ergebnis von Imaginationen, von Geschautem, auch wenn die Darstellung hin und wieder bildhaft ist. Denn alles, was er darstellt, ist durch die Inspiration hindurchgegangen.

Diese inspirative Durchdringung desjenigen, was in der Schau auftritt, kann relativ schnell gehen. Das kann innerhalb weniger Wochen oder Monate geschehen. Es kann aber auch – wie Steiner z.B. in bezug auf die Dreigliederung des menschlichen Organismus eindringlich betont – mehr als 30 Jahre dauern. In dieser ganzen Zeit hat er über das Thema nicht gesprochen, sondern geschwiegen. Es ist also ein fundamentaler Irrtum gegenüber der ganzen Anthroposophie, daß man meint, Steiner spreche über die Ergebnisse seiner Schauungen.

Wenn jemand darauf verweist, daß er doch nur über dasjenige spreche, was er geschaut habe, und es deshalb wahr sei, enthält das einen gewissen Machtanspruch. Der Hellseher schaut, was den anderen Menschen verborgen ist, und erhebt dann den Anspruch, daß seinen Darstellungen Glauben geschenkt werden müsse. Aber gerade darum geht es in der Anthroposophie nicht. Denn in ihr wird nur dasjenige, was durch die inspirative Sphäre hindurchgebracht wurde, in einer reinen Gedankensprache mitgeteilt. Die anthroposophischen Darstellungen müssen als Gedanken in sich schlüssig und überzeugend sein und dürfen nie den Machtanspruch erheben, daß sie deswegen wahr seien, weil sie geschaut sind. Es kann sich nicht darum handeln, daß wir glauben müssen, was ein Schauender sagt. Das wäre eine völlige Entstellung der Anthroposophie. Das kann man gar nicht entschieden genug betonen. Hellsichtigkeit ist noch keine Geistesforschung, sowenig wie ein Spaziergang oder die Betrachtung von Bäumen ein Biologiestudium ist.

K.-D.N.: Welche Bedeutung hat das Hellsehen für den anthroposophischen Schulungsweg?

J.W. Schneider: Es ist zunächst einmal gar nicht wichtig, daß man hellsichtig wird, sondern wichtig ist die Arbeit an einem selbst. Rudolf Steiner möchte die Menschen nicht zur Hellsichtigkeit, sondern zur Einweihung hinführen. Hellsichtigkeit kann man dankbar hinnehmen, wenn sie eintritt, aber sie ist nicht das Ziel. Und eine Übung um der Hellsichtigkeit willen durchzuführen, also gewissermaßen zu dem Zweck, hellsichtig zu werden und so einen bestimmten Sachverhalt zu durchschauen, würde von vornherein die Ergebnisse verfärben. Wenn man die auf sich selbst bezogene Absicht hat, etwas hellsichtig festzustellen, und dann in diese Richtung sucht, führt das in die Phantastik.

Geistige Forschung beruht darauf, daß man eine Veranlassung hat, hier oder dort zu untersuchen. Wenn ich z.B. um Rat und Hilfe gefragt bin, dann ist eine Veranlassung aus der Welt da, daß ich mich damit beschäftige. Wenn man demgegenüber z.B. in eine Gesellschaft käme und nun einfach einmal die Auren der Anwesenden sehen wollte, würde das nie ein wahrheitsgemäßes Bild ergeben. Geistige Forschung setzt immer einen moralischen Anlaß voraus. Es muß eine Veranlassung aus der Welt da sein, die nicht nur im Menschen, sondern z.B. auch in Naturproblemen liegen kann. Nur wo eine solche Veranlassung vorlag, hat Steiner überhaupt geforscht. Daher gibt es in der Geistesforschung auch keine Systematik, die darauf abzielt, irgendein Gebiet ganz durchzugehen. Nur das Leben mit seinen Anforderungen bringt eine Art Systematik, aber die geht nicht auf Vollständigkeit, sondern auf konkrete Lebensbezüge. Hier müssen wir manche Denkgewohnheiten in Frage stellen, denn wir können nicht einfach Vorgehensweisen, die uns aus der herkömmlichen Wissenschaft bekannt sind, auf geisteswissenschaftliche Forschung übertragen.

Die höheren Welten

K.-D.N.: Wie gliedern sich die übersinnlichen Welten, die man in Imagination, Inspiration und Intuition erfährt?

J.W. Schneider: In der Tradition spricht man von einer nahen übersinnlichen Welt und bezeichnet sie als „die Wolken". Sie ist der irdischen, also der physisch-materiellen Welt nahe und mit der ätherischen

Welt, mit dem Lebensumkreis der Erde gleichzusetzen. Sie wird auch elementarische Welt genannt. Dann sprechen wir von einer seelischen, einer astralen Welt, die schon weniger an die irdische Welt anknüpfen kann, und das gilt noch mehr für die geistige Welt. Allerdings muß man sich das auch so vorstellen, daß die jeweils höhere Ebene die anderen auch durchdringt.

K.-D.N.: Können Sie einmal kurz einige Eigenarten dieser Welten beschreiben?

J.W. Schneider: Innerhalb der ätherischen, elementarischen Welt sind eigentlich Lebensströmungen das Wesentliche. Das wird vielleicht im Verhältnis zur Zeit am deutlichsten. Man kann an diese Welt herankommen, indem man die Übung macht, sich einen bestimmten Inhalt – sei es ein Stück des eigenen Tageslebens, sei es ein Romankapitel, darauf kommt es nicht an – rückwärts vorzustellen. Zunächst ist das sehr mühsam, und man wird es rein gedanklich tun, daß man die einzelnen Schritte zurückverfolgt.

Wenn man auf diesem Gebiet etwas Übung hat, kann man diesen Prozeß des Zurückgehens in einer Weise vollziehen, daß man schließlich zu einem Erlebnis kommt, daß man wie gegen einen Zeitstrom angeht, ähnlich als wenn man gegen die Strömung im Wasser läuft. Da kommt man in ein Zeiterleben hinein, das nicht einfach bedeutet, die einzelnen Schritte zurückzugehen, sondern man erlebt dann, daß einem die Vergangenheit entgegenströmt. Dann befindet man sich im ätherischen Erleben. Es kommt dabei auf die Beziehung des Menschen zum Erlebnisinhalt und nicht auf das objektive Kriterium des Zeitverkehrten an, daß das Letzte das Erste wird. Erst wenn es strömt, kommt man in die ätherische Welt hinein.

In der astralen Welt ist das Wesentliche, daß man ein inneres Zusammengehören spürt. Im menschlichen Gespräch, besonders in der Gruppe, können wir manchmal erleben, daß wir an einer bestimmten Stelle empfinden, daß jetzt ein bestimmter Mensch etwas sagen müßte. Der Klang dieses Menschen gehört an diese Stelle. Da sind wir in einem astralen, in einem seelischen Empfinden. Und das ist souverän gegenüber dem Zeitstrom.

In der geistigen Welt steht man in einer unmittelbaren Wesensbeziehung, d.h. es geschieht immer etwas ganz Überraschendes. Da äußert sich ein geistiges Wesen gerade nicht so, daß man empfindet, dies sei der Klang, der jetzt kommen müßte, sondern es kommt etwas originell Neues. Man befindet sich nicht in der geistigen Welt, wenn etwas so eintritt, wie man es erwartet und sich vorher schon denken konnte. In der geistigen Welt befindet man sich immer auf einer Ebene des Überraschenden, Originellen: Geistige Wesen beginnen zu handeln.

K.-D.N.: Kann man die höheren Erkenntnisstufen den übersinnlichen Welten zuordnen, die Imagination der ätherischen, die Inspiration der seelischen und die Intuition der geistigen Welt?

J.W. Schneider: Ja, und zwar in dem Sinne, daß man z.B. in der ätherischen Welt sein Wahrnehmen auf seinen Ätherleib stützt. Aber selbstverständlich kann ein geistiges Wesen, z.B. ein Engel, sich auch innerhalb der ätherischen Welt äußern. Ich kann den Engel zunächst noch nicht intuitiv erfassen, sondern bin erst in der Lage, ihn mit meinem eigenen Ätherleib zu erleben, ein Berührungserlebnis mit diesem Engel zu haben. Das gehört zur Imagination und zum Erleben in der ätherischen Welt, daß ich wie beim Tasten an den anderen herankomme und eigentlich wahrnehme, wie die geistige Welt auf mich drückt. Das ist die Imagination. Zu meinen, daß dasjenige, was man in der Imagination wahrnimmt, die Gestalt der geistigen Welt sei, ist eine völlige Illusion. Die hat überhaupt keinen Bestand. Wenn die geistige Welt mich als imaginierenden Menschen berührt, dann blüht ein Bild auf, aber daß gerade dieses Bild erscheint, liegt an mir.

Wenn z.B. Jeanne d'Arc, die Jungfrau von Orleans, den Erzengel Michael sprechen hört, spricht der erstaunlicherweise französisch. Während andere doch glauben, er spräche deutsch. Das geistige Wesen äußert sich in einer Art, die dem Gewohnheitsleben des jeweiligen Menschen entspricht. Michael spricht natürlich weder deutsch noch französisch, sondern er spricht mit der Sprache der Engel. Und wenn der Mensch sich darauf einstellen kann, hört er es in seiner Sprache, die er versteht.

K.-D.N.: Sie erwähnten bereits, daß sich die verschiedenen Ebenen der ätherischen, astralen und geistigen Welt auch durchdringen. Die geistige Welt ist auch in der astralen, ätherischen und auch in der irdischen Welt anwesend. Wenn man eine Imagination hat, kann sich diese also auf alle Seinsschichten beziehen. Können Sie noch einmal verdeutlichen, wieso die Imagination trotzdem der ätherischen Welt zuzuordnen ist?

J.W. Schneider: In der Imagination ist mein Ätherleib stark angeregt und beeindruckt von etwas, das aus der geistigen Welt herkommt. Wenn ich mein Erleben auf den Astralleib stützen kann, dann tritt das bildhafte Element zurück. Es liegt also weniger an der ätherischen oder astralen Welt als solcher, sondern an mir, ob es zur Imagination kommt. Ein Engel ist selbstverständlich kein ätherisches, sondern ein geistiges Wesen. Aber wenn dieses Wesen sich mir nähert, so daß ich es mit meinem eigenen Ätherleib aufnehmen kann, dann bildet sich eine Imagination. Die kann sehr verschieden geartet sein, je nachdem wie *ich* diesen Engel wahrnehme.

Es ist ein bekanntes Phänomen, daß in den frühen christlichen Jahrhunderten Engel im allgemeinen ohne Flügel dargestellt wurden. Dann kamen Jahrhunderte, in denen nur geflügelte Engel dargestellt wurden, und um das 9., 10. Jahrhundert wurden Engel dann auf einmal auch wieder ohne Flügel dargestellt. Das liegt nicht daran, daß die Engel einmal Flügel haben und einmal keine, sondern daran, daß sich das Erlebnis der Menschen ändert. Der Engel – ich meine jetzt nicht die hohen Engel wie z.B. die Seraphim mit ihren sechs Flügeln, sondern den Engel des Menschen – wird sehr viel stärker in der Zuwendung an den Menschen erlebt, wenn er geflügelt erscheint. Wenn er ungeflügelt erscheint, wird stärker die Beziehung zur gesamten Engelwelt erlebt. Es hängt also vom jeweiligen Menschen ab, wie die Imagination erscheint.

K.-D.N.: Wenn man beginnt, übersinnliche Wahrnehmungen zu haben, dringt man dann zunächst nur in eine bestimmte Sphäre der übersinnlichen Welten ein?

J.W. Schneider: In gewisser Weise kann man das schon sagen, denn man kann zunächst nur eine Beziehung zu demjenigen aufnehmen, was sich innerhalb der ätherischen Welt ausdrückt. Weiter kommt man erst, wenn man sich aus dem zeitströmenden Element erheben und souveräner werden kann und dann Wahrnehmungen aus der astralen Welt eintreten. Man kann aber auch unmittelbar einen Gedanken aufnehmen, den ein Engel einem vermitteln will. Man erlebt dann nicht nur dasjenige, was einen im eigenen Ätherleib berührt, sondern man nimmt unmittelbar wahr und kann es in der Intuition auch direkt verstehen.

„Die Zukunft kann man nicht schauen“

K.-D.N.: Können Sie sagen, wie man zum Schauen der Zukunft kommt?

J.W. Schneider: Strenggenommen gar nicht. Die Zukunft kann man nicht schauen, da man nur etwas wahrnehmen kann, was ist. Die Zukunft ist aber noch nicht. Dasjenige, was man wahrnehmen kann, sind die Entwicklungstendenzen auf die Zukunft hin. Was heute schon real ist, sich aber erst in der Zukunft voll ausgestalten wird, kann wahrgenommen werden.

Man kann z.B. einen Traum haben vom Tod eines nahestehenden Menschen, weil man in der Beziehung zu ihm – zwar nicht wachbewußt, aber mitfühlend – schon erlebt hat, daß in ihm die Krankheit schon wirksam ist, die zum Tod führt. Aber der Tod, den man träumt, ist noch nicht real. Real ist lediglich die Entwicklungstendenz auf den Tod hin. Und so kann man den Tod dieses Menschen im Traum schauen, obwohl er noch nicht eingetreten ist. Genaugenommen nimmt man also Gegenwart wahr, indem man den Tod im Traum schaut, und nicht Zukunft.

K.-D.N.: Es gibt Prophezeiungen und Vorhersagen, auch frappierende Aussagen Rudolf Steiners, die später dann auch eingetroffen sind. Verhält es sich damit ähnlich wie mit dem eben genannten Beispiel des Traums?

J.W. Schneider: Es gibt da verschiedene Möglichkeiten. Wenn jemand etwas über seine Zukunft hört und dann der entsprechende Tag kommt, kann es sein, daß er deswegen so verunsichert ist, daß ihm das Unglück dann auch tatsächlich zustößt. Dann ist die Prophezeiung die Ursache für dasjenige, was eintritt. Das ist sicher gar nicht selten der Fall. Aber wenn eine ernstzunehmende und zutreffende Aussage über die Zukunft vorliegt, beruht sie eben darauf, daß eine Entwicklungstendenz richtig gesehen wird. Und dann gibt es noch die Möglichkeit, daß die Entwicklungstendenz zwar richtig gesehen, aber nicht richtig gedeutet wird.

K.-D.N.: Von Steiner gibt es sogar genau datierte Vorhersagen, z.B. gegenüber den Pfarrern der Christengemeinschaft die Äußerung, daß 1933 das Tier aus dem Abgrund steigen werde.

J.W. Schneider: Die Zeit war gar nicht so weit entfernt, denn es lagen nur neun Jahre zwischen dieser Äußerung und 1933. Die Tendenz war 1924 schon real, das Geschehen lag schon ganz nahe, stieg schon auf, und es ließ sich auch schon abschätzen, wie lange es bis dahin noch dauern würde.

K.-D.N.: Es gibt auch Aussagen Steiners, die weit in die Zukunft greifen, z.B. wenn er vom kommenden Krieg aller gegen alle spricht.

J.W. Schneider: Den Krieg aller gegen alle finden wir auch in der Apokalypse des Johannes als Zukunftsszenario, dem die Menschheit entgegengeht. Es ist die Richtung, die unsere Entwicklung nimmt, aber nicht nehmen muß. Denn es könnte ja sein, daß die Menschen bis dahin so friedlich sind, daß es einen Krieg aller gegen alle nicht geben wird. Die Chancen dafür streben allerdings fast gegen Null. Dasjenige, was unter der Schwelle des verfügbaren Seelenlebens und auch des Bewußtseins des Menschen vor sich geht, muß in einem Krieg aller gegen alle eskalieren, wenn keine gravierenden Änderungen eintreten. Das ist eine Aussage, die eine heute bestehende Tendenz für die Zukunft zum Ausdruck bringt. Das heißt aber nie, daß das auch so eintreten muß.

„Sie werden einmal die First Lady Ägyptens"

K.-D.N.: Auch Schicksalsereignisse nicht?

J.W. Schneider: Nein. In einem gewissen Umfang gibt es immer noch den freien Willen des Menschen, in sein Schicksal einzugreifen. Nehmen Sie z.B. die Tatsache, daß jeder Mensch einmal sterben muß und daß es auch einen vorgesehenen Punkt im Lebensentwurf gibt, der der gegebene Todeszeitpunkt ist. Aber der Tod kann früher oder auch später eintreten. Wir haben es also nicht mit einer festlegenden Bestimmung zu tun, sondern mit einem begrenzten Rahmen, in dem der Mensch auch etwas verändern kann. Die Sterblichkeit an sich können wir nicht verändern oder aufheben, aber wir können möglicherweise den Todeszeitpunkt beeinflussen. Das wäre schon außerordentlich viel.

Ein anderes Beispiel: Wenn man eine schwere Schicksalsbeziehung zu einem Menschen hat, muß es nur dann zum Konflikt kommen, wenn beide keinen Gegenakzent setzen. Insofern ist die Zukunft nicht völlig festgelegt und daher auch nicht vorhersehbar. Nur dasjenige ist vorhersehbar, was gesetzmäßig geordnet und bestimmt ist, wie etwa die Sonnenfinsternis, die am 11. August 1999 eintreten mußte. Aber daß z.B. die Wahl in Ost-Timor so verlaufen ist und die Folgen hatte, die dann eingetreten sind, war nicht gesetzmäßig vorausbestimmt. Die Greuel, die geschehen, müssen nicht zwangsläufig eintreten, sondern sie könnten auch verhindert werden. Aber wenn nichts zur Verhinderung geschieht, dann brechen sie sich Bahn.

Es gibt schon frappierende Aussagen über die Zukunft. Eine arme Offiziersfrau geht über den Markt in Kairo und trifft dort eine Wahrsagerin. Diese schaut sie an und sagt: „Sie werden einmal die First Lady Ägyptens." Und sie wurde es, denn es war Frau Sadat. In Sadat lag die Möglichkeit, Präsident zu werden. Aber es gab auch die Möglichkeit, das zu blockieren: durch ihn, indem er hätte versagen können, und durch andere, indem sie ihn früher getötet hätten, als es geschehen ist. Die Wahrsagerin erfaßt also eine Möglichkeit, die im Schicksal Sadats und seiner Frau liegt. Und wir kennen diese Aussage nur deshalb, weil sie eingetreten ist. Sonst hätte sie niemand publiziert.

K.-D.N.: Sind Ahnungen, die jeder Mensch mehr oder weniger hat, auch Wahrnehmungen solcher Zukunftstendenzen?

J.W. Schneider: Ja, in der Ahnung ist man genau wie im Traum auch offen für dasjenige, was sich anbahnt. Das Problem ist nicht, daß man am Tag Ahnungen und im Schlaf Träume hat, sondern daß man sie nach seinen bisherigen Vorstellungen umdeutet. Aber wenn man es schafft, seine Ahnungen sich rein aussprechen zu lassen, dann können sie etwas über die Zukunft sagen, über dasjenige, was einem entgegenkommt. Nur, es gibt immer die Möglichkeit, es zu durchkreuzen.

Auch ein Hellseher sieht nicht alles

K.-D.N.: Können Sie einmal schildern, was ein Hellseher im Astralleib eines anderen Menschen sieht?

J.W. Schneider: Das hängt davon ab, was überhaupt der Ansatzpunkt für diese Aufmerksamkeit war. Man schaut nicht einfach so in der Aura eines anderen Menschen nach, wie man auch nicht in die Wohnung eines anderen geht und seinen Briefverkehr durchstöbert. Wenn mich aber ein Mensch um meinen Rat fragt, dann ist es eben dieses Lebensproblem, worauf ich meine Aufmerksamkeit richte. Dann werden auch ganz bestimmte Dinge auftreten, die damit zu tun haben. Dabei kann es sich z.B. auch um bestimmte Störungen innerhalb der Seelenvorgänge dieses Menschen handeln, vielleicht auch um deren weit zurückliegende Ursachen. Und anderes tritt dabei völlig in den Hintergrund.

Wenn ich gesunde Augen habe und sie aufschlage, dann sehe ich alles, was in diesem Zimmer vorhanden ist. Aber es wäre ein großer Irrtum, wenn man meinen würde, daß man in ähnlicher Weise sein geistiges Auge aufmachen könnte und dann alles sehen würde. Man schaut nur dasjenige, worauf die Aufmerksamkeit gerichtet ist, weil dafür ein Anlaß besteht, also z.B. eine Bitte um Hilfe.

K.-D.N.: Man sieht also die Seele des anderen Menschen nicht in allen ihren Schichten voll entfaltet vor sich?

J.W. Schneider: Nein, und vor allem nicht, wenn kein Anlaß dafür besteht. Der gewissenhaft hellsehende Mensch sieht von der Seele in der Aura des anderen Menschen überhaupt nichts, wenn kein Anlaß besteht, die Aufmerksamkeit darauf zu lenken. Dieser Anlaß besteht im allgemeinen, wenn es um einen Rat oder um eine Hilfe geht.

Hellsehen, Irrtum und Erkenntnissicherheit

K.-D.N.: Wie kann ein Hellseher seine Schauungen prüfen?

J.W. Schneider: Das ist natürlich für denjenigen sehr schwierig, der zwar hellsichtig ist, aber nicht eingeweiht. Wer sich auf der Visions- oder Imaginationsebene befindet und nicht zur Inspiration vordringt, für den wird es schwer, seine Schauungen richtig einzuordnen, zu verstehen und zu prüfen. Wenn man zur Inspiration vordringt, schrumpfen bestimmte Imaginationen zusammen und werden bedeutungslos, während andere an Bedeutung gewinnen. Solange man aber rein auf der Bildebene ist – sei es nun die alte Vision oder auf dem anthroposophischen Meditationsweg die Imagination –, ist es sehr schwer, aus diesem Wahrnehmen heraus Kriterien und Korrekturen zu finden.

Auf den alten Meditationswegen gab es eine Korrektur durch den Lehrer. Wenn dort relativ schnell die übersinnlichen Wahrnehmungen auftauchten, dann hat der Lehrer aus seiner Erfahrung heraus, die über die Imaginationsebene hinausging, sagen können, was bedeutsam und was weniger bedeutsam ist, und auch vor Gefahren warnen können, die eventuell damit verbunden sind. Heute hat der Mensch, der ohne Lehrer diesen Weg geht, die Möglichkeit, sich durch das Leben korrigieren zu lassen, also z.B. durch andere Menschen.

Um ein konkretes Beispiel zu nennen: Wenn ich in einem Vortrag etwas Neues darzustellen habe, dann ist für mich sehr wichtig, wie die Zuhörer das aufnehmen. Ich versuche dann wahrzunehmen, ob der andere das gut aufnehmen kann oder ob es ihm nur ein interessanter Gedanke ist, der aber den Menschen in ihm nicht anspricht und mitsprechen läßt. Bei bestimmten Menschen tritt das sehr deutlich hervor. Besonders bei alten Menschen kann ich das immer wieder sehr deutlich beobachten, so daß die Art, wie sie etwas hörend aufnehmen, für mich zu einer Korrektur wird.

Ein weiteres persönliches Beispiel ist, daß ich einen Aufsatz über den Blick von Engeln geschrieben habe. Als er im Konzept fertig war, entstand die Frage, ob es auch stimmte, was ich dort über den Blick der Engel dargestellt hatte. Als ich mich mit dieser Frage beschäftigte, saß ich eines Abends im Restaurant meines Urlaubshotels, und ein zweijähriges Kind kam mit seinen Eltern in das Restaurant herein, löste sich von den Eltern, ging auf mich zu und schaute mich mit einem Blick an, der genau dem geschilderten entsprach. Das Leben spielte mir also eine Bestätigung zu.

Es muß nicht immer so auffällig sein, aber es gibt immer wieder solche Korrekturen am Leben. Man muß nur warten können, daß sie kommen. Eine Korrektur finde ich immer wieder in der Zeit. Wenn ich mir einer Sache nicht ganz sicher bin, kann ich sie zunächst einmal ausformulieren und dann ein halbes Jahr oder auch zwei Jahre ruhen lassen. Wenn ich dann später darauf zurückkomme, merke ich oft, daß dieses oder jenes einseitig formuliert oder noch nicht ausgereift war. Aber dazu braucht man Geduld, man muß warten können.

K.-D.N.: Wie können Aussagen, die auf Hellsehen beruhen, von anderen Menschen geprüft werden, die keine hellsichtigen Fähigkeiten haben?

J.W. Schneider: Da hat man vor allem die Möglichkeit zu untersuchen, ob das Mitgeteilte für das eigene Denken schlüssig und nachvollziehbar ist. Wenn das nicht der Fall ist, ist die Sache für mich bedeutungslos. Daraus folgt auch, daß eine geistige Erkenntnis so ausgesprochen sein sollte, daß sie das Denken überzeugen kann. Dann erst wird sie auch mitteilbar.

K.-D.N.: Kann ein Eingeweihter sich irren?

J.W. Schneider: Ja, jeder Mensch kann sich irren, und der Eingeweihte ist ein Mensch.

K.-D.N.: Man würde also Rudolf Steiner das Menschsein absprechen, wenn man behaupten wollte, er habe sich nicht irren können?

J.W. Schneider: Ja, die Irrtumsmöglichkeit kann man keinem Menschen absprechen. Die Frage, ob er sich geirrt *hat,* ist dann noch eine andere. Aber die Möglichkeit muß man immer in Betracht ziehen. Man muß damit rechnen, daß auch der höchste Eingeweihte sich irren kann.

Die Ausbildung spiritueller Begriffe als Einweihungsweg

K.-D.N.: Welche Bedeutung hat heute die Ausbildung spiritueller Begriffe?

J.W. Schneider: Hier möchte ich noch einmal an das Grundsätzliche erinnern, daß es Rudolf Steiner in erster Linie nicht darum geht, den Menschen zur Hellsichtigkeit zu bringen, sondern zur Einweihung. Und die Einweihung bedeutet nun gerade die Ausbildung von lebensgerechten spirituellen Begriffen. Denn dadurch versteht man das Leben. Und dadurch erlangt man bereits dasjenige, was auf dem alten Weg erst der Schlußpunkt war, indem man in der Einweihung verstehen lernte, was man hellsichtig schon längst kannte. Heute können wir geistige Zusammenhänge verstehen, die wir hellsichtig noch gar nicht wahrnehmen.

Und das eigentlich Entscheidende dabei ist, daß man mit dem Leben aus geistiger Erkenntnis zurechtkommt. Es ist viel wichtiger zu verstehen, was für ein Wesen ein Engel ist, als irgendwann einmal weiße Flügel oder ein Stück davon gesehen zu haben. Das befriedigt vielleicht die Neugier, aber wenn man versteht, was ein Engel ist, und dann einen Engel wahrnimmt, dann ist die hellsichtige Erfahrung eine Bestätigung dessen, was man schon weiß, und nicht die sensationelle Mitteilung von etwas Neuem. Das ist der anthroposophische Weg, zunächst in die

Einweihung hineinzukommen und dann allmählich dasjenige, was man versteht, auch hellsichtig zu erfahren.

K.-D.N.: Vielleicht sollten Sie dieses Verständnis von Einweihung noch einmal näher erläutern, weil es etwas ungewohnt ist. Durch die Ausbildung spiritueller Begriffe, durch das Studium der Anthroposophie hat man demnach bereits an der Einweihung teil, ohne im alten Sinne Eingeweihter zu sein. Ist das nicht nur eine Art partieller Einweihung?

J.W. Schneider: Jeder Eingeweihte hat ein partielles Bild der Wirklichkeit. Und es ist bereits ein Vorgang der Einweihung, wenn man wirklich versteht. Rudolf Steiner geht noch einen Schritt weiter, indem er sagt, daß derjenige, der das Buch „Die Geheimwissenschaft im Umriß" (GA 13) wirklich versteht, ein Eingeweihter sei. Dieses Buch wirklich zu verstehen heißt, so in den Gedanken des Buches zu leben, daß man daraus weitere Gedanken entwickeln kann, die sich ebenso auf die geistige Welt beziehen, die aber nicht explizit im Buch ausgesprochen werden. Sie gehen aus dem Gedankenstrom dieses Buches hervor. Steiner hat es einmal auch so formuliert, daß aufgrund dieses Buches auch andere – und nicht nur er – die Vorträge hätten halten können. Gemeint sind geisteswissenschaftliche Vorträge, in denen weiterführende Gedanken, die sich aus dem Gedankenstrom des Buches ergeben, dargestellt werden.

Wenn man so in dem Gedankenstrom lebt, dann ist es einweihungsrelevant. Wenn man so darinnen lebt, daß der Gedanke des Engels, der Gedanke des Schlafes usw. in einem erblühen und immer neue Aussagen hervorbringen, dann ist das Einweihung. Dann lebt man in diesem geistigen Gehalt. Das ist das Charakteristische des Meditationsweges, wie er in der „Geheimwissenschaft im Umriß" geschildert wird: Er beginnt mit der Einweihung, nicht mit der Läuterung auf einem Stufenweg, auf dem die Einweihung die letzte Stufe ist. Den Stufenweg hat Steiner wenige Jahre vorher in dem Buch „Wie erlangt man Erkenntnisse der höheren Welten?" dargestellt.

K.-D.N.: Kann man vor diesem Hintergrund auch die Ausführung Steiners verstehen, daß spirituelle, leibfreie Gedanken zu Hüllen werden, in die zunächst Elementarwesen hineinschlüpfen und, wenn man noch kräftiger denkt, im nächsten Schritt auch höhere geistige Wesen?

Kann man sich das so vorstellen, daß die Gedanken selbst ein Leben entfalten, an dem man teilhat?

J.W. Schneider: Ja, und dieses Gedankenleben wird auch sprechend. Man kommt so zu einem lauschenden und sprechenden Denken. Wie entsteht neue Hellsichtigkeit? Dasjenige, was man selbst tun kann, ist die Schulung seiner Persönlichkeit. Aber diese Schulung führt nicht direkt zur Hellsichtigkeit, sondern man wird hellsichtig, wenn Engel das Gedankenleben des Menschen wahrnehmen, wenn es also gehaltvoll genug ist, damit Engelblick darauf ruhen kann. Dann entsteht neue Hellsichtigkeit.

Das Anstreben der alten Hellsichtigkeit zielte darauf, möglichst viel vom paradiesischen Zustand wiederzubeleben. Deswegen versuchte man in der Läuterung, wieder möglichst nah an das Paradies heranzukommen. Zu schauen wie im Paradies war das Ziel. Der Weg in die Zukunft bedeutet, so verantwortlich und wirklichkeitsgemäß zu denken, daß der Blick von Engeln auf diesen Gedanken ruhen kann. Dann erschließt sich die Welt der Engel, und man wird auf den Gebieten hellsichtig, auf denen man etwas anzubieten hat. Das ist ein etwas ungewohnter Gedanke, daß die Hellsichtigkeit im wesentlichen nicht durch eigene Anstrengung hervorgebracht wird, sondern durch das Wahrgenommenwerden. Ich sehe die geistige Welt dadurch, daß mich die geistige Welt wahrnimmt. Das ist ein Prinzip, das bisher nur nach dem Tod gewirkt hat und das nun auch in das Erkenntnisleben des Menschen einzieht und sich hier verwirklicht und entfaltet.

Kopf-, Bauch- und Herzhellsehen

K.-D.N.: Welche Unterschiede bestehen zwischen Kopf-, Bauch- und Herzhellsehen?

J.W. Schneider: Diese Ausdrücke werden oft in einer negativen Abgrenzung verwendet, vor allem der Ausdruck Bauchhellsehen. Genaugenommen sehen weder der Kopf noch der Bauch noch das Herz hell, sondern der Mensch. Aber das Bewußtsein kann im Kopf, im Herzen oder im Bauch konzentriert sein.

Der Weg des Zen-Buddhismus konzentriert z.B. das Bewußtsein sehr stark auf die Bauchregion, auf Hara, also den Körpermittelpunkt, etwa eine Handbreit unter dem Nabel. Das Hellsehen, das da seinen Konzentrationspunkt hat, ist ein sehr tiefgehendes, intensives Hellsehen. Da läßt sich überhaupt kein negativer Beigeschmack bei dem Wort Bauchhellsehen finden. Für den Zen-Buddhisten kommt es darauf an, daß er den Mittelpunkt seiner Persönlichkeit aus der Kopfregion hinunterversenkt in Hara, in die Körpermitte, und daß er von diesem ruhenden Punkt in der Tiefe seines eigenen Wesens aus Welt wahrnimmt. Das ist ein sehr positives, starkes Element des Bauchhellsehens.

Aber, wenn es nicht mehr gelingt, daß man von diesem Punkt aus die Welt sieht, weil man sich egozentrisch abgekapselt hat, dann nimmt man nur hellseherisch wahr, was im eigenen Bauch vor sich geht. Dann kommt man vielleicht zu interessanten Klang- und Farberlebnissen, aber von der geistigen Welt erfaßt man dann nichts. Das sind dann rein innermenschliche Vorgänge. Und das kann natürlich auch beim Herzhellsehen der Fall sein. Das Herz kann aber auch offen sein, und dann kann man mit Saint-Exupéry sagen: „Der Mensch sieht nur mit dem Herzen gut." Aber dann sieht er mit dem Herzen die Welt und nicht dasjenige, was im Herzen und im Blut vorgeht. So kann das Hellsehen also nicht nur vom Kopf, sondern auch vom sehenden Herzen geführt sein. Dann erreicht es eine ganz bestimmte Tiefenschicht, die dem gewöhnlichen Bewußtsein aber noch relativ greifbar nahe ist. Das positive Bauchhellsehen gründet noch tiefer, und der Mensch versetzt sich noch stärker in die Welt hinein, wenn es ihm gelingt, hier offen zu sein.

Vieles, was heute als hellsichtige Erlebnisse geschildert wird, hat mit der geistigen Welt nichts zu tun, weil sie nicht auf einer Offenheit der Welt gegenüber beruhen, sondern nur innere Vorgänge spiegeln. Man kann sogar hellsichtig werden, weil man zu reichlich gegessen hat und nun Bilder aus dem eigenen Magen aufsteigen, und das kann auch durch Alkohol- und Drogeneinnahme beeinflußt sein. Das sind eigentlich bedeutungslose Erlebnisse.

Hellsehend kann der Mensch als Gesamtpersönlichkeit werden, in der Offenheit der Welt gegenüber, und da können die Akzente verschieden liegen. Man kann sogar mit seinem Skelett hellsichtig werden. Das ist in einem ganz tiefen Engagement möglich. Wenn der Knochenmensch denkt, dann denkt er in den Weltzusammenhängen, dann lebt er in der Entäußerung des göttlichen Willens in der Welt. Das ist ein ganz intensives Mitleben der Wirklichkeit.

Eine neue Hellsichtigkeit durch die Sinnesorgane

K.-D.N.: Steiner spricht von einem zukünftigen neuen Hellsehen, das sich mit dem 20. Jahrhundert beginnend als Fähigkeit immer stärker ausbilden wird. Gibt es heute Anhaltspunkte, die auf eine solche Entwicklung hindeuten?

J.W. Schneider: Was ich bisher beobachten kann, ist die zunehmende Ausbildung einer Hellsichtigkeit, Hellhörigkeit usw. durch die Sinnesorgane. Dasjenige, was ich erwartet hätte, nämlich daß sich das Denken zum Organ des Hellsehens verdichtet, kann ich relativ selten wahrnehmen. Vielmehr scheint mir heute das Element in voller Entwicklung zu sein, das in ganz besonderer Weise Goethe ausgebildet hat, indem er mit seinen Sinnesorganen in die Wirklichkeit der Natur eintauchte. Deshalb ist der natur- und kunstbetrachtende Goethe eigentlich ein ganz aktuelles Thema.

Zu dieser Entwicklung gehört auch, daß der vorhin besprochene Sinn für Echtheit als eine Hellsichtigkeit durch das Auge und das Ohr hindurch heute sehr viel stärker ausgeprägt ist als noch zu Beginn des 20. Jahrhunderts. Die Entwicklung ist hier sehr positiv, verläuft aber anders, als ich es gedacht hätte.

K.-D.N.: Haben diese Erscheinungen mit der zunehmenden Lockerung des menschlichen Ätherleibes zu tun, die Steiner als ein Zeitphänomen charakterisiert?

J.W. Schneider: Ja, wobei mit dem Wort Lockerung keine Störung gemeint ist, sondern die Tatsache bezeichnet wird, daß die Gebundenheit des Ätherleibes an den physischen Leib vermindert wird. Der Ätherleib tritt dadurch in eine engere Beziehung zum Ich, als das bisher der Fall war. Und darauf beruht diese neue Hellsichtigkeit.

Bei Goethe handelt es sich noch mehr um eine individuelle Anlage und nicht um eine allgemeine Fähigkeit innerhalb der Zeitgenossenschaft. Zu seiner Zeit war vielmehr ein Verstandeselement vorherrschend, das die Bindung des Ätherleibes an den physischen Leib noch verstärkt hat. Das ist charakteristisch für das 18. Jahrhundert und setzt sich noch gesteigert in das 19. Jahrhundert fort. Was heute vermehrt eintritt, ist eine stärkere Annäherung des Ätherleibes an das Ich, und dadurch wird die Bindung an den physischen Leib abgemildert. Die nähere Beziehung zum Ich würde ich als das Primäre ansehen.

K.-D.N.: Und wieso kommt der Mensch dadurch zu einer Hellsichtigkeit durch die Sinnesorgane?

J.W. Schneider: Goethe schaute z.B. eine bestimmte Pflanze im Botanischen Garten an, und aus diesem Bild, das er vor Augen hatte, tauchte der Begriff der Urpflanze auf. Die mittelalterliche Mystik wies demgegenüber noch den Weg, daß sich das Auge schließen, von der Welt abwenden muß, damit der Mensch in der geistigen Vertiefung auf das eigentlich Wesentliche kommen kann. Aber für Goethe leuchtet die geistige Anschauung aus dem physisch wahrgenommenen Ding auf. Dadurch, daß der Ätherleib souveräner gegenüber dem physischen Leib wird, kommt es zu dieser hellsichtigen geistigen Anschauung.

Westlicher und östlicher Weg

K.-D.N.: Was sind die charakteristischen Merkmale des westlichen und des östlichen Weges, welches die wesentlichen Unterschiede?

J.W. Schneider: Zunächst einmal muß man zwei große Tendenzen im Osten unterscheiden: eine mehr indisch bestimmte und eine mehr ostasiatisch, d.h. chinesisch, koreanisch, japanisch bestimmte. Auf der einen Seite wäre z.B. der indische Weg des Yoga zu nennen, auf der anderen Seite der Weg des Zen, der chinesisch-japanisch geprägt ist. Die indischen Wege gehen von der Grundvoraussetzung aus, daß die Welt – von der auch der Mensch ein Teil ist – Maja ist. Vereinfacht übersetzt heißt es dann, daß die Welt Täuschung oder Illusion ist. Genaugenommen müßte man aber sagen: Es ist eine Täuschung, daß es Welt gibt, und es ist eine Täuschung, daß es mich gibt. Die Wirklichkeit ist die Einheit von allem. Das ist dem Gedanken des Paradieses ähnlich, in dem alles eine Einheit ist und der Mensch in dem göttlichen Willen lebt.

Gegenüber diesem indischen Ansatz ist der anthroposophische Weg sehr deutlich abzugrenzen. Denn er geht nicht von dem Grundgedanken aus, daß die Welt Maja ist, sondern davon, daß sie Wirklichkeit ist.

Was der Mensch wahrnimmt, ist Wirklichkeit. Nur zeigt sich ihm nicht die ganze Welt in der nur äußerlichen, mit Sinnen beobachtenden oder mit dem Verstand registrierenden geistigen Tätigkeit. Dazu muß er eintauchen in das Wesen dessen, was er äußerlich wahrnimmt. Meditation ist demnach Wesenserkenntnis. Das ist sie auf dem indischen Weg auch, aber in der indischen Auffassung muß man sich von allem lösen, was als Täuschung aufgefaßt wird, also auch davon, daß einem überhaupt ein Bild gegenübertritt.

Für die ostasiatischen Wege gilt das so nicht. Auch für sie ist die Welt nicht Maja. Für die chinesische Auffassung z.B. ist das Äußere genauso real wie das Wesenhafte – eigentlich ohne Unterscheidung –, und die Wirklichkeit zeigt sich sowohl im Bild für die Sinne als auch in der meditativen Vertiefung.

Das liegt dem anthroposophischen Weg schon ein ganzes Stück näher, obwohl es nicht das gleiche ist. Der anthroposophische Weg geht von dem Erlebnis der Realität des Irdischen aus, aber auch von der Erfahrung, daß sich in der bloß verstandesmäßigen Zuwendung zur Welt noch nicht die ganze Wirklichkeit findet. Dazu bedarf es erst der Vertiefung. Dieses Erkenntnisbedürfnis ist der Ausgangspunkt der Meditation, während für den Weg des Yoga die Einsicht in den Maja-Charakter der Welt die notwendige Voraussetzung ist.

K.-D.N.: Kann man den indischen Weg als eine rückwärtsgewandte Sehnsucht zum Paradies bezeichnen?

J.W. Schneider: Ja, das kann man schon sagen. Das gilt aber auch für ostasiatische Wege. Der Zen-Buddhist würde z.B. formulieren, daß das Ziel seines Weges ist, das Antlitz der Welt so zu sehen, wie es vor seiner ersten Verkörperung war, also paradiesisch.

K.-D.N.: Welche Rolle spielt das Hellsehen für die östlichen Wege?

J.W. Schneider: Das Hellsehen ist ein Wegstück, aber nicht das eigentlich Wichtige. Hellsichtige Erfahrungen treten auf, aber eigentlich wird etwas anderes als Hellsichtigkeit angestrebt. Die Einheit, das Einssein ist das Ziel. Und im Einssein verschwindet Hellsichtigkeit letztlich wieder, weil es kein Gegenüber mehr gibt, das als getrennt wahrgenommen werden könnte.

K.-D.N.: Man hört immer wieder, daß östliche Wege für einen westlichen Menschen nicht geeignet seien. Kann man das pauschal behaupten?

J.W. Schneider: Nein, diese pauschale Aussage, daß östliche Wege für den westlichen Menschen grundsätzlich und nie in Frage kommen, halte ich nicht für richtig. Es gibt z.B. Menschen im Westen, die zwar von ihrer Abstammung her eindeutig Europäer sind, die aber in ihrer inneren Verfassung eher den Asiaten ähnlich sind. Für die kann ein asiatischer Weg durchaus der angemessene sein. Das wird zwar nicht in großer Zahl der Fall sein, aber ich kenne durchaus eine ganze Reihe solcher Menschen.

Das gleiche gilt im übrigen auch umgekehrt. Ich kenne Asiaten, die einen anthroposophischen Meditationsweg gehen. Dabei können übrigens manche interessante Einzelfragen auftauchen. Wenn z.B. durch die Gewohnheit über Jahrzehnte das Sitzen auf untergeschlagenen Beinen das Natürliche ist, ist doch die Frage, ob man nicht auch bei der anthroposophischen Meditation diese Haltung einnehmen sollte. Das ist gar nicht so leicht zu beantworten, denn die Körperhaltung ist schon von Wirkung.

Ich kenne aber auch viele Asiaten, bei denen ich sagen würde, daß der anthroposophische Meditationsweg für sie völlig ungeeignet wäre. Das muß jeweils eine individuelle Entscheidung sein. Denn letztendlich kann nur der Weg geeignet sein, für den man sich entscheidet.

K.-D.N.: Der westliche Weg fußt wie die gesamte abendländische Kultur auf der Denkentwicklung. Auf dem anthroposophischen Meditationsweg ist ein Schutz vor Gefahren dadurch gegeben, daß man alle seine Schritte denkerisch durchschauen und kontrollieren kann. Wäre das nicht eigentlich auch ein unverzichtbares Element für die östlichen Wege, um Gefahren zu vermeiden?

J.W. Schneider: Diese Möglichkeit der Selbstverantwortung und des Schutzes führt Rudolf Steiner für den Meditationsweg an, der ohne einen persönlichen Lehrer gegangen wird. Aber alle östlichen Meditationswege verlangen einen persönlichen Lehrer, der selbst durchschaut, wie eine bestimmte Übung auf den Schüler wirken wird. Der Lehrer darf nicht nur vom Hörensagen wissen, daß ein bestimmtes Mantram so oder so wirkt, sondern er muß es wirklich durchschauen. Viele, die sich heute als Lehrer ausgeben, erfüllen diese Anforderung überhaupt nicht, und sie müßten eigentlich verstummen. Aber ein solcher Lehrer ist die Voraussetzung eines östlichen Weges.

Am Anfang der anthroposophischen Bewegung war das auch noch der Fall, daß der Mensch für den Meditationsweg einen persönlichen Lehrer brauchte. Das ist erst nach einigen Jahren der Wirksamkeit Steiners abgelöst worden. Der Wendepunkt liegt im Herbst 1906, als er darauf hinweist, daß der große Unterschied zwischen dem traditionellen asiatischen Weg und dem anthroposophischen in der Rolle des Lehrers liegt. Der Lehrer kann fortan ein Berater und Helfer sein, aber auf keinen Fall darf er ein irgendwie geartetes Guru-Prinzip geltend machen. Und man kann den Weg auch ohne Lehrer gehen.

An sich braucht man keinen Mathematiklehrer, weil man die Mathematik auch aus der Folgerichtigkeit des Denkens entwickeln könnte. Aber das würde sehr lange dauern. Deswegen ist es doch sinnvoll, einen Mathematiklehrer zu haben, der einem die einzelnen Schritte erklären kann. So kann man beizeiten auch einen Lehrer brauchen, der einem auf dem Schulungsweg diesen oder jenen Ratschlag gibt. Aber dabei kann es sich nicht darum handeln, irgend etwas auf Glauben hin anzunehmen. Auch den pythagoreischen Lehrsatz will man nicht auf Glauben hin annehmen, sondern weil man einsieht, daß es so ist und nicht anders sein kann. So muß man auch den anthroposophischen Meditationsweg einsehen können, die Folgerichtigkeit muß deutlich sein, ehe man den Weg geht. Damit wird der Lehrer zum Begleiter, zum Ratgeber, aber die Entscheidung und die Verantwortung liegt bei einem selbst.

Mitten im Leben

K.-D.N.: Wie würden Sie den Erfolg des anthroposophischen Schulungsweges in bezug auf die Ausbildung übersinnlicher Wahrnehmungen einschätzen?

J.W. Schneider: Ich habe den deutlichen Eindruck, daß Rudolf Steiner erwartet hat, daß die Meditation bei Anthroposophen zu mehr und umfangreicheren geistigen Wahrnehmungen führen würde. Insofern ist seine Erwartung weit unterboten worden. Wir haben aber andere Elemente, die aufgetreten sind, und zwar insbesondere in der praktischen Anwendung der Anthroposophie. Aus dem verantwortlichen Handeln steigen Erkenntnisse auf. Das ist ein Erkenntnisweg, der auch ohne eine einzige Meditation gegangen werden kann. In dem verantwortlichen

Handeln ist eine Vertiefung in die Welt gegeben, so wie in der Meditation die Vertiefung in einen einzelnen besonderen Meditationsinhalt geschieht. Ich habe den Eindruck, daß auf diesem Gebiet von Anthroposophen eine ganze Menge geleistet wurde und wird.

K.-D.N.: Ein bemerkenswerter Unterschied des anthroposophischen Weges zu östlichen Wegen ist, daß er soziale Folgen hat.

J.W. Schneider: Nicht nur soziale Folgen, sondern die Meditation spielt sich innerhalb des Verantwortungskreises ab. Auf dem indischen Weg wäre es eine Selbstverständlichkeit, sich aus einer turbulenten Stadt jedes Jahr für ein paar Wochen zum Meditieren in den Himalaja zurückziehen. Auf dem anthroposophischen Weg ist es aber gerade das Wichtige, die Meditation dort durchzuführen, wo man durch seine beruflichen Aufgaben steht. Es geht nicht darum, um der Meditation willen das äußere Leben zu verändern, sondern die Meditation sollte unter den gegebenen äußeren Verhältnissen durchgeführt werden. Wir haben also nicht nur in den Folgen das soziale Element, sondern auch schon im Ansatz.

K.-D.N.: Wie kann man es schaffen, in unserer heutigen hektischen Zeit noch richtig zu meditieren?

J.W. Schneider: Ein wichtiger Punkt ist, daß man ganz realistisch von demjenigen ausgeht, was unter den gegebenen Verhältnissen möglich ist. Ich will an der Stelle, an der ich in meinem Leben stehe, das mir Mögliche auch in der Meditation tun. Wie diese Bemühungen als Früchte aufgehen, das überlasse ich der Zukunft. Sei es auch noch so bescheiden, was mir gelingt, ich tue das mir Mögliche. Vielleicht stellt das Leben außerordentlich harte berufliche Anforderungen, dann kann ich nur dasjenige tun, was diese Verhältnisse zulassen. Ich gehe von der Wirklichkeit aus, und nur das kann mit einem richtigen Meditieren gemeint sein.

Licht am Rande der Welt

Hellsehen und spirituelle Begrifflichkeit

Wolfgang Weirauch

Die schwarze Katze

Neulich, als wir mit dem Auto unterwegs waren, überquerte vor uns eine schwarze Katze die Straße. Am Straßenrand angekommen, verharrte sie, blickte sich um und schaute uns entgegen. Aber plötzlich machte sie kehrt, lief zurück auf die Straße und knallte gegen unser Auto. Sie war sofort tot. Nur ihr Schwanz zuckte noch reflexartig auf und ab.

Zwar traf uns überhaupt keine Schuld, aber der ganze restliche Tag war von einem bedrückenden Gefühl überschattet. Wären wir doch bloß nicht diese Straße entlanggefahren, schließlich wollten wir – wie immer – einen ganz anderen Weg nehmen! Nur ein dummer Zufall verursachte es, daß wir diesen Weg einschlugen.

Die Katze hatte sich ungewöhnlich benommen. Erst rannte sie über die Straße und war in Sicherheit, und dann kehrte sie um und lief in ihren Tod. Zwar war es „nur“ eine Katze, aber immerhin ein Lebewesen. Es hätte ja auch ein Kind sein können!

Schlagartig wurde uns klar, wie nah man der Möglichkeit nach doch immer vor unzähligen Unglücken und Katastrophen steht bzw. wie leicht und aus scheinbar heiterem Himmel sie auch wirklich eintreffen können. Wenn wir nun vorher gewußt hätten, daß wir eine Katze überfahren würden?

„Gut“, werden Sie vielleicht sagen, „dann wären Sie wahrscheinlich eine andere Straße entlanggefahren.“

„Mit Sicherheit“, würde ich Ihnen antworten, „schade, daß man nicht in die Zukunft sehen kann.“

Aber ist dem auch wirklich so? Wenn die Katze nun an diesem Ort sterben sollte? Dann hätten zwar wir diesen Weg nicht eingeschlagen, aber ein anderes Auto hätte die Katze überfahren.

Aber wenn nun *wir* das Erlebnis haben sollten, eine Katze zu überfahren? Dann hätten wir wohl dem Ereignis gar nicht ausweichen können. Und wie wäre uns vorher zumute gewesen, wenn wir davon auch noch gewußt hätten?

Und nun stellen Sie sich vor, Sie haben ein hartes Arbeitsjahr hinter sich. Der tägliche Streß hat sie in die Nähe eines Herzinfarktes gebracht, der verdiente Urlaub steht kurz vor der Tür: drei Wochen Entspannung auf einer einsamen Insel. Die Vorfreude beschwingt sie schon Wochen vorher und hilft Ihnen über die arbeitsintensivsten letzten Wochen hinweg.

Stellen Sie sich weiterhin vor, jemand würde Ihnen am ersten Urlaubstag glaubhaft eröffnen, daß Sie am Ende Ihres Urlaubs ein Kind überfahren würden und daß dieser Vorfall unausweichlich sei. Was wäre das für ein Urlaub? Ich denke, es erübrigt sich, diese Frage zu beantworten.

Gummimann

Während meiner Schulzeit war ich unter anderem auf einem humanistischen Gymnasium, wo sich eine altertümliche, extrem konservative, teils sadistische, auf jeden Fall alle Pädagogik vermissen lassende Truppe von Lehrern eingefunden hatte.

In der Obertertia (9. Klasse) blieb ich sitzen und bekam in Mathematik einen kleinen drahtigen Herrn als Lehrer, der grundsätzlich in demselben Anzug – er schien aus dem letzten Jahrhundert zu stammen, teils mit Löchern, teils mit Kreideflecken übersät –, mit Plastikkragen und Nickelbrille herumlief. Seine Bücher und Schulmaterialien trug er nie in einer Aktentasche, sondern zu einem Bündel geschnürt in der Hand. Das Bündel hielt er fest an seine Seite gedrückt, wenn er wie üblich mit großer Geschwindigkeit die Straße entlang oder durch die Flure flitzte. Und wenn er um eine Ecke bog, neigte er sich dabei immer etwas in die Kurve.

Ich erinnere mich noch genau, wie ich in meiner ersten Stunde eine Textaufgabe aus dem Mathematikbuch vorlesen sollte. Ich begann zu lesen, aber schon nach wenigen Worten unterbrach er mich brüllend, schalt mich einen Dummkopf und machte mir dann zusammen mit dem Klassenbesten vor, wie es in dieser Klasse zu lesen Usus war: Drei

Worte lesen – Pause – drei Worte lesen – Pause – und immer so weiter; wider den Sinn des Textes. Und während der Klassenbeste vorlas und jeweils sinnwidrig pausierte, dirigierte der Lehrer vor der Klasse den Takt des Unsinnsszenarios, indem er mit beiden Armen mit kurzen zackigen Bewegungen auf- und niederfuhr.

Wer zu leise sprach, wurde auf den Schulhof expediert und mußte aus einer Entfernung von bestimmt 100 Metern Fragen beantworten, die ihm der Lehrer oben aus dem Klassenzimmer zubrüllte. Wer im Unterricht schwatzte, wurde zusammengeschrien, mußte in der Ecke stehen oder bekam eine Klassenbucheintragung. Die erste erhielt gleich der Klassenbuchführer, weil er ihm das Klassenbuch zu Beginn der ersten Stunde nicht im Laufschritt brachte.

Fachlich sicherlich ein Genie, kokettierte er auch mit einer gewissen Unkonventionalität, indem er z.B. – nachdem die Tafel mit Formeln und Aufgaben vollgeschrieben war – einfach an der olivgrün lackierten Wand weiterschrieb oder in seinem mathematischen Vortrag kleine persönliche Begebenheiten einschob, kurz in seinem Redefluß stockte, wie geistesabwesend zur Decke starrte und z.B. sagte: „Ich sehe meine Großmutter im Sarg. Sie verfault." Oder er riß am Anfang der Stunde die Tür auf, kam auf den Zehenspitzen in die Klasse getrippelt, zwirbelte mit den Fingern vorm Gesicht und intonierte mit geschlossenen Augen: „Wir gehen an das X wie der Maikäfer an die Suppe."

Seinen Spitznamen Gummimann erhielt er unter anderem deswegen, weil er trotz seines Alters noch äußerst drahtig und gewandt war und mitunter auf die Schulbänke sprang und Ohrfeigen an die Schüler verteilte, obwohl das längst verboten war. Einem Freund von mir zerschlug er dabei ein Trommelfell.

Einen anderen – meinen Banknachbarn, der bestimmt 40 cm größer als der Lehrer war – schnappte er sich einmal mitten auf dem Schulhof – warum, ist mir entfallen –, packte ihn am Ohr, zog ihn nach unten und führte den im rechten Winkel gebückt gehenden Schüler durch die johlende Menge seiner Mitschüler und rief im Brustton seines kleingeistigen Triumphes: „Es zog ein Mann ins Römerland, führt' einen Esel an seiner Hand."

Ähnlich gelagert, teils noch fieser, waren sehr viele Lehrer dieser Schule. Es würde einen ganzen Roman füllen, alle Eigenarten und Begebenheiten dieser Herren aufzuschreiben. Daß wir Schüler sie verachteten, teils vielleicht sogar haßten, sie andererseits auch fürchteten, dürfte nicht schwer zu verstehen sein. Unfaßbar, welches Spektrum unterschiedlicher Gefühle Stunde für Stunde in den Klassen freigesetzt wurde!

Nun stellen Sie sich vor, dieser Gummimann wäre hellsichtig gewesen und hätte täglich die verkappte Wut, Angst zu versagen, die Peinlichkeitsgefühle und verhaltenen Aggressionen der Schüler als übersinnliche Wahrnehmungen geschaut. Nebenbei bemerkt: Ihm und den anderen Lehrern dieser anormalen Schule hätte das aus therapeutischen Gründen sicherlich sehr gut angestanden. Aber nehmen wir nur normale Umstände, vielleicht eine Lehrer-Klassensituation heute: Wenn Sie Lehrer wären, und Sie hätten die Fähigkeit, jede Gefühlsregung, vielleicht sogar alle Gedanken Ihrer Schüler zu sehen – dann wäre kaum ein normaler Unterricht mehr möglich.

Entsprechend wäre es in jeder anderen Lebenslage. Sicherlich hätte es unter bestimmten Umständen sein Gutes, die Gedanken und Gefühle seiner Mitmenschen zu lesen, vielleicht würde es auch die Neugier befriedigen und das Leben disziplinieren, aber normalerweise würde das zwischenmenschliche Verhältnis dadurch enorm erschwert.

Denken Sie weiter: Sie könnten plötzlich Ihre gesamten Erdenleben überblicken, alle Verhältnisse zu Ihren Mitmenschen, Freunden, Partnern, Feinden wären mit einem Mal erhellt. Das wäre interessant und aufschlußreich – ungelogen. Aber wäre es wirklich vorteilhaft? Welche Belastung, wenn Sie plötzlich wüßten, daß Ihr bester Freund Ihnen im letzten Leben etwas Fürchterliches angetan hat. Welche Belastung, wenn Sie mit einem Mal wüßten, daß Ihre Arbeitskollegen im letzten Leben einer Menschengruppe angehörten, die Taten vollbracht haben, die Sie ganz besonders verabscheuen.

Ich brauche keine weiteren Beispiele zu nennen. Ihre Phantasie und die Kenntnis Ihrer persönlichen Verhältnisse wird Ihnen sehr viel besser mitteilen, was geschehen würde, wenn Sie durch übersinnliche Wahrnehmung alles über sich und Ihre Mitmenschen wüßten.

Deswegen ist es weise eingerichtet, daß wir momentan – bis auf Ausnahmen – nicht hellsichtig sind. Aber das war nicht immer so und wird auch nicht immer so bleiben.

Der Wahrnehmungsvorgang

Wieso schauen wir nicht unmittelbar die Trauer eines kleinen Kindes, die Eifersucht einer Arbeitskollegin? Warum bemerken wir nicht die Elementarwesen, die in der Natur die Pflanzen umspielen? Wieso hören wir nicht, was uns unsere verstorbenen Angehörigen vielleicht mitteilen möchten? Warum bemerken wir nicht die Gegenwart geistiger Wesen? Und warum wissen wir nicht durch Eigenbeobachtung, wer wir im letzten Leben waren?

Weil wir nur einen kleinen Teil der Wirklichkeit sehen und erfahren. Alles, was nicht der irdischen Welt angehört – Lebenskräfte, seelische Regungen, geistige Wesen –, bleibt der unmittelbaren bewußten Wahrnehmung der meisten Menschen der Gegenwart verborgen. Alles Übersinnliche gehört zur dunklen, d.h. verborgenen Seite der Welt. Die sinnliche Welt dagegen wird zunehmend heller. Welch ungeheure denkerische Leistungen wurden in den letzten Jahrhunderten aufgebracht, um die sinnliche Welt Stück für Stück zu erforschen! Und diese Entwicklung explodiert in der letzten Zeit geradezu. Nichts scheint mehr unmöglich.

Der Erwerb übersinnlicher Fähigkeiten bleibt demgegenüber oft auf der Strecke. Kennen Sie folgendes? Sie meditieren treu und brav, ganz nach den Anweisungen Rudolf Steiners, jahrelang ... Natürlich vergessen Sie auch die Nebenübungen nicht. Aber es passiert nichts. Gar nichts! Nicht die geringste übersinnliche Schauung hat sich eingestellt, nicht einmal das sogenannte Schwänzchen eines Elementarwesens haben Sie gesehen. Und verzweifelt fragen Sie sich: Stimmt mit mir oder gar mit diesem Meditationsweg etwas nicht?

Auf der anderen Seite lesen Sie dann von dieser oder jener leicht obskuren Meditationspraktik, die quasi mit dem Fahrstuhl in die geistige Welt führt, wo sich also in Kürze sogenannte Erfolge einstellen. Oder Sie begegnen einer Hellseherin, wie z.B. einer der drei Damen in diesem Buch, die es als angeborene Fähigkeit mitbringen, die Aura zu schauen, Gedanken zu lesen, einen Teil der Vergangenheit und der Zukunft zu wissen. Kann man da nicht verzweifeln?

Wie auch immer man sich persönlich entscheidet: ob beunruhigt, daß man keine übersinnlichen Wahrnehmungen hat, oder froh, daß das eigene Wahrnehmungsfeld sich auf das Stoffliche beschränkt – wer einen allmählichen gesicherten Weg zu ersten übersinnlichen Wahrnehmungen beschreiten möchte, der muß diesen Weg zuerst denkerisch nachvollziehen. Und die erste und notwendige Stufe dazu ist die Information.

Wenn Sie in ein fremdes Land, z.B. nach Ägypten fahren, werden Sie sich möglichst umfassend über Ihr Reiseziel und die Sitten des Landes informieren. Und dann werden Sie nicht mit nacktem Oberkörper oder im Bikini in eine Moschee gehen, Sie werden nicht im Nil baden oder Wasser daraus trinken. Sie werden auch möglichst keinen mit Nilwasser gewaschenen Salat essen und nicht ohne Kopfbedeckung einen Wüstenritt unternehmen. Sondern Sie werden sich wahrscheinlich einige Reiseführer kaufen, Bücher über die ägyptischen Tempel lesen und vielleicht ein paar Brocken Arabisch lernen.

Wenn Sie dann die Reise antreten, werden Sie mehr sehen, als wenn Sie unvorbereitet dort hingefahren wären. Und wenn Sie einige Jahre später nochmals nach Ägypten fahren, dann werden Sie Dinge entdekken, die Sie beim ersten Mal vollkommen übersehen haben. Aber Sie können noch so oft nach Ägypten reisen, die Hieroglyphen werden Sie nicht entziffern, es sei denn, Sie studieren die Zeichen gründlich.

Vorbereitung, Information, Interesse, Übung, Ausdauer, Erfahrung, Wiederholung, Offenheit für Neues sind Voraussetzungen, um z.B. ein Gebiet der sinnlichen Welt zu erforschen. Für übersinnliche Bereiche gilt dies genauso.

Es beginnt bereits mit dem Wahrnehmungsvorgang. Sie sitzen auf einer Wiese, und zwei Meter neben Ihnen – direkt zwischen zwei Löwenzahnblüten – landet eine große grüne Heuschrecke. Oder abends: Sie haben sich nach Sonnenuntergang in die vier Wände Ihres Sommerhauses zurückgezogen, da hören Sie neben sich, hinter der Holzwand, ein leises Rascheln. Plötzlich fängt es an zu schaben und zu nagen, und nach einer Weile krabbelt etwas in der Wand nach oben und tippelt fortan recht geräuschvoll über die Holzbretter der Decke: eine Maus, was sonst.

In was für ein Verhältnis setzen Sie sich z.B. in bezug auf Heuschrekke und Maus? – Ich bin hier, Heuschrecke und Maus sind da. Heuschrecke und Maus sind dort draußen – auf der Wiese zwischen den

Löwenzahnblüten bzw. hinter den Holzbrettern –, und ich bin in mir drinnen, sehe die Heuschrecke mit meinen Augen, höre die Maus mit meinen Ohren, denke mit meinem Gehirn über sie nach und fühle – ja, womit eigentlich? – Ekel, Angst, vielleicht auch Neugier oder Begeisterung. Jeder Mensch denkt und empfindet in etwa auf diese Weise.

Aber in Wirklichkeit ist man bei der Wahrnehmung der Heuschrecke nicht nur in sich, sondern auch bei der Heuschrecke, beim Hören der nagenden Maus nicht nur in sich, sondern auch bei der Maus. Bei jedem sinnlichen Wahrnehmungsvorgang ist man außer sich, in der Umgebung, sogar nachts bei den Sternen, wenn man zu ihnen emporschaut.

Beim Wahrnehmungsvorgang sind wir über den gesamten Horizont ausgebreitet, den wir sehen, hineingeschlüpft in die tönende und geräuschvolle Welt, die wir hören. Unsere Seele – Astralleib und Ich –, die während des Wachzustandes unseren physischen Leib und den Ätherleib durchzieht, beschränkt sich nicht auf die äußeren Grenzen unseres Körpers, sondern ist gleichzeitig auch in die Umgebung ausgebreitet, die wir wahrnehmen.

Und hätten wir keinen Körper mit Gehirn und physischen Sinnen, so wären wir zwar in der Umgebung, würden aber nicht viel von unserer Umgebung wahrnehmen. So ist es z.B. nachts, wenn wir mit Astralleib und Ich aus physischem Leib und Ätherleib herausziehen. Um eine bewußte Wahrnehmung eines Sinnesvorgangs zu erleben, braucht die Seele einen physischen Leib mit Gehirn und Sinnen, an dem sie sich stoßen bzw. spiegeln kann. Wenn wir also mit den Augen die Heuschrecke sehen, mit den Ohren die Maus hören und mit unserem Gehirn darüber nachdenken, sind wir mit unserer Seele über Heuschrecke und Maus ausgebreitet und spiegeln den Wahrnehmungs- und Denkvorgang an unserem Kopf, und durch diesen Spiegelungsvorgang wird unserer Seele das Gedachte, Gehörte und Geschaute bewußt. Rudolf Steiner stellt diesen Vorgang folgendermaßen dar:

„So ist der Mensch in der Tat mit dem seelisch-geistigen Wesen in dem Teil der Welt, den er überschaut, und er sieht ihn bewußt dadurch, daß ihn sein Organismus spiegelt; und in der Nacht wird dieser Spiegelapparat weggezogen – da sieht er nichts mehr. Der Teil der Welt, den wir sehen, der sind wir; er selber wird weggezogen in der Nacht.

Das ist eines der schlimmsten Stücke der Maja, daß der Mensch glaubt, er stecke in seiner Haut. Das tut er nicht. In Wirklichkeit steckt er in den Dingen, die er sieht. Wenn ich einem Menschen gegenüberstehe, so stecke ich in ihm drinnen mit meinem Ich und Astralleib. Würde ich nicht meinen Organismus ihm entgegenhalten, so würde ich ihn nicht sehen. Daß ich ihn sehe, daran ist mein Organismus schuld, aber mit meinem Ich und Astralleib stecke ich in ihm drinnen. Daß man das nicht so einsieht, das gehört eben zu den, ich möchte sagen, verhängnisvollsten Dingen der Maja. So verschaffen wir uns eine Art Begriff, wie das Wahrnehmen und das Erleben auf dem physischen Plan ist." (GA 156/1967/03.10.1914/S.18 f.)

Gleichermaßen ist man auch bei jeder Menschenbegegnung mit der eigenen Seele in den Gefühlen und Gedanken seines Gegenübers. Der Austausch ist eigentlich vollkommen, aber wir lesen die Gedanken und spüren die Gefühle unserer Mitmenschen höchstens ahnungsweise, weil sie nicht sinnlich sind und dafür ein übersinnlicher Wahrnehmungsvorgang vonnöten ist.

Übersinnliche Wahrnehmung

Wenn Sie nicht angeborene hellsichtige Fähigkeiten besitzen, müssen Sie einen Schulungsweg gehen, um übersinnlich wahrnehmen zu können. Als regelmäßige Übung empfiehlt es sich z.B., sich einen Vorstellungsinhalt zu wählen, der vordergründig nicht sinnlichkeitsbezogen ist: einen Spruch, ein Mantram, einen Begriff oder z.B. ein mathematisches Gesetz. Wenn man lernt, einen solchen Vorstellungsinhalt mit seinen Gedanken zu bewegen und auszuleuchten, meditiert man. Eine richtige Meditation ist also eine gedankliche Bewegungsaktivität, die einen sinnlichkeitsfreien Bewußtseinsinhalt bewegt, bearbeitet, wach im Bewußtsein behält. Bei diesem Meditationsvorgang hat der zu meditierende Gegenstand keinen Sinnlichkeitsbezug – er wird weder geschmeckt, gerochen, gesehen, noch gehört. Allein die Kraft der Gedanken bewegt ihn.

Wenn wir lernen, uns durch und während der Meditation ganz zu vergessen und uns dem Vorstellungsinhalt mehr und mehr zu überlassen, bilden wir Organe im Astralleib aus. Man nennt diese Organe

Lotusblumen. Es sind Organe, mit denen man übersinnliche Wahrnehmungen machen kann. Diese übersinnlichen Erlebnisse müssen auch gespiegelt werden, wenn sie bewußt wahrgenommen werden sollen. Und als Spiegelungsapparat dient dann nicht mehr der physische Leib mit seinem Gehirn und den Sinnen, sondern der Ätherleib.

Lebt man bewußt im Astralleib und schaut oder hört man die Astralwelt und Teile der geistigen Welt, sind die wahrgenommenen Bereiche, Vorgänge oder Wesen allerdings vollkommen anders als z.B. die Heuschrecke und die Maus. Um die Erkenntnis eines sinnlichen Gegenstandes zu erlangen, brauchen wir dazu den Begriff und die sinnliche Wahrnehmung. Wenn wir eine übersinnliche Wahrnehmung machen, z.B. ein leuchtendes Rot oder einen schwarzen Abgrund, aus dem wolkenartige Wesen aufsteigen, haben wir zwar eine Wahrnehmung, aber vielleicht noch keinen Begriff, folglich keine übersinnliche Erkenntnis. Deshalb müssen wir erst lernen, in der übersinnlichen Welt zu lesen. Und dafür ist vorab die Information, die Begriffsbildung vonnöten. Sonst gehen wir in den übersinnlichen Fluten unter.

Was schaut ein Hellseher?

Wer hellseherische Fähigkeiten besitzt, schaut z.B. die Aura des Menschen, hat Wahrnehmungsorgane für den Äther- und Astralleib des Menschen. In diesem den Menschen einhüllenden Lichtkegel bzw. Lichtei sieht er flutende Farben und Formen, die blitzartig auftauchen und wieder verschwinden. Die Schwierigkeit besteht darin, diese Farben und Formen durch die Wahrnehmungsfähigkeit überhaupt festzuhalten und gleichzeitig zu deuten bzw. für das irdische Denken in Begriffe zu übersetzen.

Jede Seelenregung eines Menschen – sowohl die augenblickliche Stimmung als auch sein Charakter und seine Gewohnheiten – und seine Gedanken drücken sich in der Aura als verschiedenfarbige Lichtwolken und Formen aus. Ein Gefühl lebt nur in der Seele des betreffenden Menschen, aber es erzeugt eine seelische Farbe, die wahrgenommen werden kann. Auch hinter den physisch-sinnlichen Formen leben astrale Wesen, nur drückt sich ihre Wirkung eine Stufe tiefer aus, nämlich in einer sinnlichen Farbe. Aber wenn ein Mensch eine Seelenregung hat, die sich in seiner Aura als blaue Farbe auswirkt, so verbindet er sich mit derjenigen astralen Wesenheit, die auch Erzeugerin der sinnlichen blauen Farbe ist.

Wer Gedanken wahrnehmen will, braucht nicht nur Wahrnehmungsorgane für die Seelenwelt, sondern auch solche für die Geistwelt. Hat er diese durch konsequente Schulung entwickelt, kann er die Gedanken eines Menschen in der geistigen Welt wahrnehmen. Nehmen wir an, ein Mensch stellt sich einen Sonnenuntergang vor. Der Ball berühre gerade den Horizont, und im Wasser schwimme ein langsam auf- und abtauchender schwarzer Wal. Der Inhalt dieses Gedankenbildes lebt natürlich in der Seele des Vorstellenden, aber er erregt Wirkungen in der Geistwelt, wie die Seelenstimmungen Farbwirkungen in der Seelenwelt hervorrufen, und diese Wirkungen kann ein geschulter Seher wahrnehmen.

Visionäres Hellsehen

In alten Zeiten, als das Wünschen noch geholfen hat – wie es so schön in einem Märchen heißt –, also vor vielen 1.000 Jahren, nahmen die Menschen ihre Umwelt vollkommen anders wahr, als wir es heute tun. Die physisch-sinnliche Welt war dunkler, also verschwommener, die seelische Welt war heller, also deutlicher wahrzunehmen. Alle Menschen konnten hellsehen.

Aber diese Hellsicht war nichts Außergewöhnliches wie heute, sondern ein Naturzustand. Wenn wir heute eine Allee entlangschreiten, so betrachten wir die Bäume und sagen innerlich: „Pappeln", sofern wir überhaupt noch eine Pappel erkennen können. Wir fügen einen Begriff zur Wahrnehmung und geben uns damit zufrieden. Für eine nähere Betrachtung der Pappelbäume fehlt uns wahrscheinlich meist die Zeit.

Wir werfen höchstens noch einen Blick auf den alten Mann, der neben einem der Pappelbäume auf seinen Stock gestützt steht und versunken nach innen blickt. Vielleicht wundern wir uns über sein mürrisches Gesicht oder ärgern uns über ihn, weil er unseren leise hingeworfenen Gruß nicht erwidert hat.

Früher wäre es anders gewesen. Wären wir durch die Natur geschritten, hätten wir von einem menschlichen Wesen, das uns entgegenkommt, vordringlich nicht sein Äußeres bemerkt, sondern seinen seelischen Zustand: seine Gedanken, vor allem aber seine momentanen Gefühle und seine seelische Grundstruktur. Und von diesem Menschen wäre in uns ein Bild aufgestiegen, ähnlich einem Traumbild, das uns angezeigt hätte, ob dieser Mensch uns etwas Sympathisches oder Antipathisches vermittelt, ob er uns wohlwollend gesinnt ist oder ob durch ihn vielleicht eine Gefahr droht.

Und wenn wir heute noch diesen alten Bilderbewußtseinszustand hätten, dann hätten wir uns bei der Begegnung mit dem alten Mann wohl nicht über sein mürrisches Gesicht gewundert, sondern z.B. seine Trauergefühle über den Verlust seiner gerade verstorbenen Frau gespürt.

Auf Kosten des alten Hellsehens, des alten Bilderbewußtseinszustandes, hat die Menschheit in den letzten Jahrtausenden das Denken ausgebildet und die physisch-sinnliche Welt erforscht. Dieses alte Bilderbewußtsein war ein Bewußtsein des Astralleibes, im Grunde eine Art Traumbewußtsein. Das denkende Ich war bei den damaligen Menschen mit diesem Bewußtseinszustand noch nicht erwacht.

Heute gibt es nur noch wenige Hellseher. Zum einen sind es diejenigen, die sich noch Reste des alten Bilderbewußtseinszustandes bewahrt haben, Menschen, die Visionen, Ahnungen oder das zweite Gesicht haben, und zum anderen sind es Menschen, die sich durch Schulung ein neues Hellsehen erworben haben. Eine dritte Gruppe von Menschen sind diejenigen, die – ohne einen Schulungsweg zu gehen – neue Seelenfähigkeiten entwickeln (siehe dazu den Artikel von Frank Linde in diesem FLENSBURGER HEFT).

Visionen

Was sind Visionen?

Ein Überrest des alten Bilderbewußtseins sind die Träume, die aber mit Ausnahme gewisser Wahrträume meist nur äußere Ereignisse symbolisieren.

Wer heute eine Vision hat – meist mitten im alltäglichen Leben –, lebt dabei normalerweise mit unserem gegenwärtigen Gegenstandsbewußtsein; er ist ein Durchschnittsmensch wie du und ich, der genauso im Vollbesitz seiner denkenden Fähigkeiten ist wie jeder andere Mensch auch.

Eine Vision, die sich mit dem normalen Tagesbewußtsein vermischt, kommt aus der Astralwelt. Sie wird wahrgenommen, aber ohne das physische Gehirn dabei auszuschalten. Ein Mensch dagegen, der auf dem okkulten Schulungsweg fortgeschritten ist, löst sein Denken von dem physischen Gehirn, denkt mit dem Ätherleib des Gehirns und nimmt somit eine Vision aus der Astralwelt umfassender wahr. Er sieht sie pur, so wie sie selbst ist, in ihrer ganzen Aussagekraft, ohne Anlehnung an irdische Bilder und Gegenstände.

Ein visionärer Hellseher, der noch mit seinem physischen Gehirn denkt, sieht die Vision mitunter nicht in ihrer Reinheit, nicht umfassend genug. Sie ist vielleicht in Bilder der Erdenwelt eingekleidet, mitunter sogar verfälscht. Ein sehr religiöser Mensch wird vielleicht Heiligen- oder Mariengestalten schauen, ein Mensch, der nur in der Natur lebt, vielleicht Tiere. Auf jeden Fall wird man in den Visionen nicht etwas entdecken, was man auf der Erde mit dem alltäglichen Bewußtsein noch nicht erblickt hat. Niemand wird z.B. in einer Vision ein Auto sehen, wenn er im Leben noch nie ein Auto kennengelernt hat.

Ahnungen

Eine Stufe tiefer als das Astralleib-Bewußtsein ist das Ätherleib-Bewußtsein. Wer bewußtseinsmäßig – ohne konsequente Schulung – in seinen Ätherleib tauchen kann, erlebt vielleicht eine Ahnung. Eine Ahnung ist meist der Schatten eines zukünftiges Ereignisses, eine mehr oder weniger bewußte Stimmung, die uns seelisch tingiert. Oft hat man solche Erlebnisse in bezug auf Verwandte oder nahestehende Personen.

Würde man bewußt in den Ätherleib vordringen, könnte man den Teil der Zukunft schauen, der bereits feststeht. Denn alles, was sich karmisch ereignen wird, liegt als Grundgerüst tief verborgen in unseren unterbewußten ätherischen Schichten. Daraus darf man aber nicht den Schluß ziehen, daß die gesamte Zukunft vorherbestimmt wäre. Nur ein gewisser, karmisch bedingter Rahmen liegt fest; die menschliche Freiheit ist davon nicht beeinträchtigt.

Auch die Ahnung kann durch unseren Intellekt, durch unser heutiges Gegenstandsbewußtsein verfälscht werden. Steiner trägt dazu vor:

„Bedenken Sie, wie wenig die Menschen die Zusammenhänge überblicken, die um sie herum sind. Über einen kleinen Ausschnitt der Welt machen sie sich Gedanken, über Ursache und Wirkung, aber sie vergessen, daß die ganze Welt mit ihrem Umkreise zusammenhängt wie in einem Netz, in dem Zusammenhänge sich hin- und herspinnen. Der Mensch ist heute herausgehoben aus alledem, er überblickt gewissermaßen eine Insel, aber diese Insel ist zusammenhängend mit dem ganzen Kosmos. Und in seinem Ätherleib hängt der Mensch innig zusammen mit dem Kosmos. Wenn er hinuntersteigen würde in seinen Ätherleib, ohne daß er etwas von dem hellen Tagesbewußtsein mitbrächte, dann würde er sehen, wie sich im Keime etwas anknüpft, was erst, sagen wir, in zehn Jahren sich ereignen wird. Nun können Sie sich denken, daß der Mensch seinen Intellekt mit herunterbringt. Er trägt seinen kleinen Intellekt, sein kleines Verstandesseelchen mit herunter. Dadurch wird das, was als Ahnung auftritt, schon verfälscht. Wenn die Ahnung auf natürlichem Wege auftaucht, hat sie meistens – wie auch die Vision – keinen großen objektiven Wert." (GA 57/1984/01.05.1909/S.410 f.)

Kopf- und Bauchhellsehen

Können Sie sich noch an Ihre letzte Partnerschafts- bzw. Ehekrise erinnern? Sofern Sie zu denen gehören, die innerhalb einer Paartherapie oder durch entsprechende Literatur auch die anthroposophische Menschenkunde zu Rate gezogen haben, dann werden Sie bei dem Unterschied von Mann und Frau auch darauf gestoßen sein, daß die Frau einen männlichen und der Mann einen weiblichen Ätherleib besitzt. Warum ist das so?

Bei der Ausgestaltung des physischen Leibes sind die höheren Wesensglieder des Menschen – Ätherleib, Astralleib und Ich – prozessual aktiv. Speziell gilt das für die ätherischen Kräfte. Genau wie der astralische Leib sowohl ein männliches als auch ein weibliches Element hat, gilt dies im ersten Ansatz auch für den Ätherleib. Da sich aber Teile der ätherischen Kräfte bei der Ausgestaltung des werdenden physischen Menschen verausgaben, bleibt nur ungefähr die Hälfte der ätherischen Kräfte übrig. Wächst ein weiblicher Körper heran, schaffen und bilden an ihm die weiblichen ätherischen Kräfte und verausgaben sich in der Ausgestaltung des physischen Körpers. Übrig bleiben die männlichen ätherischen Kräfte. Deswegen hat die Frau einen männlichen Ätherleib.

Würde ein Hellseher diesen Prozeß beobachten, so würde er in den formenden Kräften des Ätherleibes ein flutendes Farbenmeer erkennen. Die Farben sind es – bildlich gesprochen –, die zur Ausgestaltung des physischen Leibes in die Materie hineingearbeitet werden. Und dort im physischen Leib, wo er im höchsten Maße vollkommen ist, z.B. im Kopf, sind die meisten Farben verarbeitet worden, und der Ätherbereich des Kopfes ist deshalb weitgehend farblos. Bei den nicht so vollkommenen Organen, z.B. im Unterleib, sind nicht so viele Farbkräfte verarbeitet worden, und der Ätherbereich dieses Körperteiles ist farbiger.

Wenn ein Mensch hellzusehen beginnt, also übersinnliche Wahrnehmungen macht, löst sich sein Ätherleib teilweise vom physischen Leib. Je nachdem welche Übungen bzw. Praktiken ein Mensch dazu durchführt, löst sich entweder der Ätherleib vom Kopf oder im Herz- oder Unterleibsbereich. Die Ergebnisse nennt Rudolf Steiner entsprechend Kopf-, Herz- bzw. Bauchhellsehen.

Zum Kopfhellsehen gehört alles, was man in der anthroposophischen Literatur als den üblichen anthroposophischen bzw. okkulten Schulungsweg bezeichnet, also beispielsweise die Übungen, die Steiner in „Wie erlangt man Erkenntnisse der höheren Welten?“ (GA 10) angibt. Es ist ein Weg, der mühsam ist, oft ohne jeden erkennbaren Erfolg, der aber letztlich zu objektiven hellseherisch erforschten Ergebnissen führen kann. Es ist der Weg, der z.B. Aufschluß über die Stufen der höheren Welten, geistige Wesen oder vergangene Erdenleben geben kann.

Wer die Methoden des Kopfhellsehens anwendet, wer es geschafft hat, daß sich der Ätherteil des Kopfbereiches lockert, und wer erste übersinnliche Wahrnehmungen macht, wird bemerken, daß die geschauten Bilder blaß, farblos und dahinhuschend sind. Erst bei größeren gedanklichen Anstrengungen während der Meditation verliert sich der schattenhafte Charakter der übersinnlich geschauten Bilder, und sie durchsetzen sich mit den Farben der höheren Welten.

Bildlich kann man diesen Weg mit einer Wüstenlandschaft vergleichen, in der erst durch umfangreiches Bemühen und regelmäßige Pflege ein Blumenbeet oder nach Jahren ein schöner Garten entsteht. Dieser Garten aber ist selbst geschaffen, eigens angelegt und wird in jeder Einzelheit überschaut.

Beim Bauchhellsehen ist es – bildlich gesprochen – so, als würde man in ein wildes Blumenmeer voller Farben und faszinierender Düfte geworfen, das zwar überwältigend schön ist, aber auch schnell wieder vergeht und nie ganz durchschaut wird, weil man es nicht durch eigenes Bemühen selbst angelegt hat.

Beim Bauchhellsehen nimmt man nur Subjektives wahr, z.B. die ätherisch-astralischen Vorgänge bei der Verdauung des letzten Abendbrots. Und in diesem Wesensgliederbereich schaut der Hellseher ein ungeheures flutendes Farbenmeer, weil in den ätherischen Bereichen nicht alle Farben des Ätherleibes verarbeitet worden sind:

„Denken Sie nun, es kommt jemand, wie ich es geschildert habe, zum Hellsehen. Da kann zweierlei eintreten: Es kann ein Hellsehen eintreten dadurch, daß der Ätherleib des Gehirns gelockert wird, aber es kann auch eintreten ein Hellsehen dadurch, daß der Ätherleib der Eingeweide gelockert wird. Beim Hellsehen wird nun der Mensch oftmals sein eigenes Innere gewahr. Derjenige, der den Ätherleib des Gehirns herausbekommt, wird zunächst eine ziemlich blasse Welt vor sich haben; aber der, welcher den Ätherleib seiner Eingeweide herausbekommt, kann wunderbar flutende Farben in die Ätherwelt hinausspiegeln. Um nämlich das Blasse des Gehirnätherleibes mit den flutenden Farben des Kosmos in Berührung zu bringen, ist es nötig, daß wir die flutenden Farben von der ganzen Sphäre des Kosmos erst heranziehen. Um die flutenden Farben des Ätherleibes der Gedärme zu entwickeln, können wir sie aus uns herausstrahlen, und so kann ein ganz wunderbares Gebilde geschaut werden auf dem Wege des Hellsehens. Gewiß, es ist ein echtes hellsichtiges Gebilde, aber wenn man es untersucht, was ist es? Es ist nichts anderes als der eigene Verdauungsprozeß, es ist dasjenige, was der Ätherleib während des Verdauungsprozesses des Menschen tut; das projiziert sich in den Ätherraum hinaus. Das ist anatomisch betrachtet höchst interessant, aber man muß sich klar sein darüber, daß man erst, wenn man herandringt an die Geheimnisse der geistigen Welt, wirklich eine Ahnung bekommt von dem, was eigentlich vorliegt in der geistigen

Welt. Man bekommt ja erst dann eine Ahnung, daß aus einem wunderbar flutenden Farbenmeer des Ätherleibes auch dasjenige heraus entspringt, was im Ätherleib vorgehen muß, damit die Gedärme in der richtigen Weise funktionieren. Wenn man das dann hellsichtig schaut, so ist es gewiß ein hellsichtiger Vorgang; aber es ist nichts, was mit himmlischen Geheimnissen zusammenhängt, es ist nichts, was die großen kosmischen Tatsachen der Welt uns irgendwie nahebringt, sondern es ist etwas, was uns unser gewöhnlichstes niederes Selbst nahebringt."
(GA 174b/1974/14.02.1915/S.71 f.)

Tim und Tom

So faszinierend es ist, wenn man hellseherische Kräfte hat – eine derartige Fähigkeit hat nur aus einem einzigen Grund den Hautgout des Ungewöhnlichen, den Odem der Einzigartigkeit: weil nur wenige in der heutigen Zeit eine derartige Fähigkeit besitzen und weil sehr viele Menschen eine Kenntnis und Existenz vergangener Erdenleben oder gar die Prophetie der Zukunft als Spinnerei ablehnen.

Ob man mit der Gabe des atavistischen, also angeborenen Hellsehens glücklich ist, können nur diejenigen beurteilen, die diese Gabe haben. Da es aber auch verschiedene Praktiken gibt, die schneller zu einer gewissen Hellsicht führen als der oft zunächst erfolglose, weil sehr mühsame, anthroposophische Schulungsweg, möchte ich hier noch einen wichtigen Aspekt aufzeigen, der einen weiten zeitlichen Bogen spannt.

Stellen wir uns zwei Menschen vor und nennen sie Tim und Tom. Tim hat in seiner reiferen Jugend mit verschiedenen Rauschgiften praktiziert, vorwiegend mit Halluzinogenen und verschiedenen Pilzsorten. Meist nahm er seine Rauschmittel allein in der Natur. Sein Ziel war keineswegs der Genuß des Rausches, sondern eine gewisse Experimentierfreude und das Verschmelzen mit den Kräften der Natur. Als die erste Neugierde vorbei war, bekam er verhältnismäßig schnell Kontakt zu verschiedenen Naturwesen. Was er zuerst in wirren Fratzen und Farben schaute, ordnete sich, als er die Drogen absetzte, und bald konnte er auch ohne Rauschmittel Dämonen von Elfen, Gnomen und verschiedenen Baumwesen unterscheiden. Jahrelang suchte er regelmäßigen Kontakt zu den Naturgeistern und vernachlässigte darüber hinaus weitgehend sein restliches Leben. Er hörte sogar auf zu lesen oder sich über das Tagesgeschehen zu informieren, weil das seine Hellsicht beeinträchtigte.

Seinen Freund Tom nannte er immer leicht spöttisch den Professor. Sie kannten sich aus der Schulzeit und befreundeten sich, weil sie beide sämtliche Werke von Hesse und Tolkien gelesen hatten und sich über sie austauschten. Obgleich auch Tom einige Rauschgiftexperimente gemeinsam mit ihm durchführte, ließ er doch bald davon ab und entdeckte sein Herz für die Anthroposophie. „Zyklenfresser" nannte ihn Tim, weil er schon nach wenigen Jahren das halbe Gesamtwerk Steiners durchgearbeitet hatte. Nebenbei begann er auch zu meditieren, gewissenhaft und regelmäßig.

Nach der Schulzeit verloren sich Tim und Tom aus den Augen, bis sie sich nach etwa 20 Jahren wiedertrafen:

„Hallo Tom."

„Hallo Tim."

„Du hast dich vielleicht verändert, ich hätte dich kaum wiedererkannt."

„Du hast dich überhaupt nicht verändert", entgegnete Tom.

„Was machst du beruflich?"

„Ich bin Waldorflehrer und halte Vorträge für die Anthroposophische Gesellschaft. Und du?"

„Ich arbeite in der Landwirtschaft. Liest du immer noch soviel Steiner wie früher?"

„Nein, dafür habe ich keine Zeit mehr. Aber natürlich lese ich noch das, was ich muß, z.B. für meine Vorträge und den Unterricht."

„Und was machen deine esoterischen Bemühungen?"

„Was meinst du damit?"

„Na, meditierst du noch regelmäßig, so wie früher?" fragte Tim.

„Ja, damit habe ich nie aufgehört." Toms Stimme wurde etwas verhaltener.

„Und? Hast du endlich irgendwelche Erfolge?"

Tom zögerte.

„Erzähl mir nicht wieder, daß man über seine übersinnlichen Schauungen nicht sprechen solle", hakte Tim nach.

„Nein, ich habe bisher keinen Erfolg gehabt, obwohl ich wirklich regelmäßig meditiere und auch die Nebenübungen mache."

„Hattest du noch nie eine übersinnliche Schauung?"

„Nein. Vielleicht ist das Leben zu stressig."

„Du weißt also alles, aber siehst nichts?"

Tom lachte. „So könnte man es ausdrücken. Und du, verkehrst du immer noch mit den Elementarwesen?"

„Mehr denn je, sie erzählen mir alles über die Naturzusammenhänge."

„Und schaust du auch höhere Wesen, Engel, Erzengel, oder hast du Kontakt zu Verstorbenen?"

„Ich habe viele Schauungen, aber ich verstehe sie nicht. Manchmal sprechen auch Wesen zu mir, die ich nicht kenne. Davon lasse ich lieber die Finger. Die Natur und ihre Wesen sind der Bereich, den ich überschaue."

„Du könntest doch gezielt einige Bücher lesen, vielleicht würdest du dann verstehen, was du schaust."

„Habe ich alles versucht, aber das ist mir zu schwer. Außerdem, so habe ich zumindest beobachtet, gehen dann meine Schauungen zurück."

„Du könntest meditieren."

„Nein", meinte Tim, „das ist nichts für mich. Außerdem höre ich gerade von dir, daß es nichts bringt."

„Das habe ich nicht gesagt. Ich habe nur gesagt, daß ich *keine Schauungen* habe. Als geistige Übung ist eine Meditation allemal gut, und ein anderer hätte vielleicht längst Schauungen. Es kommt doch nicht darauf an, daß man hellsichtig wird."

„Sondern?"

„Daß man alles weiß, also vorbereitet ist für den Fall, daß man hellsichtig wird."

„Das sehe ich aber anders. Ich schaue, was ich schaue. Das ist für mich Realität. Ich muß dafür keine weiteren Erklärungen haben."

„Mit anderen Worten", faßte Tom etwas erleichtert zusammen, „du schaust vieles, aber du weißt nichts."

„Das ist etwas überspitzt, aber es geht in die richtige Richtung."

Licht nach dem Tod

Tim und Tom sind unzweifelhaft Menschen mit zwei extremen Positionen. Aber sie verdeutlichen ein wichtiges Problem, über das Steiner häufig spricht. Um die Weite dieses Problems zu erfassen, ist es allerdings notwendig, den Blickwinkel, der sich meist auf das eine Erdenleben beschränkt, zu erweitern.

Nach dem Tod leben wir weiter. Und irgendwann werden wir wiedergeboren. Daran glauben viele, und das wissen einige. Aber – Hand aufs Herz – wie steht es mit Ihnen? Wie real beziehen Sie ein Leben nach dem Tod in Ihr Tun und Lassen mit ein? Handeln Sie in konkreten Fällen anders, weil Sie wissen, daß es im nächsten Erdenleben eine entsprechende Folge haben wird? Haben Sie schon einmal einem Verstorbenen etwas vorgelesen, damit er sich in der geistigen Welt besser orientieren kann? Haben Sie sich für Ihr eigenes nachtodliches Sein vorbereitet, das ja schon morgen beginnen könnte?

Diese und ähnliche Fragen muß sich jeder selbst beantworten. Aber eines kann man schon jetzt wissen: Jede hellsichtige Erfahrung und Fähigkeit für sich genommen ist nach dem Tod unbedeutend. Wenn man beispielsweise eine Vision hat und sie nicht versteht, nützt sie einem im Leben zwischen Tod und neuer Geburt überhaupt nichts. Wenn man dagegen einen geistigen Zusammenhang verstanden hat – z.B. einen Begriff meditiert, einen Engel gedacht hat oder verstanden hat, daß das Böse Bestandteil der Weltenordnung ist u.v.m. –, dann nimmt man die Frucht dieses verstehenden Denkens nach dem Tod mit in die geistige Welt. Und aus dieser Frucht erwächst nachtodlich die Kraft, die geistige Umgebung, geistige Wesen und die Einordnung seiner selbst in die kosmischen Zusammenhänge zu verstehen.

Eine Vision kleidet sich meist in irdische Begriffe. Will man aber ein geistiges Wesen – z.B. einen Engel oder einen Dämon – wirklich geistig erfassen, muß alle irdische Bildhaftigkeit abgelegt werden. Denn nach dem Tod fällt alles weg, was auch nur irgendwie mit irdischer Bildlichkeit zusammenhängt. Ein Engel hat dann weder goldene Haare, Flügel, weiße Gewänder oder Rubensformen, ein Dämon keine Hörner oder langen Zähne. Ein geistiges Wesen zeigt sich dann so, wie es ist, und es liegt am Verstorbenen, ob er es erkennt. Er erkennt es aber nur, wenn er es vorher während des Erdenlebens gedacht hat. Steiner führt über die Gefahr des visionären Hellsehens folgendes aus:

„Dann ist allerdings eine Gefahr vorhanden für den Hellseher, wenn er alle Erdenreste abstreift. Wenn er da zum Beispiel den Engel sieht und alles Irdische abstreift, so ist die Gefahr vorhanden, daß er dann nichts mehr sieht. Wenn er das wegläßt, was hinaufgetragen worden ist an Sinnbildlichkeit, dann besteht die Gefahr, daß er nichts mehr sieht. Was einen dann bewahrt, die Sache ganz zu verlieren, wenn man wirklich in die geistige Welt kommt, das ist der Same, der aus dem Denken aufgehen kann. Die Gedanken geben dann die Substanz her, das, was da ist, in der geistigen Welt zu ergreifen. Dadurch erhalten wir die Fähigkeit, wirklich in der geistigen Welt zu leben, daß wir das ergreifen in unserer sinnlichen Welt, was nicht mehr von Elementen der Sinnlichkeit durchsetzt ist und doch hier auf dem physischen Plane ist. Das sind einzig und allein die Gedanken. Wir dürfen nichts mitbringen in die geistige Welt als lediglich die Gedanken; von einem Kreis zum Beispiel nichts von der Kreide, sondern lediglich die Gedanken von dem Kreise. Mit diesen können Sie aufsteigen in die geistigen Welten. Von dem Bilde dürfen Sie nichts mitbringen." (GA 117/1966/13.11.1909/S.85)

Natürlich wäre es vorteilhaft, daß man beide Fähigkeiten entwickelt: die Hellsicht und das scharfe Denken. Aber was wirklich Vorrang hat, formuliert Steiner deutlich:

„Es ist tausendmal besser, die spirituellen Vorstellungen erst denkerisch erfaßt zu haben und dann, je nach seinem Karma später oder früher, selber hinaufsteigen zu können in die geistigen Welten, als zunächst zu sehen und nicht denkerisch erfaßt zu haben, was mitgeteilt wird in der Bewegung, die man die anthroposophische nennt. Tausendmal besser ist es, Geisteswissenschaft zu kennen und noch nichts zu sehen, als etwas zu sehen und nicht die Möglichkeit zu haben, die Dinge auch denkerisch zu durchdringen, weil dadurch Unsicherheit in die Sache hineinkommt." (ebd./S.86)

Es gibt sicherlich viele Gründe – individuelle und allgemeine –, warum Toms Meditation trotz ca. 20jähriger Übung noch zu keiner Hellsicht geführt hat. Ein Grund aber hängt mit seinem scharfen Denken und der Auswirkung dieses Denkens auf sein Gehirn und den ätherischen Bereich seines Gehirns zusammen:

„Es gibt in der Gegenwart scharfe Denker, die können vernünftigerweise die geisteswissenschaftliche Weltanschauung einsehen. Warum kommen manchmal gerade diese so schwer zum Hellsehen? – Verhältnismäßig leicht wird es gerade denen, die nicht scharfe Denker sind, zum visionären Hellsehen zu kommen, und sie werden dann leicht hochmütig gegenüber dem Denken, während es schwierig ist für die scharfen Denker, zur Hellsichtigkeit zu kommen. Da ist haarscharf die Klippe vorhanden, wo ein gewisser maskierter Hochmut sich geltend macht. Es gibt ja kaum etwas, was den Hochmut so sehr züchtet, wie ein nicht von Gedanken erhelltes Hellsehen, und es ist deshalb so besonders gefährlich, weil der Betreffende in der Regel gar nicht weiß, daß er hochmütig ist, sondern sich sogar für demütig hält. Er weiß gar nicht zu beurteilen, was für ein ungeheurer Hochmut dazugehört, die denkerische Arbeit der Menschen gering zu achten und auf gewisse Eingebungen den Hauptwert zu legen. Es steckt darin ein maskierter Hochmut, der ungeheuerlich ist. [...]

Die Sache ist nun diese, daß unser Ätherleib, den wir für das hellseherische Bewußtsein loskriegen müssen von unserem physischen Gehirn, durch diese denkerische Betätigung gekettet wird an das physische Gehirn. Diese Arbeit des Denkens kettet, verbindet den Ätherleib stark mit dem Gehirn. Hat einer durch sein Karma noch nicht die Kräfte, ihn wieder loszukriegen zur rechten Zeit, dann kann es sein, daß er in dieser Inkarnation nichts Besonderes auf hellseherischem Gebiete erreichen kann. Nehmen wir an, er habe das Karma, in einer früheren Inkarnation ein scharfer Denker gewesen zu sein. Dann wird das Denken jetzt nicht so stark den Ätherleib mit dem Gehirn engagieren, und er wird verhältnismäßig leicht den Ätherleib bald loskriegen und kann gerade dadurch, daß die denkerischen Elemente die besten Samen sind für das Aufsteigen in die höheren Welten, in feinster Weise die Geheimnisse der höheren Welten erforschen. Er muß natürlich erst wieder loskriegen den Ätherleib von dem Gehirn. Wenn der Ätherleib aber sich so verfangen hat im physischen Gehirn beim Hineinziselieren der denkerischen Tätigkeit, daß er erschöpft ist, dann kann ihn sein Karma vielleicht lange warten lassen, bis er ihn wieder loskriegt. Wenn er aber dann aufsteigt, dann ist er durchgeschritten durch den Punkt des logischen Denkens. Dann ist das unverloren, dann kann ihm niemand wegnehmen, was er sich errungen hat, und das ist ungeheuer wichtig, weil die Hellsichtigkeit sonst immer wieder verlorengehen kann. Ich mache noch einmal darauf aufmerksam, daß Sie alle hellsichtig waren in früheren Zeiten. Warum besitzen Sie die Fähigkeit des Hellsehens jetzt nicht mehr? Weil Sie dazumal nicht mit dem Erdendasein verknüpft und verbunden waren, weil Sie entrückt waren in die geistige Welt, weil Sie diese nicht heruntergeholt haben bis zu Ihren Fähigkeiten, weil das visionäre Hellsehen auf einer Entrücktheit beruhte." (ebd./S.86 ff.)

Es gibt noch einen weiteren Aspekt in diesem Zusammenhang. Nach dem Tod verläßt die Seele den physischen Leib, bald auch den Ätherleib und breitet sich im Kosmos aus. Man ist kein Zentrum, kein Mittelpunkt mehr, der sich von der restlichen Welt unterscheidet, sondern man krempelt sich total um und wird zur Welt. Man strömt in die Peripherie und verbindet sich mit allen geistigen Wesen. Aber nun ist es entscheidend, ob man erkennen kann, ob man weiß, mit wem man verbunden ist, und ob man diese Verbundenheit wach oder schlafend erlebt.

Stellen Sie sich vor, Sie sitzen in Ihrem Zimmer und durch eine obskure Zauberei wäre es möglich, daß Sie mit Ihrem gesamten Zimmer verschmelzen würden: Sie verbänden sich mit dem Sofa, schlüpften in die Blumen, durchwebten den Teppich und schwebten in jedem Buch. Was für ein Bewußtsein hätten Sie wohl während dieses merkwürdigen Zustands?

Irgend etwas würde man bestimmt wahrnehmen, vielleicht diffuse Bilder wie in einem Traum, aber es wäre niemals der wache ichbewußte Zustand, den wir haben, wenn wir während des Tages ganz bei uns sind und uns Sofa, Blumen, Teppich und Bücher gegenüberstehen und wir sie wach, kritisch oder aufmerksam beobachten können.

Ähnlich ist es mit dem Ichbewußtsein auch nach dem Tod. Gerade weil man mit allen Dingen der geistigen Umgebung verschmilzt, benötigt man ein starkes Ichbewußtsein, um nicht in die Dinge hineinzuschlafen. Und wodurch erhält man nachtodliche Souveränität, ichbewußte Eigenständigkeit gegenüber den geistigen Wesen?

„Nun, wie die Welt jetzt ist in der Menschheitsentwickelung, können wir dasjenige, was wir sonst wie schlafend nur in uns tragen würden, nur dadurch loslösen, daß wir uns spirituelle Begriffe aneignen; diese spirituellen Begriffe, die hier dem Menschen so unbequem sind, weil er sich ein bißchen anstrengen muß, mehr anstrengen muß als bei den gewöhnlichen Begriffen. Wenn er sich sie aneignet, entwickeln sie nach dem Tode eine ungeheure Kraft, durch die wir dort überhaupt erst die Fähigkeit gewinnen, die geistige Welt zu erkennen, zu durchschauen. Das ist sehr wichtig. Die Menschen finden es unbequem heute, sich spirituelle Begriffe anzueignen. Sie gehen gern in solche Veranstaltungen, wo man ihnen allerlei Lichtbilder, oder was sonst von der Art da ist, vorführt, damit sie möglichst wenig übersinnlich zu denken brauchen, alles nur sehen können, oder mindestens gehen sie gern zu Veranstaltungen, wo ihnen von Dingen erzählt wird, die sie sonst auch immer vor Augen haben. Aber die Anstrengung scheut heute der Mensch, sich zu erheben zu solche Begriffen, die hier schwieriger sind, weil sie kein äußeres Objekt haben, weil ihr Objekt die Tatsachen sind, auf die sie sich beziehen in der übersinnlichen Welt. Aber dort drüben sind sie die Kräfte, die uns in Wirklichkeit die Welt erst geben.

So erwerben wir uns durch die spirituellen Ideen und Begriffe diejenige Weisheit, die wir brauchen, damit wir drüben ein Licht haben; sonst ist alles dunkel. Denn dasjenige, was hier als Weisheit angeeignet ist, ist drüben Licht, geistiges Licht. Weisheit ist geistiges Licht. Ja, damit es drüben nicht finster ist, brauchen wir Weisheit. Und wenn wir uns keine spirituellen Begriffe aneignen, so ist es eben das beste Mittel, drüben kein Licht zu haben. Aber wenn man kein Licht hat, so bewegt man sich weg aus der Sphäre, die man beleuchten sollte." (GA 178/1980/16.11.1917/S.53 f.)

Normalerweise begreift man sein Denken so, daß man Gedanken an Gedanken knüpft, einen Begriff mit dem nächsten verbindet, gleich ob das nun logisch oder assoziativ vor sich geht. Wenn solche Gedanken aber leibfrei werden, also Begriffe in das Bewußtsein aufgenommen werden, die kein physisches Pendant wie z.B. graue Maus oder grüne Heuschrecke haben, dann werden diese Gedanken bei ausreichender Bewußtseinsaktivität zu lebendigen Wesen. Die Gedanken werden zu geistig-lebendigen Hüllen, in die geistige Wesen – Elementarwesen oder gar Engel – hineinschlüpfen können. Wenn ein Mensch den Begriff Engel immer wieder denkt und denkt, also meditiert, erweitert er sein Denken bis hin zu einem Engel, und es findet in seinem Denken eine

Wesensbegegnung statt. Das kann man spüren, aber auch wenn man es nicht spürt, so findet dieser geistige Austausch doch statt. Insofern kann jeder Mensch zwar nicht hellsehen, aber doch helldenkend werden.

Wenn jetzt ein in diesem Sinne nichtdenkender und ein denkender Hellseher eine übersinnliche Erscheinung hellsichtig schauen, taucht sie für den nicht denkerisch geschulten Hellseher augenblicklich in seinem Bewußtsein auf. Die Vision erscheint, aber sie verändert sich nicht mehr und verschwindet wieder. Unmittelbar anhand dieser Vision läßt sich von ihm nicht prüfen, ob sie ein Wahr- oder Trugbild ist. Erst später im Leben kann die Bestätigung kommen.

Der denkerisch geschulte Hellseher sieht die gleiche Vision vielleicht nicht so spontan und unmittelbar, sie kristallisiert sich erst allmählich heraus. Aber wenn sie ihm erscheint, kann er mit Hilfe seines erkrafteten Denkens sofort abprüfen, ob es sich um eine Täuschung oder um etwas Wahres handelt.

Lieber einen Spatz in der Hand als eine Taube auf dem Dach

Wenn jemand erste übersinnliche Erfahrungen macht, so ist das ein fulminantes Erlebnis. Wir wollen uns alle gar nichts vormachen, daß davon ein Sog, ein Reiz, eine Faszination ausgeht. Aber wenn man sich jetzt nicht in der Hand hat, kann aus dieser Anfangserfahrung schnell die Gier werden, so viel wie möglich aus einer Welt zu erhaschen, die einem sonst verborgen bleibt. Und an dieser Stelle sollte man sich zwingen, ein Korrektiv einzuschalten: Alles, was übersinnlich geschaut wird, sollte denkerisch geprüft werden, und zwar durch die Auseinandersetzung mit z.B. anthroposophischer Literatur, in der Rudolf Steiner seine in jeder Phase durch strenges Denken geprüften geistesforscherischen Ergebnisse in Begriffe gebracht hat.

Die Kassandra von der Spree

Interview mit Gabriele Hoffmann

von Wolfgang Weirauch

© Foto: H. Urbschat

Gabriele Hoffmann, *geboren 1954 in Berlin. Ausbildung als Krankenschwester. Seit dem 25. Lebensjahr als Beruf Wahrsagerin. Bekannt durch Vorträge sowie Rundfunk- und Fernsehauftritte.*

Hellseher und Wahrsager gab es zu allen Zeiten, z.B. die Pythia von Delphi, Nostradamus, Swedenborg oder Hanussen. Und seitdem die Menschen vor Jahrtausenden die natürliche Fähigkeit des Hellsehens verloren haben, suchen sie Wahrsagerinnen und Hellseher auf, wenn sie vor wichtigen Lebensentscheidungen oder in Krisen stehen, mitunter auch aus Interesse oder bloßer Neugier.

So ist es auch heute noch. Unsere nüchterne und geistleere Zeit steht in krassem Widerspruch zu dem immer stärker verbreiteten Glauben vieler Menschen an Astrologie, übersinnliche Welten oder Reinkarnation. Um diese Diskrepanz zu überbrücken, wenden sich zunehmend mehr Menschen hilfesuchend an Hellseherinnen oder Wahrsager. Drei der bekanntesten Hellseherinnen Deutschlands stellen wir Ihnen in diesem FLENSBURGER HEFT vor.

Gabriele Hoffmann, die Kassandra von der Spree, jahrelange Beraterin von Hildegard Knef, kam durch eine Urgroßmutter und eine Großmutter in Kontakt mit übersinnlichen Kräften. Beide arbeiteten als Heilerinnen, besprachen Gürtelrosen und Warzen oder legten Karten. Bereits in der Schule sagte Gabriele Hoffmann manchen Lehrern die Zukunft voraus, z.B. daß ein Lehrer bald geschieden werde, ein anderer eine Freundin habe, von der er demnächst ein Kind bekommen werde.

Öffentlich bekannt wurde sie vor allem durch die Prophezeiung der Entführung von Peter Lorenz. Im Frühjahr 1975 sollte in Berlin gewählt werden, und zum ersten Mal seit 27 Jahren drohte den Sozialdemokraten der Machtverlust. Der unpopuläre Bürgermeisterkandidat der CDU, Peter Lorenz, betitelte seine Wahlanzeigen u.a. mit der Headline „Berliner leben gefährlich", was Helmut Schmidt zu höhnen veranlaßte: „Der Peter Lorenz, der das verantwortet, diesen Unfug, der muß sich offenbar nachts in seiner Wohnung ängstigen."

Drei Tage vor der Wahl, am 27.02.1975, wurde der Wagen von Peter Lorenz in der Nähe seines Hauses gerammt und gestoppt, und Peter Lorenz wurde entführt. Im Gegenzug verlangte die „Bewegung 2. Juni" die Freilassung der Inhaftierten Horst Mahler, Verena Becker, Gabriele Kröcher-Tiedemann, Ingrid Siepmann, Rolf Heissler und Rolf Pohle. Der ehemalige Regierende Bürgermeister von Berlin, Heinrich Albertz, begleitete fünf von ihnen – Horst Mahler hatte auf seine Freilassung verzichtet – nach Jemen, wo sie im Austausch mit Peter Lorenz freigelassen wurden.

Anschrift: Gabriele Hoffmann, Uhlandstraße 173/184, D-10719 Berlin, Tel.: 030/ 883 77 77.

Wolfgang Weirauch: Seit wann haben Sie übersinnliche Wahrnehmungen, und wie sind Sie mit diesen umgegangen?

Gabriele Hoffmann: Sowohl meine Urgroßmütter als auch meine Großmütter konnten Gürtelrosen und Warzen besprechen, außerdem waren sie Kartenlegerinnen. Als Kind habe ich oft eine meiner Großmütter belauscht und angenommen, daß man mit ihren Wunderkarten in die Zukunft schauen könne. Während meiner Schulzeit habe ich dann für meine Lehrer und Mitschüler mit den Karten wahrgesagt, und als ich 15 bzw. 16 Jahre alt wurde, bekam ich Visionen. Damals war ich mir aber der Besonderheit meiner Fähigkeiten nicht bewußt, weil ich annahm, daß alle Menschen solche Fähigkeiten hätten. Nach Abschluß meiner Schulzeit wurde ich Krankenschwester und bemerkte sehr bald, daß ich bei einigen Patienten Krankheiten sah, die die Ärzte nicht diagnostizierten. Meistens kamen die Krankheiten, die ich geschaut hatte, dann auch zum Ausbruch.

Als ich 20 Jahre alt war, hatte sich meine Fähigkeit bereits soweit herumgesprochen, daß nach Dienstschluß viele Leute vor meiner Haustür standen. Der Job als Krankenschwester und die Wahrsagerei wurden mir dann bald zu viel, und so bin ich kurz vor meinem 21. Lebensjahr Wahrsagerin geworden. Soweit ich weiß, bin ich die einzige Wahrsagerin in Deutschland, die auch im amtlichen Register der Industrie- und Handelskammer als Wahrsagerin eingetragen ist.

„Ich spüre sofort, ob ich etwas Furchtbares schauen werde“

W.W.: Welche Vorbereitungen treffen Sie, wenn Sie eine Sitzung mit einem Menschen haben?

G. Hoffmann: Mit 22 Jahren wurde ich durch Prophezeiungen und Prognosen bekannt, die sehr öffentlichkeitswirksam waren. Durch Interviews in der Presse wurde mir erst klar, daß der Zustand, in den ich mich bei einer Sitzung versetze, wenn ich die Karten lege, eine Art Trancezustand ist.

Wenn ein Mensch zu mir kommt, möchte ich nicht, daß er auch nur irgend etwas über sich oder seine Lebenssituation erzählt, weil ich die Befürchtung habe, daß man sonst zu sehr dadurch beeinflußt wird und die Bilder dementsprechend deutet. Für mich ist es immer wieder ein neuer Test, darauf zu schauen, in welcher Lebenssituation ein Mensch ist, der gerade vor mir sitzt, und was er als Gravierendes in der Vergangenheit erlebt hat. Und wenn diese Bilder aus der Gegenwart und Vergangenheit mit seinem Leben übereinstimmen, dann lasse ich mich darauf ein, auch etwas über die Zukunft zu erfahren.

W.W.: Wenn Sie einen Menschen vor sich haben, schauen Sie dann seine Aura?

G. Hoffmann: Während der ersten Minuten der Begegnung mit einem Klienten spüre ich bereits, ob ich etwas Furchtbares über ihn schauen werde. In so einer Situation versuche ich abzuwägen, ob der betreffende Mensch die Wahrheit vertragen kann. Wenn ich das Gefühl habe, daß ich dem Klienten mit der Wahrheit schade, schicke ich ihn wieder fort. Wenn es aber ein Mensch ist, der mit Schwierigkeiten klarkommt, und wenn ihm die Wahrheit hilft, führe ich die Sitzung durch.

Ich stütze dabei die Ellenbogen auf den Tisch, schließe die Augen und versetze mich in einen meditationsähnlichen Zustand, bei dem man ein Bild in sich aufsteigen läßt. Zu Beginn der Trance spüre ich, wie ich mit dem Kern des Menschen verschmelze. Der Kern des Menschen ist seine Persönlichkeit, sein Charakter, seine Stimmung und die Sicht, die er zu seiner Lebenssituation hat. Erst wenn ich mit seinem Kern verschmolzen bin, komme ich in die Lage, in seinen Schicksalsstrom einzutauchen.

Das Leben des Menschen ist für mich wie ein See, auf dessen Oberfläche ich mich zunächst befinde. Und je tiefer ich dann in den See hinabtauche, desto stärker schaue ich die Szenen und Lebenssituationen des betreffenden Menschen. Ich sehe das Leben eines Menschen wie in einer Art Film vor mir ablaufen, bin aber nicht der Betrachter, sondern die Person, die das Leben erlebt. Ich sehe und spüre also das Leben aus den Augen und den Empfindungen des anderen Menschen.

W.W.: Können Sie diesen Lebensfilm lenken bzw. mit ihren Gedanken und Empfindungen beeinflussen, oder läuft er unabhängig von Ihrer Einflußnahme vor Ihnen ab?

G. Hoffmann: Ich kann diesen Film in einer gewissen Weise steuern. Und zwar ist es mir möglich, bei bestimmten Punkten einer Szene zu verharren, um ein Geschehnis deutlicher zu sehen und intensiver zu fühlen. Andererseits gibt es Bilder, die sehr schnell ablaufen und mit denen ich mich auch nicht weiter aufhalte. Aber bei Bildern, die mich aus der Befindlichkeit oder aus dem Optischen heraus stark beeindrukken, verharre ich, um intensiver nachzuspüren.

Meistens spreche ich während der Sitzungen das laut aus, was ich schaue, und zwar in Hochdeutsch, während ich sonst einen Berliner Dialekt habe. Meine Stimme, so sagt man mir, sei dann auch lauter, etwas abgehackter und akzentuierter. Ich bin aber fest davon überzeugt, daß es meine eigene Stimme ist, die sich lediglich auf meine Schauungen einstellt. Ich glaube nicht, daß irgendein Geistwesen durch mich spricht.

W.W.: Können Sie sich nach der Sitzung an Ihre während des Trancezustands gesprochenen Worte erinnern?

G. Hoffmann: Wenn ich mich gleich nach der Sitzung daran erinnere und die Schauungen mit dem betreffenden Menschen bespreche, bleiben die Geschehnisse in meinem Gedächtnis haften. Wenn ich aber eine Viertelstunde warte, verschwinden die Erlebnisse. Das ist wie bei einem Traum. Man nimmt sich vor, gleich nach dem Zähneputzen über den Traum nachzudenken, aber dann ist er weg. Wenn man den Traum aber sofort nach dem Aufwachen ins Bewußtsein heraufholt und intensiv darüber nachdenkt, bleibt er im Gedächtnis.

Von der Gegenwart in die Vergangenheit und zurück in die Zukunft

W.W.: Wenn Sie Bilder aus dem Leben eines Menschen schauen, wie können Sie dabei unterscheiden, ob dies Bilder aus der Vergangenheit, der Gegenwart oder der Zukunft sind?

G. Hoffmann: Bei den Bildern setze ich meistens in der Befindlichkeit der Person an, also in seinem Charakter, seinen Gefühlen und seinen momentanen Stimmungen. Meistens beginnen die Bilder in der gegenwärtigen Situation, also in der Lebensphase, in der sich der Betreffende gerade befindet. Dann gehe ich – ob bewußt gesteuert oder automatisch, weiß ich nicht – in die Vergangenheit. Anschließend erfolgt ein Sprung in die Gegenwart und danach ein weiterer in die Zukunft. Wenn ich in Trance bin und den entsprechenden Film sehe, ist es so, als ob ich meinen Blick nach vorne richte und einen Hauptfilm sehe. Aber während ich diesen Hauptfilm sehe, kommen von rechts und links weitere Szenen und Bilder, die mich aber nicht verwirren und durcheinanderbringen. Es ist nicht ganz leicht zu beschreiben. Man ist fest auf einer Linie, schaut nach vorne und nimmt aber noch weitere Szenen wahr, etwa wie in einem Restaurant, in dem man sich mit jemandem unterhält und dabei trotzdem noch rechts und links weitere Personen wahrnimmt.

Dann gibt es noch etwas Eigenartiges, das mir erst in der letzten Zeit aufgefallen ist. Manchmal ist es so, daß ein Bild sehr klar und deutlich ist, und manchmal verliert ein Bild, das von der Seite kommt, an Farbe und Schärfe. Inzwischen glaube ich, daß letzteres mit Geschehnissen zu tun hat, die ein Mensch beeinflussen kann.

Manchmal sehe ich auch Zahlen, z.B. Jahreszahlen oder bestimmte Monate, in ganz bestimmten Farben und in meiner Handschrift, so als wären sie mit einem dicken Filzstift geschrieben. Allerdings habe ich bei mir eine Schwachstelle festgestellt. Im Trancezustand weiß ich, in welchem Monat und in welchem Jahr gewisse Geschehnisse sich ereignen werden. Im Laufe meiner 25jährigen Wahrsagetätigkeit habe ich aber festgestellt, daß die Zeit in der Prognose nicht immer stimmt. Es kann also passieren, daß ein Ereignis etwas früher oder etwas später stattfindet.

W.W.: Woran liegt das?

G. Hoffmann: Entweder ist die Zeit etwas so Kompliziertes, daß sie nicht genau zu fassen ist, oder es hängt damit zusammen, daß das persönliche Verhalten eines Menschen eine Sache verlangsamt oder forciert. Aber darüber bin ich mir noch nicht ganz klar. Ich mache mir jeden Tag aufs neue Gedanken über meine Gabe als Wahrsagerin und versuche immer wieder, verantwortungsvoll und bewußt damit umzugehen. Ich habe auch den Anspruch, mich zu entwickeln und alle Dinge mit einer gesunden Skepsis zu betrachten.

W.W.: Wie schützen Sie sich vor Irrtümern? Gehen Sie auch davon aus, daß eine Schauung ein Trugbild sein kann? Haben Sie eine Möglichkeit der Kontrolle?

G. Hoffmann: Eine gute Kontrolle ist für mich immer, wenn meine Schauungen aus der Gegenwart und der Vergangenheit mit dem übereinstimmen, was der Mensch erlebt hat. Wenn die Menschen mir das bestätigen, weiß ich, daß ich mich auf die Dinge, die ich sehe, verlassen kann. Natürlich besteht immer die Gefahr, daß man Bilder zu schnell interpretiert, und ich habe gelernt, Bilder nicht zu schnell zu beurteilen, sondern sie mitunter nur stehen zu lassen und zu beschreiben.

„Der Vorhang vor meinem Leben wurde fortgezogen"

W.W.: Schauen Sie auch während des normalen Tagesverlaufs übersinnliche Bilder, ohne daß Sie sich in Trance versetzen?

G. Hoffmann: Das kommt auf meine jeweilige Lebenssituation an. Normalerweise muß ich in Trance gehen und mich konzentrieren, um die Dinge zu schauen. Wenn ich aber 14 Tage Urlaub mache oder 14 Tage krank bin und in dieser Zeit keine Sitzungen abhalte, kann es mir passieren, daß ich bei Menschen, die in prägnanten Lebenssituationen stehen, plötzlich Bilder schaue. Bis zu meinem 17. Lebensjahr habe ich mit einer ziemlichen Unbefangenheit auch immer wieder Bilder aus meinem eigenen Leben gesehen. Aber dann habe ich zwei Dinge aus meinem Leben geschaut, die mich so erschreckt haben, daß ich meine Unbefangenheit verloren habe. Daraufhin habe ich bis zu meinem 40. Lebensjahr nichts mehr aus meinem Leben schauen können.

Aber als ich 40 Jahre alt wurde, habe ich dann wieder die beiden Situationen geschaut, die ich mit 17 gesehen hatte, und dabei gleichzeitig begriffen, daß ich an einem Wendepunkt meines Lebens angekommen war, an dem ich gewisse Dinge verändern mußte. Daraufhin schaute ich etwa drei Jahre permanent Bilder und Visionen aus meinem eigenen Leben: Das war z.B. so, daß ich einen Klienten vor mir hatte, aber Bilder aus meinem eigenen Leben schaute, statt aus seinem. Im Gespräch mit Freunden und Bekannten kam es auch vor, daß ich in einem Abstand von einem halben Meter eine Szene sah, die mit ihnen oder mit mir zusammenhing. Das Eigenartige ist, daß ich im letzten Sommer die Weichen für mein Leben neu gestellt habe und daß seitdem die Bilder aus meinem eigenen Leben verblaßten. Seit letztem Herbst kann ich für mich selbst nichts mehr schauen.

Wahrscheinlich hat Gott für einige Zeit den Vorhang beiseite gezogen, damit ich auf mein eigenes Leben schauen konnte. Aber das ist nun vorbei, und ich nehme es, wie es ist. Denn man darf, wenn man wahrsagt, nicht zu sehr persönlich wollen. Wenn man in Trance geht, muß man offen sein, aber trotzdem von einer gesunden eigenen Festigkeit. Aber wenn man krampfhaft etwas schauen will, kommt man nicht durch.

W.W.: Muß ein Mensch vor Ihnen sitzen, damit Sie etwas über ihn schauen, oder haben Sie auch Erlebnisse von Menschen, von denen Sie lediglich ein Foto haben oder mit denen Sie telefonieren?

G. Hoffmann: Meine hellseherischen Fähigkeiten sind nicht erlernt. Nebenher beschäftige ich mich aber seit etwa zehn Jahren mit der Astrologie. Normalerweise bin ich nicht in der Lage, mich auf eine Stadt oder ein Ereignis zu konzentrieren und Prognosen zu machen. Wenn ich mich aber mit einem Horoskop eines Menschen beschäftige, kann es mitunter geschehen, daß auch Bilder auftauchen, von denen ich weiß, daß sie wahr sind. So etwas ist für die astrologische Auswertung mitunter sehr hilfreich. Allerdings bin ich der Meinung, daß die Astrologie zu viele Möglichkeiten offenläßt und nicht differenziert genug ist, um damit in der Praxis präzise zu arbeiten.

W.W.: Haben Sie Kontakt zu Verstorbenen, können Sie Verstorbene schauen?

G. Hoffmann: Ich hatte zwei Sitzungen in meinem Leben, in denen ich durch das Foto einer verstorbenen Person in das sogenannte Jenseits eintauchte. Seitdem weiß ich, daß es ein Jenseits gibt. Das hat mich sehr berührt, und es ist sehr schön zu wissen, daß dieser nachtodliche Bereich existiert.

Aber in beiden Fällen hatte ich große Schwierigkeiten, aus der Trance zurückzukommen. Das war ein Kampf, der mich stark durchgewühlt hat. Die Bilder und Szenen des Jenseits sind sehr schwer zu beschreiben. Es war, als würde plötzlich ein Schleier weggerissen, und das, was ich schaute, war für mich in dem Moment zu intensiv. Die Angst, nicht mehr aus dem Trancezustand zurückzukommen, hat mich veranlaßt, solche Sitzungen nicht mehr zu wiederholen.

Die Gefühle eines Lustmörders empfinden

Dasselbe betrifft auch Sitzungen, während der ich verschwundene Menschen suchen soll, die vielleicht obendrein auch noch Opfer einer Gewalttat geworden sind. Solche Sitzungen gehen an die Substanz. Es ist mir z.B. passiert, daß ich die Erlebnisse des Gewaltopfers mitempfand. Viel schlimmer aber war, daß ich plötzlich in dem Täter war. In diesem Täter zu sein, war eine Faszination, die mir angst gemacht hat. Das war so fürchterlich, daß ich es nicht wiederholen möchte, weil ich doch nichts zur Klärung der Situation beitragen kann, wenn eine solche Tat schon geschehen ist.

W.W.: Sie fühlten also das, was der Täter während der Gewalttat selbst fühlte?

G. Hoffmann: Ja. Das waren teilweise Lustgefühle, verbunden mit der schrecklichen Tat. Und für diese Gefühle, die gar nicht meine eigenen waren, habe ich mich total geschämt. Anschließend erlebte ich auch noch die Leere und das Ausgebranntsein des Täters nach der Tat, und das war wesentlich eindrucksvoller als das, was das Opfer erlebt hat. Das Opfer erlebte das Geschehen nämlich wie unter einer Dunstglocke des Nichtbegreifens.

W.W.: Wenn man solche Fähigkeiten wie Sie hat, entstehen dann Gefühle wie Hochmut oder Überheblichkeit, weil man etwas schaut, was die meisten anderen Menschen nicht schauen?

G. Hoffmann: Nein, das habe ich noch nicht erlebt. Wenn jemand diese Fähigkeiten wirklich und echt besitzt und immer wieder in den inneren Kern der anderen Menschen eintaucht, dann muß man ein vollkommen normaler Mensch sein, der obendrein in Liebe und Toleranz zu seinen Mitmenschen steht. Man bekommt dadurch eine vollkommen andere Perspektive im Verhältnis zu den Menschen, zum Leben und zum Schicksal. Und diese Perspektive ist außerordentlich positiv und stark.

W.W.: Mit welchen Motiven kommen die Menschen zu Ihnen, und wie viele Sitzungen halten Sie pro Tag ab?

G. Hoffmann: Es kommen zwei bis drei Menschen pro Tag zu mir, und eine Sitzung dauert etwa eine Stunde. Das ist genau das Maß, was ich mir kräftemäßig zumute. Die Konzentration, um sich in Trance zu versetzen, ist nicht das Komplizierteste. Als ich noch sehr jung war, haben mich die Schicksalsereignisse der Menschen am meisten mitgenommen. Jetzt, wo ich älter und reifer bin, nehmen mich am ehesten der Charakter und die Gefühlsstruktur der Menschen mit.

Die Menschen, die zu mir kommen, sind sowohl Männer als auch Frauen. Wobei die Männer meistens aus dem gehobenen Bildungsstand kommen, die Frauen aus allen Bildungsschichten. Es gehört zu meinem Prinzip, daß ich keine Menschen unter 25 Jahren als Klienten empfange, weil ich der Meinung bin, daß man einem jungen Menschen ein großes Stück Unbefangenheit und Spontaneität nimmt, wenn man ihn mit einem höheren Wissen konfrontiert. Er kann auch mit diesem Wissen noch nicht so gesund umgehen.

Die Motive der Menschen, zu mir zu kommen, sind keineswegs nur Partnerschaftsprobleme bei den Frauen oder berufliche Gründe bei den Männern, es ist wirklich ganz bunt gemischt. Die Menschen kommen meistens in Lebenssituationen, in denen sie schon viel probiert haben oder schon lange etwas durchleben, bis sie sich zu dem Schritt entschließen, zu einer Wahrsagerin zu gehen. Ich erlebe es sehr selten, daß Menschen nur spontan aus Neugierde zu mir kommen. 80 % derjenigen, die zu mir kommen, gehen sehr sachlich und mutig mit dem um, was ich ihnen mitteile. Es sind meist auch keine abgehobenen Esoteriker oder Spinner. Das Eigenartige ist, daß ich mich besser in Trance und in das Leben eines Menschen versetzen kann, wenn diese eine gesunde Skepsis gegenüber der Hellseherei haben. Wenn ein Mensch aber ein „großer Esoteriker" ist, der bedingungslos alles glaubt, dann ist es für mich so, als wenn ich in Watte greife.

„Ich sah die Entführung von Peter Lorenz"

W.W.: Sie haben die Entführung von Peter Lorenz vorausgesagt. Können Sie das kurz schildern?

G. Hoffmann: Ich habe drei konkrete Geschehnisse geschaut, die mit der Öffentlichkeit zu tun haben. Und das eine hing eben mit Peter Lorenz zusammen. Ich war damals etwa 22 Jahre alt. In Berlin war gerade Wahlkampf, und ein Journalist fragte mich, ob ich bereit wäre, eine Prognose zur Wahl abzugeben. Ich antwortete ihm, daß ich das nur könne, wenn ich die drei Spitzenkandidaten persönlich kennenlerne. Dann könne ich sehen, wer das Amt bekomme bzw. wie sich das persönliche und berufliche Leben der betreffenden Menschen entwickele. Heute bin ich in bezug auf solche öffentlichkeitswirksamen Angelegenheiten wesentlich zurückhaltender, aber damals ging ich damit noch etwas lockerer um.

Ich fuhr also mit dem Journalisten u.a. zu Peter Lorenz und traf ihn in seinem Büro. Peter Lorenz begrüßte mich, aber nach der Begrüßung mußte ich noch einige Minuten warten. Gleich als ich ihn sah, bekam ich eine fürchterliche Panik, und ich wußte, daß mit ihm etwas ganz Schreckliches passieren würde. Als ich mit dem Journalisten vor Lorenz' Büro wartete, wollte ich die Sitzung nicht durchführen und sagte ihm auch, daß mit Peter Lorenz etwas Schreckliches geschehen würde. Aber der Journalist überredete mich, und ich versetzte mich dann in Gegenwart von Peter Lorenz und dem Journalisten in Trance. Dieser Journalist hat damals Notizen gemacht.

In meinem Trancezustand sah ich Peter Lorenz auf einem Bett sitzen, zerschunden und gedemütigt, in einem langen schmalen gelben Zimmer. Und ich habe gesehen, daß er gefangen war. Ich wußte allerdings nicht, ob dies ein Gefängnis oder etwas anderes war. In der Trancesitzung habe ich mich folgendermaßen artikuliert: Ich sehe in sechs Wochen eine unfreiwillige Reise durch sieben junge Leute. – Das war für meine Begriffe eine sehr orakelhafte, wenn auch außerordentlich treffende Aussage. Normalerweise spreche ich nicht orakelhaft. Vielleicht habe ich die Angelegenheit damals auch abgeschwächt, weil sie mir zu ungeheuerlich erschien.

Genau sechs Wochen später wurde Peter Lorenz entführt.

W.W.: Wie reagierte Peter Lorenz auf Ihre Vorhersage?

G. Hoffmann: Er äußerte sich in etwa so, daß sich das mit der unfreiwilligen Reise recht spannend anhöre.

W.W.: Haben Sie nach seiner Freilassung noch einmal über die Angelegenheit mit ihm persönlich gesprochen?

G. Hoffmann: Ja. Das war aber ein ziemlicher Trouble. Als Peter Lorenz sechs Wochen später entführt wurde, rief mich der betreffende Journalist ganz aufgeregt an und fragte mich, ob ich in dieser Angelegenheit etwas weiteres sagen könne, z.B. um den Entführten aufzuspüren. Ich bekam plötzlich eine ungeheure Angst und teilte ihm mit, daß ich mit diesem Angstgefühl nicht unbefangen in Trance gehen könne. Daß Peter Lorenz aber wieder freigelassen und weiterleben würde, war mir vollkommen klar, denn ich sah, daß er ein bestimmtes Alter erreichen würde.

Nach seiner Freilassung sprach ich noch einmal in der Presse über diesen Vorfall und bekam daraufhin von Peter Lorenz einen Brief, in dem ich aufgefordert wurde, mich wegen der laufenden Ermittlungen ein Jahr zu dieser Sache nicht öffentlich zu äußern. Nach etwa eineinhalb Jahren habe ich dann wieder öffentlich darüber gesprochen. Kurz darauf traf ich Peter Lorenz auf einem Presseball, wo er mich aufforderte, mich in dieser Angelegenheit nicht mehr öffentlich zu äußern; ansonsten würde er rechtlich dagegen vorgehen. Daran habe ich mich aber nicht gehalten, und auch von Peter Lorenz habe ich seitdem nie wieder etwas gehört.

Der Fall der Berliner Mauer

W.W.: Welches sind die anderen beiden Geschehnisse, die mit der Öffentlichkeit zu tun haben?

G. Hoffmann: Das eine ist der Fall der Berliner Mauer. Anfang der 70er Jahre habe ich ganz bestimmte Szenen gesehen, die sich immer wiederholten. Ich habe gesehen, daß zwischen 1986 und 1989 die Berliner Mauer ganz plötzlich fallen würde, ohne Krieg, ohne Schießen, ohne Blut. Ich sah unglaublich viele Menschen auf den Straßen, die in einer Stimmung waren, als hätten sie 40 Grad Fieber. Ich sah auch, daß wir ein anderes System bekommen würden, daß der Fall der Mauer ein Aufbruch in eine neue Zeit sein würde. Ich schaute soziale und wirtschaftliche Veränderungen, z.B. neue Geldscheine, eine höhere Arbeitslosenquote und eine starke Uneinigkeit der Parteien. Ich sah auch, daß das soziale Netz zerreißen und das Gefälle zwischen Arm und Reich größer werden würde.

Zusätzlich sah ich auch noch, daß viele Menschen nach Berlin kommen und viele andere von Berlin fortziehen würden. Diese Bilder habe ich nicht als Bilder stehengelassen, sondern habe sie voreilig interpretiert. Damals nahm ich aufgrund der Bilder an, daß Berlin von den Russen oder der DDR eingenommen werden würde. Heute weiß ich natürlich, daß dies eine vorschnelle Interpretation war. Die Bilder waren richtig, die Interpretation aber war falsch. Daraus habe ich für die Zukunft gelernt, keine übereilten Interpretationen mehr bekanntzugeben.

Ein Währungscrash in Euroland?

Das Dritte, was ich in den 70er Jahren gesehen habe, war, daß zwischen den Jahren 2007 und 2011 durch eine neue Währung, mit der alle Länder Europas zu tun haben – mit Ausnahme der Schweiz –, eine

Verzettelung entstehen wird. Aufgrund meiner Schauungen wird damit eine Geldentwertung und Inflation verbunden sein, von der alle europäischen Länder mehr oder weniger betroffen sein werden. Es ist wohl zu vermuten, daß diese Währung der Euro ist.

Ich habe deswegen das Vertrauen in den Staat verloren und bereits während der 70er Jahre beschlossen, keinerlei Rentenzahlungen zu tätigen. Statt dessen habe ich eine Lebensversicherung, die im Jahr 2007 fällig wird, und mit diesem Geld werde ich versuchen, eine Immobilie zu erwerben. Dafür werde ich zusätzlich einen Kredit aufnehmen, den ich nach dem Crash zurückzahlen möchte.

W.W.: Gibt es noch irgendwelche Schauungen von zukünftigen Ereignissen, die Sie mitteilen möchten?

G. Hoffmann: Die Bilder, die ich schaue, werden immer in Gegenwart von Personen ausgelöst. Manchmal scheinen sie vielleicht banal, wie z.B. das eben Mitgeteilte mit dem Geld. Andererseits werden damit natürlich weitreichende Umwälzungen verbunden sein, wenn es wirklich so eintreffen wird. Aufgrund meiner Schauungen bin ich sicher, daß das soziale Netz in Deutschland zerreißen und eine Neuorientierung stattfinden wird, aus der für die jetzt ca. 30jährigen eine Art Einheitsrente entstehen wird. Eigentlich sehe ich für Deutschland sogar eine Zeit, die der Weimarer Republik ähnelt. Trotzdem bin ich gegenüber dieser Zeit sehr positiv eingestellt, weil die Menschen wieder ein Stück auf den Boden zurückkommen werden. Sie werden lernen müssen, flexibler zu sein und menschlicher miteinander umzugehen.

Eine eigenartige Sache hat sich in bezug auf Rußland ergeben. Das hört sich zwar verrückt an, trotzdem bin ich sicher, daß es eintreffen wird. Ich denke, daß in etwa 22 Jahren in Rußland eine Situation eintreten wird, in der dieses Land zu einem Einwanderungsland werden wird, ähnlich wie damals Amerika. Aus der ganzen Welt werden die Menschen nach Rußland strömen, die Bodenschätze nutzen, neue Strukturen aufbauen, und daraus entwickelt sich etwas Stabiles und Sicheres, was es in diesem Land noch niemals gegeben hat. Langfristig wird diese Entwicklung eine positive Einwirkung auf Europa haben. Es kann natürlich sein, daß es vorher in Rußland einen Krieg oder innere Unruhen geben wird, aber so etwas habe ich nicht gesehen. Die langfristige Entwicklung dort ist gewiß eine positive.

Natürlich hängt auch alles von den individuellen Menschen ab. Ich habe festgestellt, daß zwei Menschen die gleichen Schicksalsvoraussetzungen haben können, aber völlig andere Wege beschreiten. Der eine hat Interesse an der Welt, hat Hobbys und arbeitet sich in viele zusätzliche Dinge ein; ein anderer lebt mit einer negativen Einstellung, ist vielleicht ängstlich, sieht nicht die kleinen schönen Dinge der Welt. Zwei Menschen können das gleiche Schicksal haben, aber am Ende ihres Lebens stehen sie vollkommen anders da.

Die Heilerin aus der Walpurgisnacht

Interview mit Reta Tuselli

von Wolfgang Weirauch

Reta Tuselli, *geb. in Striegau (Schlesien), Heilerin und Hellseherin.*

Schon als kleines Kind hatte Reta Tuselli hellseherische Gaben. Bereits mit vier Jahren sagte sie den Tod ihres Vaters voraus und warnte ihre Mutter vier Jahre später, ins Krankenhaus zu gehen, weil sie dort sterben würde. Wegen Tuberkulose wurde ihre Mutter trotzdem in die Lungenklinik nach Neumarkt gebracht, wo sie wenig später verstarb.

Neben ihren hellseherischen Gaben, über die Sie in folgendem Interview vor allem nachlesen können, besitzt Reta Tuselli die Gabe der heilenden Hände. So soll sie z.B. in Los Angeles einen Juraprofessor, der im Koma lag, weil er sich im Endstadium von Multipler Sklerose befand und nur noch mit einer Magensonde ernährt wurde, fast völlig geheilt haben. Weiter wird berichtet, daß sie einer 64jährigen Frau, die seit Geburt auf dem linken Auge blind war, die Sehkraft zurückgegeben und eine 43jährige Frau nach 40 Behandlungen von fünf Gehirntumoren befreit habe.

Bei der Behandlung ziehen sich Patient und Reta Tuselli die Schuhe aus, die Heilerin tritt hinter den Patienten und hält ihm die Hände z.B. über den Kopf. Mitunter kann es geschehen – so erzählt Reta Tuselli –, daß sie nach der Behandlung Brandblasen auf den Handflächen hat.

Anschrift: Reta Tuselli, Zur Heide 29, D-27251 Neuenkirchen. Tel.: 04245/ 12 97.

Wolfgang Weirauch: Seit wann haben Sie übersinnliche Fähigkeiten?

Reta Tuselli: Meine Fähigkeiten sind mir angeboren. Ich wurde in der Nacht vom 30. April auf den 1. Mai, also in der Walpurgisnacht, um 00.09 Uhr in Schlesien geboren. Bei meiner Geburt war die gesamte Familie versammelt, da ich das erste Enkelkind war. Alle, die bei meiner Geburt anwesend waren, haben mir später berichtet, daß über mir ein Licht in Form einer Bayernraute stand. Die Hebamme ging anschließend zur naheliegenden Kapelle, um sich bei Gott dafür zu bedanken, daß sie ein solches Kind zur Welt bringen durfte. Und sie betete für mich. Als die Hebamme wiederkam, war das Licht über mir immer noch vorhanden.

Ich kenne dieses Licht, denn es stand auch oft über meinem Haus in Bremen. Hin und wieder kamen Anwohner zu mir, um nach der Ursache zu fragen, und darauf habe ich dann ausweichend geantwortet, daß mein Sohn mit einer gewissen Lasertechnik arbeite. Schließlich konnte ich nicht jedem sagen, womit ich mich beschäftigte.

„Bereits als Kind schaute ich den Tod meiner Eltern“

Schon als kleines Kind habe ich festgestellt, daß ich besondere Fähigkeiten hatte. Meine Großeltern haben mich ziemlich verhätschelt und mir verboten, in den Spiegel zu schauen, weil ich angeblich sonst mein zweites Gesicht verlieren würde. Als ich viereinhalb Jahre alt war, habe ich den Tod meiner Eltern und Geschwister vorausgesagt, und es sprach sich sehr schnell in der Stadt herum, daß ich hellsehen konnte. Ich konnte damals auch schon heilen, und man brachte mir z.B. kranke Kätzchen. Die Menschen kamen zu uns nach Hause, man setzte mich auf einen Tisch, und ich sagte ihnen Dinge aus ihrem Leben voraus. Einmal war eine Frau dabei, die meine Mutter anschrie: „Schämt ihr euch gar nicht? Das ist Gotteslästerung. Das Kind ist doch nicht Jesus!"

Ich habe ihr damals geantwortet: „Ich werde dir beweisen, daß ich hellsehen kann. Du denkst, daß dein Mann zur Arbeit geht, aber seit drei Tagen sitzt er im Wirtshaus und trinkt Bier."

Sie ging daraufhin zur Arbeitsstelle ihres Mannes und kam nach etwa einer halben Stunde kreidebleich zurück und erzählte, daß der Arbeitgeber ihr folgendes gesagt habe: „Sind Sie nicht mehr mit Ihrem Mann verheiratet? Wissen Sie denn nicht, daß er seit drei Tagen krank ist?"

Sie ging dann in das betreffende Wirtshaus und fand dort ihren Mann vor. Diese Begebenheit sprach sich blitzschnell in der Stadt herum, und daraufhin kam fast die ganze Stadt zu uns, um mich zu befragen.

„In der Aura sehe ich den Charakter der Menschen"

W.W.: Können Sie die Aura eines Menschen?

R. Tuselli: Ich habe die Fähigkeit, die Aura des Menschen zu sehen, und ich schaue sie mir immer als erstes an. Anhand der Konstellation, z.B. der Farben und gewisser Zeichen, gewinne ich Aufschluß über den Charakter eines Menschen. Die Zeichen sind z.B. Haken, die mich darauf hinweisen können, daß es sich um einen bösen Menschen handelt. In so einem Fall darf ich ihm nicht helfen. Ich sehe die Aura in verschiedenen Farben. Je dunkler die Farben sind, desto intensiver und charakterfester ist ein Mensch. Wenn sich in der Aura schmutzig-violettrote Zeichen befinden, vermischt mit schwarz, dann sind das die Zeichen des Jähzorns und des Bösen. In so einem Fall breche ich den Kontakt sofort ab und sage dem Betreffenden, daß ich ihm nicht helfen könne.

W.W.: Sehen Sie auch die momentane Gefühlsstimmung eines Menschen in den Farben der Aura?

R. Tuselli: Selbstverständlich.

W.W.: Können Sie anhand der Farben auch sehen, ob ein Mensch z.B. religiös ist?

R. Tuselli: Da bin ich ganz vorsichtig. Ich selbst bin auch religiös und wurde evangelisch getauft, obwohl ich von der Kirchenreligion sehr wenig halte. Ich bete zu Gott, gehe aber nicht in die Kirche. Durch die Kirchengeschichte zieht sich eine blutige Spur, wenn man z.B. nur an die Hexenverbrennungen oder den 30jährigen Krieg denkt. Man hat Menschen getötet, geschlachtet, gebraten, gesotten, zerrissen. Und das Bigotte der Päpste ist mir einfach zuwider.

W.W.: Können Sie noch etwas zu den Zeichen sagen, die Sie in der Aura sehen?

R. Tuselli: Ich darf mich dazu nicht zu differenziert äußern, weil es dann zu viele Trittbrettfahrer geben würde. Aber ich sehe verschiedene Zeichen. Bei guten Menschen sind dies goldene Zeichen, bei bösen Menschen sind es schmutzig-rotviolette Zeichen. Ich sehe z.B. auch, wenn Menschen zu mir kommen, die sich mit schwarzer Magie beschäftigen. Auch bei ihnen breche ich sofort den Kontakt ab.

An der Spule des Lebens drehen

W.W.: Können Sie beschreiben, auf welche Weise Sie Bilder aus dem Leben des betreffenden Menschen schauen?

R. Tuselli: Es gibt die Ebene des Unterbewußtseins. In ihr ist die Spule des Lebens in Film und Ton gespeichert. Dann gibt es die sogenannte Bewußtseinsebene, also den Wachzustand, in dem wir uns jetzt befinden. Drittens existiert die Überbewußtseinsebene, auf der man in die höheren Sphären eintaucht und z.B. geistige Wesen – Naturgeister oder Schutzgeister usw. – schauen kann. Auf dieser Ebene versteht man auch andere Sprachen und kann sogar tierische Stimmen ins Menschliche übersetzen.

Auf der Unterbewußtseinsebene habe ich die Vollmacht, die Spule des Lebens zurück- oder vorzuspulen. Diese Spule sehe ich in Farbe. Wenn ein Mensch stirbt, spult sich die Spule des Lebens bis zurück zum

Säuglingsalter. Diese Spule können aber nur sehr wenige Menschen anzapfen.

W.W.: Wenn jetzt Bilder aus dem Leben eines Menschen vor Ihrem Bewußtsein auftauchen, wie können Sie unterscheiden, ob dies Bilder aus der Vergangenheit, der Gegenwart oder der Zukunft des jeweiligen Menschen sind?

R. Tuselli: Ich habe es schon des öfteren erlebt, daß bei mir ein alter Mann sitzt, ich ihn aber als jungen Menschen schaue. Das ist ein Bild aus der Vergangenheit, und ich muß die Spule des Lebens zurückspulen, um nachzuschauen, was damals geschehen ist. Und auf einmal steht dann ein alter Greis vor mir. Das bedeutet, daß ein Mensch wahrscheinlich einen falschen Lebensweg eingeschlagen hat und kurz vor dem Abgrund steht.

W.W.: Können Sie auch in vergangene Erdenleben schauen?

R. Tuselli: Ja. Dazu muß mein Gegenüber die Augen schließen, und dann kann ich blitzschnell die letzten drei oder vier Erdenleben schauen.

W.W.: Was für Menschen kommen zu Ihnen?

R. Tuselli: Alle möglichen: Ärzte, Professoren, Hausfrauen, Rentner. Es sind aber mehr Frauen als Männer.

W.W.: Wie gehen Sie vor, wenn ein Klient bei Ihnen sitzt? Versetzen Sie sich in Trance, oder bleiben Sie bei vollem Wachbewußtsein?

R. Tuselli: Trancezustände lehne ich vollkommen ab. So etwas mache ich nicht. Ich konzentriere mich und fahre dann sozusagen meine Antennen aus und taste die Menschen ab wie eine Biene eine Blüte.

„Bei mir saß ein Kindermörder“

W.W.: Können Sie mal ein Beispiel geben, was Sie bei einem konkreten Menschen geschaut haben?

R. Tuselli: Zu mir ist z.B. einmal ein Kindermörder gekommen. Ich habe ihm auf den Kopf zugesagt, daß er hier in dieser Gegend ein ganz bestimmtes Kind getötet hat, und habe ihn gefragt, warum er das getan hat. Das war Ronny Rieken. Er hatte sich bei mir mit einem anderen Namen vorgestellt. Während ich ihm eine Tasse Kaffee anbot, habe ich die Kriminalpolizei in Bremen angerufen, aber die interessierte sich nicht dafür, weil der Fall angeblich nicht in ihren Zuständigkeitsbereich fiel.

W.W.: Können Sie auch in die Stimmungen und Gefühle anderer Menschen eintauchen, so daß Sie das empfinden, was diese Menschen selbst empfinden?

R. Tuselli: Das kann ich auch.

W.W.: Wie ist es, wenn man z.B. das fühlt, was ein Mensch in der Vergangenheit erlebt hat?

R. Tuselli: Das mache ich nicht sehr oft. Davor muß man sich auch schützen. Eigentlich ist es sogar gefährlich, und neuerdings mache ich es überhaupt nicht mehr, weil ich es nur sehr schwer verarbeiten kann.

W.W.: Wie können Sie unterscheiden, ob ein Bild der Wahrheit entspricht oder ein Trugbild ist?

R. Tuselli: Das erste Bild, was man schaut und hört, entspricht immer der Wahrheit. Wenn man dann anfängt zu denken, kommt oft die Phantasie mit hinzu.

W.W.: Verschiedene Menschen haben Ahnungen; z.B. verfallen sie leicht in Schlaf und spüren ein Zukunftsereignis. Erleben Sie auch so etwas?

R. Tuselli: Ja. Das können viele Menschen, besonders wenn es um die eigene Familie geht. Das ist auch eine Art Schutz.

W.W.: Wie entsteht eine solche Ahnung?

R. Tuselli: Wir haben so etwas wie Radarantennen in unserer Aura, und vor allem während des Schlafes tasten diese die Umgebung ab. Wenn man in Gefahr ist, wird man gewarnt und spürt z.B. eine Ahnung oder bekommt eine Zwangsvision. Viele Menschen erleben es auch nur als Unruhe. Aber darauf muß man hören.

W.W.: Können Sie auch unabhängig von konkreten Menschen Ereignisse in der Zukunft schauen?

R. Tuselli: Vergangenen August habe ich den Absturz der Swiss-Air-Maschine vor der Küste Kanadas bei Halifax eine Woche vorher geschaut. Meine Voraussage war: New York – Halifax – Schweiz mit vielen hundert Menschen an Bord. Ich habe sogar die Swiss Air angerufen und ihnen das mitgeteilt, auch daß Diamanten von einer Diamantenmafia an Bord seien, die man aber nach dem Absturz nicht finden würde. Aber die Zuständigen von der Swiss Air haben sich nur kaputtgelacht.

Ich hatte währenddessen ein Ehepaar bei mir, das meinen Anruf bezeugen kann.

W.W.: Träumen Sie solche Bilder, oder kommen sie spontan während des Tagesablaufs?

R. Tuselli: Das sind Zwangsvisionen, die mitten am Tage kommen und die ich nicht steuern kann.

Erdbeben in der Alpenregion

W.W.: Haben Sie weitere Dinge geschaut, die anschließend eingetroffen sind?

R. Tuselli: Ja. Ich habe z.B. vorausgeschaut, daß der Zug Wilhelm Conrad Röntgen irgendwann im Raum Hannover verunglücken wird. Ich habe auch die Lawinenunglücke in den Alpen vorausgesagt und daß im Andreasgraben und von der Türkei bis herauf nach Belgien ganz schwere Erdbeben mit vielen Nachbeben kommen werden. In den Alpen werden sich Berge öffnen, d.h. daß die Berge abbröckeln und sich in die Täler ergießen werden. Darüber habe ich auch mit den Behörden in der Schweiz gesprochen, und sie haben sogar schon einige Menschen aus bestimmten Gegenden evakuiert.

W.W.: Haben Sie etwas geschaut, was noch nicht eingetreten ist?

R. Tuselli: Vor allem fürchterliche Erdbeben, speziell in der Gegend der Alpen. Dort sollte wirklich niemand mehr hinfahren. Wir in Norddeutschland bleiben verschont. Man dachte ja immer, daß wir hier vom Wasser überschwemmt werden, aber das stimmt nicht. Uns hier oben passiert gar nichts.

Morde und Unfälle

W.W.: Haben Sie auch Vorausschauungen von politischen Ereignissen?

R. Tuselli: Mit Politik befasse ich mich eigentlich nicht. Als ich noch in Bayern wohnte, habe ich allerdings einmal Kronawitter den OB-Wahlsieg vorausgesagt. Franz Josef Strauß habe ich den tödlichen Autounfall seiner Frau vorausgesagt. Sie hatte sich sogar vier Wochen eingesperrt, trotzdem ist es passiert, weil sie durch eine Freundin herausgelockt worden ist. Oberbürgermeister Kiesl habe ich einen Unfall genau auf den Tag vorausgesagt. Auch dem Oberbürgermeister von Landshut habe ich genau auf den Tag einen Autounfall vorausgesagt. An diesem Tag hat er seinen Wagen stehengelassen, aber dann kam ein Neffe, fragte die Frau des Bürgermeisters, ob er den Wagen leihen könne, und dann hatte er den Unfall. Der Wagen hat sich überschlagen und landete kopfüber in einem Wassergraben.

W.W.: Wenn Sie für einen Menschen an einem ganz konkreten Tag einen Unfall vorausschauen und ihm das sagen, muß dieser Unfall dann kommen, oder kann der Unfall vermieden werden, wenn der Mensch z.B. nicht auf die Straße geht?

R. Tuselli: Normalerweise wird es nicht geglaubt, daß ein Unfall kommen muß. Ich habe einmal einem Menschen aus Bremen vorausgesagt, daß er in acht Tagen während eines Platzregens tödlich verunglükken werde. Er antwortete mir, daß er bei Platzregen oder Gewitter ohnehin nie mit dem Auto fahren würde. An besagtem Tag war schönes Wetter. Er fuhr ab, aber plötzlich kam das Unwetter, und er verunglückte tödlich. Ich bin der Meinung, daß ein Unglück, das eintreten soll, auch eintreten wird. Ich habe z.B. auch einer Frau einen Mord vorausgesagt und sie darauf hingewiesen, daß sie ab 20.00 Uhr niemandem mehr die Tür öffnen solle. Trotzdem hat diese Frau ihren Mörder hereingelassen, und er hat sie nachts erwürgt.

W.W.: Wie halten Sie es aus, so viele schreckliche Ereignisse zu schauen?

R. Tuselli: Ich warne die Menschen und habe dann meine Pflicht getan. Unfälle kann man mitunter verhindern, Morde aber nicht. Solche Ereignisse schädigen mich eigentlich nicht, und ich vergesse sie auch wieder sehr schnell.

„Meine strahlenden Hände heilen Knochenbrüche“

W.W.: Es wird gesagt, Sie hätten auch strahlende Hände. Können Sie diese Fähigkeit ein wenig beschreiben?

R. Tuselli: Vor allem im Knochenbereich kann ich heilen. Ich habe z.B. oft Knochenbrüche bestrahlt, so daß nach drei Tagen selbst mit Röntgenbildern kein Knochenbruch oder irgendeine Narbe mehr zu sehen ist. Wenn z.B. jemand unfallbedingte Narben am Kopf hat, glättet sich die Kopfhaut nach sieben- oder achtmaligem Bestrahlen wieder so, daß nichts mehr zu sehen ist. Die Narben verschwinden, und die Knochen des Kopfes werden wieder glatt. Das ist natürlich ein Phänomen.

Am phänomenalsten ist aber, daß ich auch Tumore behandeln kann. Neulich hatte ich z.B. einen Bauern aus Petershagen, der im Rollstuhl zu mir geschoben wurde. Er hatte einen großen Tumor im Gehirn, den man nicht operativ entfernen konnte. Dieser Mann war vollkommen gelähmt. Nachdem ich ihn fünf- oder sechsmal bestrahlt hatte, kam er plötzlich ohne Stock und Rollstuhl zu mir herein, und ich wäre fast in Ohnmacht gefallen. Aber es kommt noch besser. Ich bestrahlte den Mann anschließend noch weitere fünf oder sechs Mal, d.h. ich versiegelte seine Narben. Seine Frau war immer dabei, und sie hatte einen Tumor in der Gebärmutter, der demnächst durch eine Operation entfernt werden sollte. Sie fragte mich, ob ich auch ihr helfen könnte, aber ich sagte ihr, daß ich wegen der geplanten Operation nicht eingreifen dürfe.

Während ich ihren Mann bestrahlte, saß sie immer dabei. Nach der Behandlung ihres Mannes hatte sie ihren OP-Termin im Krankenhaus, kam aber sehr schnell wieder heraus, weil der Tumor verschwunden und die Gebärmutter wieder völlig gesund war. Es war nichts mehr zu operieren. Das war wirklich ein Phänomen, da sie mir nur gegenüber saß, während ich ihren Mann bestrahlte. Sie selbst habe ich nicht bestrahlt.

W.W.: Können Sie den Vorgang des Bestrahlens einmal etwas genauer beschreiben?

R. Tuselli: Der betreffende Mensch setzt sich vor mich hin, und ich halte meine Hand über seinen Kopf. Wenn es z.B. Tumore an anderen Körperstellen sind, halte ich meine Hand direkt über diesen Tumor. Bei Tumoren oder Krebsmetastasen muß ich mindestens drei oder vier Wochen bestrahlen. Neulich habe ich eine Frau behandelt, die einen ganz dicken Wasserbauch hatte, der obendrein voll mit Krebsmetastasen war. Ihr habe ich gesagt, daß sie vier Wochen hier in der Gegend bleiben müsse, bei zweimaliger Bestrahlung pro Tag. Sie wohnte hier in einer Pension, und nach 14 Tagen habe ich sie zu einem Arzt zum Punktieren geschickt, da das Wasser nicht verschwand, und der Arzt stellte fest, daß die Krebsmetastasen verschwunden waren. Dann habe ich noch 14 Tage weiterbestrahlt, weil diese Frau auch noch einen Darmverschluß hatte. Auch der Darm wurde wieder durchgängig.

W.W.: Schauen Sie die jeweilige Krankheit Ihrer Klienten?

R. Tuselli: Ja. Wenn es aber etwas sehr Schlimmes ist, schicke ich sie obendrein auch zu Ärzten. Ich kann nicht immer helfen. Schließlich bin ich nicht Jesus.

Schlüssel und Löffel verbiegen sich

W.W.: Was ist das für eine Kraft, mit der Sie diese Bestrahlung ausführen?

R. Tuselli: Das sind Energiefelder. In früheren Jahren, als ich mit diesen Kräften noch nicht so recht umgehen konnte, passierten mir manchmal die eigenartigsten Dinge. Wenn ich z.B. sehr in Rage war, konnte es passieren, daß mein Haustürschlüssel beim Aufschließen der Tür weich wurde, so daß sogar hin und wieder geschmolzene Tropfen des Schlüssels im Schlüsselloch hingen. Ich mußte jedes Mal den Schlüsseldienst rufen, was mir natürlich sehr unangenehm war. Der Mann vom Schlüsseldienst sagte mir z.B. einmal: „Ich habe Angst vor Ihnen. Wissen Sie eigentlich, daß das Metall des Schlüssels einen Schmelzpunkt von 1.400 Grad hat? Sie müssen irgendwie ungeahnte Kräfte haben."

Ich habe mich dann zukünftig, besonders wenn ich in Eile war, sehr vorgesehen und die Schlüssel nur äußerst behutsam herumgedreht. Trotzdem passiert es mir auch heute noch manchmal, wenn ich wütend oder enttäuscht über Menschen bin, z.B. wenn Menschen von mir verlangen, durch einmalige Bestrahlung wieder ganz gesund zu werden. Es ist schließlich ein unmögliches Verlangen, daß abgestorbene Nerven wieder aktionsfähig werden, wenn ich nur einmal meine Hand darüber halte. Darüber kann ich so zornig werden, daß sich z.B. ein Suppenlöffel, den ich gerade in der Hand halte, völlig verbiegt.

„Meine Gabe habe ich von Gott"

W.W.: Woher kommen diese Energien?

R. Tuselli: Die kommen aus mir selbst

W.W.: Sie kommen nicht aus geistigen Bereichen?

R. Tuselli: Mit Sicherheit habe ich Engel, die mich mit Energie aufladen. Wenn ein Mensch eine schwere Operation vor sich hat, wenn ihm z.B. ein Raucherbein abgenommen werden muß, dann bitte ich die Engel und Gott um Unterstützung, und ich bin sicher, daß sie mir bei meiner Heilung helfen. In manchen Fällen kann es auch eine sehr schnelle Heilung geben. Das nennt man dann eine Spontanheilung. Meine Gabe habe ich von Gott. Sie ist angeboren. Ich bin eben mit diesen Brennöfen bestückt. Aber das kann ich über das Gehirn steuern.

W.W.: Haben Sie auch Kontakt zu Verstorbenen, bzw. können Sie Verstorbene schauen?

R. Tuselli: Das ist nicht meine Welt, davon lasse ich die Finger. Ich darf auch nicht pendeln, keine Karten legen, und es ist mir auch verboten, mit der Wünschelrute zu gehen oder Kontakt zu Verstorbenen aufzunehmen.

W.W.: Wer verbietet Ihnen das?

R. Tuselli: Die Engel und Gott. Das ist nicht meine Aufgabe, so etwas liegt in der Kompetenz anderer.

W.W.: Sprechen auch geistige Wesen zu Ihnen, bzw. haben Sie Wahrnehmungen von geistigen Wesen?

R. Tuselli: Nur, wenn ich sie darum bitte. Gott selbst ist mir auch erschienen, und er hat mir Verhaltensregeln mitgegeben, wie ich mit den Menschen umgehen solle. Er hat mir auch meine Vollmacht mitgeteilt und mich aufgefordert, sie zu benutzen. Ich kann ihn auch jederzeit rufen.

W.W.: Sie haben Fähigkeiten, die die meisten anderen Menschen nicht haben. Macht Sie das persönlich zu einem anderen Menschen, wird man überheblich, oder fühlt man sich als etwas Besseres?

R. Tuselli: Nein. Für mich ist das ganz natürlich. Ich bin für diese Fähigkeiten dankbar und bin ein demütiger Mensch. Natürlich habe ich eine besondere Gabe, aber ich bewundere auch Menschen, die andere Gaben und Talente haben. Ich selbst darf nur hellsehen und heilen, sonst nichts.

W.W.: Gibt es noch etwas, das sie abschließend äußern möchten?

R. Tuselli: Vielleicht eine Warnung, die ich von Gott bekommen habe. Ich sollte meinen Freunden mitteilen, daß in nächster Zeit Erdbeben kommen werden. Diejenigen Freunde, die in diesen Erdbebengebieten leben, sollte ich warnen. Ich wurde aufgefordert, hin und wieder an meine Tür zu fassen, und wenn ich sie aufziehen könnte, ohne die Klinke herunterzudrücken, dann sollte ich die Warnung an meine Freunde konkret aussprechen. Sie sollen dann alles, was sie liebhaben, aus dem Haus heraustragen, aus dem Schatten des Hauses heraustreten und sich flach hinlegen. Das betrifft besonders die Alpengebiete. – Er sagte mir übrigens auch noch, daß er nur Menschen des Lichts zu mir schicken würde.

Das Orakel vom Prenzlauer Berg

Interview mit Mona Stein

von Wolfgang Weirauch

Mona Stein, *geboren in Berlin. Gelernte Schauspielerin, angeborene Hellseherin und Wahrsagerin, Moderatorin. Mitwirkung in 71 Fernseh- und DEFA-Filmen. 1988–1991 Mitarbeit im Sender Radio DDR, 1992–1997 u.a. beim Sender 100,6 zu den Themen Lebensberatung, Partnerschaftsprobleme, Horoskoperstellung, Traumdeutung und Erotikberatung. Eigene Kolumnen in verschiedenen Zeitungen. 1995 Diplome für Psychotherapie, Heilhypnose und Regressionshypnose.*

Übersinnliche Fähigkeiten waren Mona Stein von Geburt an gegeben. Von ihrem Großvater, einem wanderschauspielenden italienischen Zigeuner, der Anfang des Jahrhunderts nach Deutschland kam, hat sie das Kartenlegen gelernt. Ihre angeborene hellseherische Gabe hielt sie als Kind geheim, während ihrer Schulzeit verbrannte sie sich damit aber mehrmals die Finger, als sie einigen Klassenkameraden die Zukunft voraussagte und als Hexe verschrien wurde.

Nach dem Abitur startete sie eine Karriere als Sängerin und Fotomodell, vor allem aber als Schauspielerin. Ihr Debütfilm war 1968 „Meer und die Sehnsucht". In dem Fernsehfilm „Bollmann greift ein" spielte sie eine Frau mit dem bezeichnenden Namen „Tiefblick", in dem Film „Der Bruch" eine Kurzgeliebte von Götz George.

Der Beginn ihrer Wahrsagertätigkeit war zugleich das Ende ihrer Schauspielerei. Entscheidender Wendepunkt war Silvester 1987, als sie in einem Berliner Club bei einer öffentlichen Silvesterveranstaltung 61 Menschen die Zukunft voraussagte. Mit einem Paukenschlag wurde sie damit zur ersten offiziell anerkannten Hellseherin der DDR. Auch dem noch völlig unbekannten Gregor Gysi sagte sie im März 1989 große Popularität voraus.

Ihre Klienten, denen sie während der Sitzung verschiedene Fragen beantwortet, mischen als erstes die Karten, etwa drei Minuten, heben dreimal ab, und dann legt Mona Stein die Karten in vier Achterreihen auf ein rotes Seidentuch. Und mit Hilfe der Karten – aber oft auch ohne sie – sagt sie die Zukunft voraus. – Was wir gemeinsam besprochen haben, lesen Sie bitte in folgendem Interview.

Kontakt: Mona Stein, Tel.: 030/ 445 66 22.

Wolfgang Weirauch: Seit wann haben Sie übersinnliche Fähigkeiten?

Mona Stein: Schon als Kind habe ich die Zukunft von Menschen vorausgesehen. Ich habe z.B. geschaut, wann mein Vater stirbt, und in der Schule sah ich bereits, wenn eine Mitschülerin oder ein Lehrer krank wurde. Diese Vorausschau hat mich beunruhigt, denn es war unangenehm, und manchmal hat mir diese Fähigkeit sogar angst gemacht, weil ich nicht genau wußte, ob ich den Rest des Lebens mit diesen ganzen Erlebnissen umgehen könnte.

W.W.: Kommen diese Bilder mitten im täglichen Leben?

M. Stein: Die Bilder kommen als Visionen im täglichen Leben, aber ich habe auch Wahrträume, die immer genau so eintreffen, wie ich sie träume.

„Ich sehe, was ein Mensch denkt und fühlt"

W.W.: Wenn Sie einem Menschen gegenübersitzen, sehen Sie dann seine Aura?

M. Stein: Ja. Ich sehe genau, was mit ihm los ist, was er denkt, was er fühlt, was er erlebt hat. Ich sehe, was mit ihm in der Gegenwart los ist, und letztlich auch einen Teil seiner Zukunft. Ich schaue aber nicht bei jedem Menschen mit gleicher Intensität: Bei manchen sehe ich wirklich alles, bei anderen etwa nur zwei Drittel, wieder bei anderen nur etwa ein Drittel ihres Lebens.

W.W.: Wovon hängt es ab, daß Sie von dem einen mehr, von einem anderen weniger schauen?

M. Stein: Das kann an mir liegen, daß ich mal nicht durchlässig genug bin, es kann aber auch an dem anderen liegen, daß er in seinem Unterbewußtsein nicht geöffnet genug ist. Ich bin natürlich keine Maschine und an manchen Tagen auch nicht gut drauf. Ansonsten bin ich noch nicht darauf gekommen, warum dies so ist. Es gibt Menschen, bei denen ich von der Kindheit bis zu ihrem Lebensende alles schaue, bei anderen sehe ich nur einen Zeitraum von etwa fünf Jahren, bei manchen vielleicht nur etwa ein Jahr.

W.W.: Jeder Mensch hat eine breite Gefühlspalette, seien es religiöse Gefühle, Liebesgefühle oder auch Haß, Wut oder Eifersucht. Können Sie anhand von verschiedenen Farben in der Aura erkennen, welches die Grundgefühle bzw. die momentanen Gefühle eines Menschen sind?

M. Stein: Ich sehe die Farben, aber nicht bei jedem. Ich arbeite mehr mit der Ausstrahlung und der Intuition. Es gibt Menschen, die ganz differenziert die verschiedenen Farben der Aura sehen, aber das ist nicht mein Weg.

W.W.: Sie sagten, daß Sie Gedanken lesen können. Können Sie einmal beschreiben, wie das vor sich geht?

M. Stein: Ich sehe dem Menschen in die Augen und weiß, was er fühlt und was er denkt und was mit ihm vorgegangen ist.

W.W.: Wenn Sie Bilder aus dem Leben eines Menschen schauen, wie können Sie unterscheiden, ob dies Bilder aus der Vergangenheit, der Gegenwart oder der Zukunft sind?

M. Stein: Ich schaue ein Bild und teile es meinem Gegenüber mit. Meistens sagt er dann, daß ihm dies passiert sei, und fragt erstaunt, woher ich es wisse. Daraus ergibt sich, daß es ein Bild aus der Vergangenheit ist. Bei meinem ersten öffentlichen Auftritt standen z.B. mindestens 100 Menschen um mich herum, und ich habe 61 Personen in vier Stunden ihr individuelles Schicksal gesagt. Und immer war dabei ein Stück aus der Vergangenheit, der Gegenwart und auch aus der Zukunft dabei.

W.W.: Treten Sie oft öffentlich auf?

M. Stein: Ja, in vielen öffentlichen Veranstaltungen; z.B. bin ich auch Silvester 1999/2000 im Hotel Adlon, Berlin, engagiert. Ich trete im Fernsehen und im Rundfunk auf; ich mache überwiegend Lebensberatungen. Mittlerweile habe ich auch meine Diplome in Psychotherapie, Heilhypnose und Regressionshypnose. Ich habe mich weitergebildet, um niemandem zu schaden. Allerdings darf man sich auch nicht zu viel weiterbilden, denn sonst geht die natürliche Intuition verloren. Aber ich mußte mir Fachkenntnisse erwerben, denn oft kommen Menschen zu mir und teilen mir mit, daß ich ihre letzte Hoffnung als Alternative zu einem Suizid sei. Und dann brauche ich Fachkenntnisse, wie ich solche Menschen aufbaue.

„Beim Betreten des Zimmers sehe ich seine Krankheiten"

W.W.: Wenn Sie jetzt verschiedene Szenen aus dem Leben eines Menschen schauen, sehen Sie dann den Menschen immer in dem entsprechenden Lebensalter, z.B. als Kind, oder kann es auch sein, daß Sie einen alten Menschen schauen, obwohl es eine Szene aus seiner Jugend ist?

M. Stein: Das ist ganz individuell. Entweder sehe ich ihn als Kind, oder ich sehe alle seine Krankheiten oder wann er stirbt. Bei manchen sehe ich ausschließlich die Zukunft, bei anderen nur die Vergangenheit. Es ist schwer, das allgemein zu beschreiben. Es kommt einfach über mich. Und dann muß ich damit arbeiten.

W.W.: Wenn Sie bei einem Menschen eine Krankheit schauen, wie erkennen Sie, ob dies z.B. eine Leberkrankheit oder Krebs ist?

M. Stein: Wenn ein Mensch mein Zimmer betritt, sehe ich bereits, was mit ihm los ist und wo ein Defizit bei ihm liegt. Ich erkenne sofort das entsprechende kranke Organ, und dann konzentriere ich mich darauf, stelle den Körperkontakt durch Puls zu Puls her, und letztlich muß mein Klient dann die Karten mischen. Die Karten sind mein Hilfsmittel, und zwar sind dies ganz einfache Skatkarten, die für einen anderen Menschen keine Aussage haben. Die Karten sind mein Korrektiv. Ich sehe z.B. auch, ob eine Krankheit heilbar oder chronisch ist, ob mein Klient den Arzt wechseln muß oder ob eine Krankheit zum Tod führen wird. Ich sehe z.B. auch, daß ein Mensch eine Operation vor sich hat, und ich sage ihm dann manchmal, daß er sie verschieben oder gar nicht machen sollte.

„Ich schaue den Todesaugenblick von Menschen"

W.W.: Wenn Sie z.B. bei einem Menschen einen nahen Tod vorausschauen, sagen Sie ihm das dann?

M. Stein: Man kann es nicht jedem Menschen sagen. Einige vertragen es, andere nicht. Ich bin sehr vorsichtig, wenn ich sehe, daß ein Mensch z.B. nur noch ein Jahr zu leben hat. Vielleicht umschreibe ich es dann, indem ich sage, daß der Betreffende nicht sehr alt wird und daß er jeden Tag genießen soll. Oder ich sage ihm, daß er das, was er im Leben noch verwirklichen möchte, bald tun sollte. Einen genauen Termin sage ich nicht.

W.W.: Wie können Sie erkennen, daß ein Todeszeitpunkt in einem, zwei oder drei Jahren eintreten wird?

M. Stein: Zum ersten kann man in den Handlinien sehr viel lesen. Zum zweiten habe ich einige Tricks, mit denen ich mich sogar selbst überliste. Diese wende ich an, und dann kenne ich den genauen Zeitpunkt. Obwohl ich hinzufügen muß, daß wir Wahrsager mit der Zeitbestimmung nicht immer ganz exakt sein können. Unter den etwa 200 Artikeln und Veröffentlichungen, die bisher über mich erschienen sind, war 1991 auch ein Presseinterview, in dem ich gesagt habe, daß mein Vater wahrscheinlich im September 1993 sterben werde. Er ist aber im

August desselben Jahres gestorben. Ich habe mich also um einen Monat geirrt. Ähnlich erging es mir mit meiner Mutter: Ich habe Weihnachten 1997 gesehen, daß sie wahrscheinlich im April 1998 sterben würde. Sie starb allerdings leider schon im März 1998. Wiederum hatte ich mich um einen Monat verschätzt.

„Das Schicksal ist weitgehend vorherbestimmt"

W.W.: Wie ist es zu erklären, daß bestimmte Ereignisse im Leben eines Menschen oder der Erde feststehen und unabdingbar eintreten werden?

M. Stein: Ich selbst bin ein hypersensibler Mensch und wurde auch so geboren. Mein Großvater war auch ein Seher. Ich habe diese Eingebungen und muß dann reagieren. Ich selbst muß immer auf meine innere Stimme hören. Und aufgrund dieser Sensibilität sehe ich Ereignisse, die unabdingbar stattfinden werden. Ich habe auch das Erdbeben im August 1999 in der Türkei vorausgeschaut, ohne allerdings zu wissen, in welchem Land es stattfinden wird. Da ich in solchen Fällen nichts Falsches sagen möchte, halte ich mich zurück.

Ansonsten ist bei jedem Menschen das Schicksal vorausbestimmt. Das ist ein Gesetz. Man kann Nebenwege beschreiten, wird aber immer wieder dahin gelenkt, wo man hingehen soll. Wenn ich ein bestimmtes Ereignis in der Zukunft eines Menschen schaue, dann warne ich ihn und sage z.B., daß er in etwa drei Jahren vorsichtig fahren sollte. Ich sage aber nicht, daß ein Mensch zu einem ganz bestimmten Zeitpunkt einen tödlichen Unfall haben werde. So etwas kann man nicht machen. Denn dann wartet der Betreffende die ganze Zeit nur auf diesen bestimmten Tag, und so etwas mitzuteilen, wäre ein Verbrechen. Ich arbeite also sehr verantwortungsvoll und habe meine Diplome auch deswegen erworben, um Menschen möglichst nicht zu schaden.

W.W.: Angenommen, Sie sagen einem Menschen einen Unfall in zwei Jahren voraus. Könnte dieser Mensch durch ein entsprechendes Verhalten diesen Unfall abwenden?

M. Stein: Ja, natürlich. Wenn ich Ihnen jetzt sage, daß Sie mit Badehose und Campinghemd auf Reisen gehen, und ich Ihnen zusätzlich sage, daß ein großes Unwetter naht und Sie sich deshalb einen Regenmantel mitnehmen sollten, dann hilft Ihnen der Regenmantel, und Sie sind geschützter. Das Unwetter aber kommt auf jeden Fall. Ähnlich ist es auch mit den anderen Voraussagen. Wenn ich bei einem Menschen sehe, daß ihm in einem bestimmten Monat Unfallgefahr droht, kann er natürlich in diesem Monat das Auto stehenlassen und den Unfall vermeiden. Möglich ist aber auch, daß dann ein anderer Unfall geschieht. Hin und wieder kann man das Schlimmste verhindern, der Todestag eines Menschen ist aber festgelegt.

Wenn Sie so wie ich an die Reinkarnation glauben, dann wissen Sie, daß nur der Körper stirbt, nicht aber die Seele und der Geist. Deswegen sollte man auch keinen Suizid begehen, weil man dann wieder in der gleichen Situation auf die Erde kommt und dort wieder anknüpfen muß, wo man aufgehört hat.

W.W.: Können Sie auch Bilder aus den vergangenen Leben von Menschen schauen?

M. Stein: Ich habe mein Diplom ja auch in Regressionshypnose gemacht und führe Rückführungen durch. Solche Rückführungen mache ich auch in meinen Kursen. Wenn z.B. jemand Neurosen hat, führe ich ihn in die Kindheit zurück, um nach den Ursachen zu forschen. Und wenn jemand wissen möchte, was in seinem vorigen Leben geschehen ist, dann führe ich ihn auch in diese Zeit zurück. Das geht aber nicht an jedem Tag, denn es gibt auch ungünstige Tage.

„Ich versuche, liebeskranke Menschen zu heilen"

W.W.: Können Sie auch in die Stimmungen, Gefühle und Gedanken eines anderen Menschen hineinschlüpfen, so daß Sie das empfinden und denken, was dieser Mensch in seinem Gefühls- und Gedankenleben hat?

M. Stein: Ja, das kann ich auch. Zu mir kommen auch sehr viele liebeskranke Menschen, mit denen ich u.a. Partnerrückführungen mache. Das geht aber nur, wenn es sich für die Menschen auch lohnt; d.h. wenn die Liebe tot ist, mache ich es nicht. Ich versetze mich in die jeweiligen Partner und weiß dann, was sie an dem anderen auszusetzen haben, und sage ihnen, wie sie sich verändern müssen, um in der Partnerschaft weiterzukommen. Ich werde dann ganz zu dem anderen Menschen, versetze mich völlig in ihn hinein und versinke in ihm. Dann erkenne ich alle Defizite und kann wunderbar helfen.

W.W.: Das sind ja die besten Voraussetzungen für eine Partnerschaftstherapie.

M. Stein: Ja, bloß für mich ist es nicht gut. Ich bin zwar körperlich gesund, aber meine Psyche leidet darunter.

W.W.: Ihre Sitzungen strengen Sie wahrscheinlich auch sehr an und saugen Sie aus.

M. Stein: Auf jeden Fall. Besonders weil zu mir überwiegend nur seelisch kranke Menschen kommen, die Kummer haben. Und solche Menschen sind für mich Energiekiller.

W.W.: Welche Menschen kommen im einzelnen zu Ihnen, und wie gehen Sie dabei vor?

M. Stein: Aus allen Berufen und Schichten, im Alter von 16 bis 85 Jahren. Meist sind es nicht Pärchen, sondern nur einer von beiden, der jeweils den anderen wieder zurückhaben möchte. Zuerst schaue ich, ob auf beiden Seiten noch Liebe vorhanden ist. Häufig liegen nur Mißverständnisse oder Fehlverhalten vor; das kann man alles wieder reparieren. Aber wenn die Liebe erloschen ist, kann nichts mehr gemacht werden. Ich sage den Menschen auch, daß meine Arbeit bei der Liebestherapie nicht immer 100%ig klappen muß; doch zu 90 % gelingt sie mir. Wenn ich sehe, daß es keinen Sinn hat, lehne ich das Ritual von vornherein ab.

Die Menschen müssen Fotos und Kleidungsstücke ihres Partners mitbringen, also ein nicht gewaschenes Kleidungsstück, das man am Herzen getragen hat. Und dann mache ich Foto-, Textil- und Kerzenmagie. Im Anschluß – bei Vollmond, Neumond und auch zu bestimmten Zeiten zwischendurch – zelebriere ich bestimmte Rituale. Und diese Rituale wirken dann als telepathische Magie. Aber auch der Klient muß selbst Rituale zu Hause synchron mit mir durchführen.

W.W.: Können Sie über den Inhalt dieser Rituale etwas sagen?

M. Stein: Nein, sie sind geheim.

W.W.: Bei einer normalen Beratung sind Menschen oft schon erstaunt, wenn man ihnen aufgrund guter Menschenkenntnis Wahrheiten über sie erzählt. Da Sie einen tieferen Einblick haben, kann ich mir vorstellen, daß die Menschen vielleicht sogar schockiert sind, wenn Sie über sie sprechen.

M. Stein: Die meisten Menschen sehen sich in einem falschen Licht und beurteilen sich zu positiv. Insofern haben Sie recht, daß die Menschen meist sehr erstaunt, hin und wieder sogar schockiert sind. Ich berate die Menschen sogar in bezug auf ihr Äußeres, daß sie z.B. ihr Outfit ändern sollen. Neulich hatte ich eine Frau, mit der ich fast drei Stunden zusammengesessen habe, und ich habe ihr gesagt, daß sie mehr ihr Herz öffnen solle, daß sie nicht so berechnend sein dürfe und daß sie u.a. ihren Verstand etwas zurücknehmen müsse, wenn sie wieder mit ihrem Partner zusammenkommen wolle.

„Meine Visionen treffen fast alle ein"

W.W.: Wenn Sie hellseherisch schauen: Haben Sie eine Möglichkeit, ein Trugbild von einem Wahrbild zu unterscheiden?

M. Stein: Wenn ich eine Vision für mich habe, so trifft sie immer exakt ein. Wenn es eine Vision in bezug auf andere Menschen ist, dann informiere ich diese Menschen und bekomme später die entsprechende Rückmeldung, ob die Vision richtig war. Ich habe z.B. Bücher bei mir, in die die Menschen meine Voraussagen hineinschreiben – und sie sind alle eingetroffen! Ich will nicht behaupten, daß ich 100%ig exakt alles voraussehen kann, aber bestimmt zu 98 % trifft das ein, was ich sehe.

W.W.: Müssen Sie, um Visionen oder übersinnliche Wahrnehmungen zu bekommen, eine bestimmte Meditation durchführen, konzentrieren Sie sich oder versetzen Sie sich in Trance?

M. Stein: Ich muß ausgeschlafen und gut drauf sein. Wenn mir dann jemand gegenübersitzt, lasse ich seine Ausstrahlung auf meine wirken. Ich versetze mich total in seine Lage und spüre, was mit ihm los ist. Mitunter kommen auch entsprechende Bilder, und dann sage ich es ihm. Bei einer Partnerberatung bestelle ich z.B. beide Partner zuerst einzeln zu mir und dann zusammen. Wenn es soweit gekommen ist, habe ich ein ganz klares Bild über beide und ihr Verhältnis. Anschließend muß ich nur noch meine Rituale durchführen, damit beide wieder miteinander klarkommen.

W.W.: Können Sie auch unabhängig von konkreten Menschen allgemeine Geschehnisse der Erde oder des politischen Lebens schauen?

„Was ich Gerhard Schröder schreiben würde"

M. Stein: Ja, aber das tue ich nicht gerne. Ich sehe z.B., daß Berlin eine sehr giftige Stadt ist. Das hängt u.a. mit den vielen Giftmülldeponien um Berlin herum zusammen. Das wirkt sich auf das tägliche Leben aus, aber es ist noch niemand dahintergekommen. Ich würde auch gerne einmal an Gerhard Schröder schreiben und hätte einige Dinge für ihn, die er in seiner Politik ändern sollte.

W.W.: Was würden Sie ihm denn raten?

M. Stein: Das Soziale müßte in eine gerechtere Form gebracht werden. Wenn z.B. jeder Mensch zumindest fünf Stunden am Tag arbeiten dürfte, dann wäre die Arbeitslosigkeit bestimmt zu zwei Dritteln abgebaut. Ansonsten würde ich Herrn Schröder elf Punkte raten:

Punkt 1: Die soziale Struktur muß unbedingt menschenwürdiger und gerechter werden. Es geht nicht an, daß den Klein- und Kleinstverdienern das letzte Geld aus der Tasche gezogen wird und die Großverdiener – Manager, Politiker, Sportler etc. – im Gegensatz dazu trotz oft geringerer Leistungen zu hohe Summen bewilligt bekommen, von den Profiten der Konzerne ganz zu schweigen. Wenn ein Manager oder Politiker abtritt bzw. zurücktreten muß, dem neben einem überdurchschnittlichen Einkommen sowieso schon Haus, Auto und andere Vergünstigungen freigestellt werden, bekommt er dann auch noch eine extrem hohe Abfindung, Manager nicht selten in Millionenhöhe. Ein fleißiger gutausgebildeter arbeitender Bürger dagegen, der seinen Job verliert und vielleicht sogar zum Sozialhilfefall wird, bekommt zu 75 % keine Abfindung. Ist das Gerechtigkeit?

Punkt 2: Man spricht noch von der Mauer in den Köpfen. Die Einheit wird auch von oben falsch vorprogrammiert und gehandhabt. Wenn die Menschen aus Ost und West jemals gleichgestellt sein sollen, dann müssen doch logischerweise zuerst gleiche Gehälter geschaffen werden.

Punkt 3: Um eine neue Ordnung in die Gesellschaft zu bringen, müssen alle Gesetze, die schon vor über 100 Jahren verfaßt wurden, geändert und aktualisiert werden.

Punkt 4: Außerdem möchte ich Herrn Schröder sagen, daß er viele Neider und falsche Berater an seiner Seite hat.

Punkt 5: Zur Kriminalitätsbekämpfung: Ein Mensch, der einen anderen überfällt und vorsätzlich schädigt, verletzt etc., darf nicht nach kurzer Zeit einfach wieder freigelassen werden, um neue Verbrechen begehen zu können. Ich plädiere für eine jeweils härtere Bestrafung.

Punkt 6: Gerhard Schröder kann es trotz aller seiner Intelligenz und Willensstärke nicht innerhalb eines Jahres erreichen und erzwingen, was 16 Jahre lang mitunter versäumt wurde zu korrigieren. In bezug auf das Sparpaket sollte man zuerst die Diäten kürzen und überall dort einsparen, wo im Überfluß verschwendet wird.

Punkt 7: Es wäre zu empfehlen, daß jeder Rentner und Arbeitslose einen Mindestbetrag von 1.500 DM monatlich erhält, Miete inbegriffen, und das Wohngeld entfällt, um ein menschenwürdiges Leben führen zu können. Oft kommen todunglückliche Leute zu mir und klagen, daß sie mit ihrer Mindestrente nicht leben und nicht sterben können.

Punkt 8: Die Einführung der Sozialversicherungspflicht für die 630-DM-Jobs war einer der größten Fehler. Denn viele Menschen konnten sich gerade damit als Zusatz noch gut über Wasser halten. Jetzt sind viele hoffnungslos, und einige stehen sogar vor dem Nichts. Ich stehe hier an der Front der unverschuldet Armen, die zu mir kommen, nicht weiter wissen und ohne eigene Schuld zum Sozialfall wurden und die dann auf den Sozialämtern total unwürdig behandelt werden.

Punkt 9: Betrifft Mietpreisbindung: Diese sollte umgehend eingeführt werden, damit ein jeder Bürger sein Grundrecht auf eine zumutbare Wohnung auch tatsächlich bekommt. Viele Klienten kommen verzweifelt zu mir und klagen, daß sie ihren Job und nachfolgend auch ihre Wohnung verloren hätten. Oft bleibt ihnen nur noch die Straße. Unverschuldete Obdachlose darf es einfach nicht mehr geben.

Punkt 10: Betrifft Steuerabgaben: Die Menschen in Ost und West klagen, daß es sich nicht mehr lohne, Geld zu verdienen, da es in Deutschland zu hohe Steuerabgaben gäbe. Hier brauchen wir neue und einfachere Regelungen. Es gibt ungerechterweise Großkonzerne, die überhaupt keinen Pfennig Steuern zahlen müssen. Auch dieser Zustand sollte dringend beseitigt werden.

Punkt 11: Es gäbe noch einige grobe Schwachpunkte aufzuzählen, aber das würde hier den Rahmen sprengen. Abschließend möchte ich sagen, daß ich eine große Koalition aller Parteien als das Günstigste für die Zukunft ansehe, von jeder Partei das Beste, sozial abgestimmt. – Ich sehe in den zehn oben aufgeführten Punkten die wahren Gründe der großen Politikverdrossenheit in Deutschland.

W.W.: Geben Sie ihm mehr als diese Legislaturperiode?

M. Stein: Wenn er seinen Kurs um 180 Grad zugunsten einer sozialeren Politik herumreißen würde, wäre dies vielleicht noch möglich.

„Die Erde rächt sich"

W.W.: Gibt es Zukunftsbilder für die Erde, die Sie geschaut haben?

M. Stein: Naturkatastrophen, vor allem Überschwemmungen und Erdbeben, sind für dieses Jahr noch angesagt. Die Erde rächt sich eben. Es sind auch zu viele Satelliten im All, der Regenwald hat zu sehr gelitten, die Vergiftungen der Erde sind zu stark. Letztere würde ich unter Strafe stellen. Wenn man darüber nachdenkt, was man der Erde alles antut, dann kann man eigentlich nur wahnsinnig vor Wut werden.

W.W.: Können Sie nur etwas über einen Menschen sehen, wenn er vor Ihnen sitzt, oder geht es auch anhand von Fotos oder durch das Telefon?

M. Stein: Ich kann sehr viel anhand eines Fotos sehen. Ich hatte früher öffentliche Sprechstunden, bei der mir z.B. einmal eine Frau ein Bild zeigte. Ich bat Sie, nichts über die betreffende Person zu sagen, und sagte ihr auf den Kopf zu, daß dies ihre Tochter sei, die seit vier Wochen vermißt würde. Es stimmte genau, und ich sagte ihr weiterhin, daß ihre Tochter in einer Sekte bei Oranienburg sei. Dort wurde sie dann auch 14 Tage später gefunden. – Ich kann auch sehr viel anhand der Stimme hören.

W.W.: Haben Sie auch Kontakt zu Verstorbenen?

M. Stein: Bis auf eine Ausnahme habe ich diesen Weg noch nicht gefunden. Mit meiner Mutter habe ich verabredet, daß sie mir Zeichen aus dem Jenseits gibt. Nachdem sie verstorben war, hat sie mir dann auch sehr viele dieser Zeichen gegeben. Ich kann auch mit ihr reden und fühle ihre Gedanken. Aber zu anderen Verstorbenen habe ich keinen Kontakt, obwohl ich dies gerne hätte. Da ich dieses Gebiet aber nicht beherrsche, lasse ich meine Finger davon und mache auch niemandem etwas vor.

W.W.: Haben Sie Kontakt zu geistigen Wesen?

M. Stein: Ich weiß, daß jeder Mensch einen Schutzengel hat, mit dem man sich gutstellen kann. Aber richtigen Kontakt zu geistigen Wesen habe ich nicht. Vielmehr richte ich mich nach meiner inneren Stimme.

Das neue Hellsehen und die Wiederkunft Christi im Ätherischen

Frank Linde*

Einleitung

Beginnend mit dem 20. Jahrhundert und in der weiteren Zukunft werden nach zahlreichen Aussagen Rudolf Steiners zunächst wenige, dann eine immer größere Anzahl von Menschen hellseherische Fähigkeiten an sich bemerken. Sie werden dadurch ganz neue Erfahrungen machen, Erfahrungen, die ein wirkliches Hineinschauen in die geistige Welt bedeuten. Auf natürliche Weise wird sich dieses neue Hellsehen entwickeln, und das gerade in einer Zeit, die sich in ihren Hauptströmungen des wirtschaftlich-technischen, kulturellen und sozialen Lebens weit, weit vom Geistigen entfernt hat.

Dieser Gegensatz wird in der nächsten Zukunft immer deutlicher zutage treten. Er wird Fragen und Konflikte aufwerfen, die nicht von einer äußeren Instanz der Gesellschaft gelöst werden können, sondern die jeder individuell für sich wird lösen müssen. Es geht dabei um die Frage, ob der Mensch ein bewußtes Verhältnis zu den aus den Tiefen der menschlichen Organisation an die Oberfläche drängenden hellseherischen Kräften gewinnt und die durch sie wahrnehmbaren geistigen Phänomene auch als solche erlebt oder ob er kein Verhältnis zu ihnen gewinnt und die hellseherischen Fähigkeiten sich selbst überlassen bleiben.

Von der Lösung dieser Frage hängt in Zukunft die Gesundheit des inneren Lebens entscheidend ab, denn eine künstliche Zurückdrängung der übersinnlichen Fähigkeiten würde es dem Menschen – so Steiner schon 1918 – „unmöglich machen, sein eigenes Wesen im wahren Lich-

---

* **Frank Linde,** geb. 1956. Nach mehrjähriger Tätigkeit als Waldorfschullehrer in Rendsburg und Tübingen ab 1990 Dozent am Waldorfkindergarten-Seminar Hannover. Seit 1994 freiberufliche Seminar- und Vortragstätigkeit mit den Schwerpunkten Pädagogik, Medienwirkung und allgemeine Anthroposophie.

te zu schauen. Verödung, Verwirrung, Unbefriedigtheit des Seelenlebens, innere Haltlosigkeit, Willensverkehrtheit und in deren Folge auch physische Verkümmerung und Ungesundheit müßten dann eintreten." (GA 35/1984/S.405)

Liegt hier der tiefere Grund für die heute so vielfach erlebte Orientierungslosigkeit und andere Zeiterscheinungen wie die Sehnsucht nach Spiritualität und Sinn? Was lernen junge Menschen heute von der Welt? Von früher Kindheit an wird ihnen ein Wissen vermittelt, das nichts Geistiges in sich trägt. Ein in sich stimmiges und lebentragendes Weltbild erhalten sie auf diese Weise nicht. Im Gegenteil, je mehr wissenschaftliche Fakten sie lernen, um so weniger erkennen sie einen inneren Zusammenhang im Weltganzen. Was wird aber aus den übersinnlichen Kräften, die aus den unbewußten Seelenuntergründen ins Bewußtsein treten wollen, wenn die Menschen nicht lernen, sie aufgrund eines geistigen Wissens zu verstehen und zu handhaben?

„Oder die übersinnlichen Fähigkeiten, unbeherrscht durch besonnenes übersinnliches Wissen, müßten als unbewußte, unorientierte, stumpfe Erkenntniskräfte wild wuchern und das menschliche Erkennen in einem chaotischen Vorstellungsnebel verkommen lassen, was gleichbedeutend wäre mit dem Schaffen wissenschaftlicher Trugbilder, die sich als eine Decke für das menschliche Geistesauge vor die wahre übersinnliche Welt hinstellen." (ebd./S.405 f.)

Um diesen Verirrungen zu begegnen, hatte Steiner sich zur Veröffentlichung des übersinnlichen Wissens entschlossen.

Gewiß, die Technisierung und damit Veräußerlichung des Lebens wird sich in absehbarer Zeit weiter steigern; man denke nur an die weltweite Vernetzung der Kommunikationswege und die zunehmende Computerisierung und Virtualisierung der Arbeits- und Freizeitbereiche. Wir sollten uns dabei aber im klaren sein, daß der Mensch sich dadurch zunehmend mit Kräften des Todes umgibt. Heute schon verbringen zahlreiche Menschen mehr Stunden in der Umgebung künstlich geschaffener, technischer Dinge und Welten als in der natürlichen. Inzwischen gehört es zu dem fast schon gewohnten, aber deshalb nicht weniger kuriosen Bild europäischer Großstädte, Menschen mit Handys durch die Straßen laufen zu sehen, die sich angeregt mit einem nicht anwesenden Gesprächspartner unterhalten, während sie die Mitmenschen, denen sie unmittelbar neben sich auf der Straße begegnen, nicht einmal mehr wahrnehmen.

Was das Telefon vermittelt, ist aber keine menschliche Sprache, was der Walkman produziert, keine Musik, und was der Bildschirm präsentiert, keine Schrift und kein wirkliches Bild der Welt. Technik vermittelt nur eine Illusion von Sprache, Musik, vom Menschlichen und Natürlichen. In Wirklichkeit nehmen wir nur die Geräusche und Produkte von Maschinen wahr. Diese aber enthalten nichts Lebendiges. Maschinen sind tot. Und je mehr wir uns mit Maschinen und den von ihnen erzeugten Dingen umgeben, desto mehr tritt für unsere Wahrnehmung eine tote Welt an die Stelle der lebendigen.

Problematisch ist diese Entwicklung besonders im Hinblick auf unsere Seelenkräfte, und damit natürlich vor allem für die Kinder, die diese erst ausbilden. Denn je mehr wir uns den technisch erzeugten Geräuschen, Klängen, Bildern und Zeichen aussetzen, desto schwieriger wird es für uns, feinere Vorgänge und Erscheinungen des Lebens wahrzunehmen. In jedem Menschen lebt ein Geistig-Seelisches, das sich durch den Körper offenbart; jeder Stein, jede Pflanze, jedes Tier, ja alles Sichtbare der Welt trägt außer seiner sinnlichen Erscheinung noch eine übersinnliche, geistige Wesenheit in sich. Wollen wir den Zusammenhang unseres eigenen Daseins mit dem Geistigen in uns und in der Welt nicht verlieren, müssen wir auf dieses Geistige aufmerksam werden.

Dazu müssen wir aber wissen, worauf sich unsere Aufmerksamkeit richten soll, wir brauchen Bilder und Vorstellungen vom Übersinnlichen, damit wir in die Lage kommen, das Geistige auch als ein wirklich Übersinnliches zu erleben. Mit der Anthroposophie, der Geisteswissenschaft Rudolf Steiners, ist seit Beginn des 20. Jahrhunderts eine Quelle übersinnlichen Wissens und Erkennens gegeben. In der heutigen Zeit, in der sich der Blick an die materielle Sinneswelt verloren hat, ist damit eine Möglichkeit gegeben, im Bewußtsein wieder für das Geistige zu erwachen. *Darin* liegt eine wirksame Vorbereitung zur Entwicklung des geistigen Schauens, des neuen, zeitgemäßen Hellsehens.

Das Besondere daran ist, daß sich diese hellseherischen Fähigkeiten ganz naturgemäß innerhalb der Menschheit entwickeln werden, d.h. ohne daß eine besondere Schulung dazu notwendig ist. Sie beruhen vielmehr auf einer Veränderung in der menschlichen Leibeskonstitution, die sich durch den normalen, natürlichen Entwicklungsprozeß vollzieht. Es kommt – so könnte man sagen – zu einer Lockerung im Wesensgefüge des Menschen. Und durch diese Lockerung können sich übersinnliche Erlebnisse einstellen.

Um dies zu verstehen, muß man sich mit dem Gedanken vertraut machen, daß es außer der uns umgebenden Sinneswelt noch eine übersinnliche, geistige Welt gibt, ja, daß die Sinneswelt nur als eine besondere Erscheinungsform der geistigen Welt anzusehen ist. Jede Erscheinung in der Sinneswelt besitzt zugleich eine geistige Innendimension. Und ebenso, wie wir selbst erst im Inneren zu unserem wahren Wesen kommen, müssen wir auch nach dem Inneren der Natur fragen, um zu deren Sinn und Wesen vorzudringen. Wenn wir von der geistigen Welt sprechen, dürfen wir dabei aber nicht an eine allgemeine, verschwommene Geistigkeit denken. Die geistige Welt ist außerordentlich vielschichtig und vielgestaltig, sie erscheint sogar ungleich komplexer, vielgestaltiger und differenzierter als die Sinneswelt.

I. Grundlagen zum Verständnis des neuen Hellsehens

Vier Naturreiche – vier Welten

Schon die Sinneswelt erscheint uns in einer großen Vielfalt der Gestaltungen. Jedes Naturreich – die unbelebte Gesteins- und Mineralwelt, das Pflanzen- und das Tierreich und die Menschenwelt – entfaltet dabei schon für sich genommen einen beinahe grenzenlosen Reichtum an Gestaltungsmöglichkeiten. Hinzu kommen all die Schöpfungen menschlicher Kultur.

Von diesen Dingen haben wir dadurch Kenntnis, daß wir sie mit den Sinnesorganen wahrnehmen und Kraft des Denkens begrifflich fassen und verstehen. Wir können diese Erkenntnisart mit Steiner die „materielle Erkenntnisart“ nennen. Genaugenommen erfahren wir durch diese aber nur etwas von der Außenseite der Welt. Wir erfassen die Welt nur in ihrer materiellen Erscheinungsform. Alles Innere bleibt dieser Erkenntnisart verborgen.

Eine qualitativ ganz neue Welt begegnet uns in allem Lebendigen. Damit beginnt bereits die Welt des Übersinnlichen, denn die Lebenskräfte sind nicht sinnlich wahrnehmbar. Man kann sie weder anfassen noch riechen oder schmecken, man kann sie nur in ihren Wirkungen verfolgen. So kann man zwar eine Pflanze im Hinblick auf ihre physischen Bestandteile untersuchen und findet dann dieselben Stoffe vor, wie sie auch im Mineralreich vorkommen, die lebendige Kräfte aber, die Wurzeln, Stengel, Blätter und Blüten entfalten und im lebendigen Wachstumsprozeß die Pflanzengestalt hervorbringen, erfaßt man auf diese Weise nicht. Sie sind übersinnlicher Natur. In diesem Übersinnlichen liegt das Wesentliche der Pflanze begründet – es ist eine geistige Kraftgestalt, die den toten Stoff zur lebendigen Gestalt erhebt. In der Terminologie der anthroposophischen Geisteswissenschaft wird diese Kraftgestalt als „Ätherleib", „Lebensleib" oder auch „Bildekräfteleib" bezeichnet.

Im Tierreich kommt erstmals das Seelische als eine neue Qualität zum Vorschein. Auch das Seelische ist mit physischen Sinnen nicht wahrnehmbar, es ist innerlich erlebbar und ebenso wie das Ätherische übersinnlicher Natur. Zwar sehen wir den Hund mit dem Schwanz wedeln, wenn Herrchen nach Hause kommt, das seelische Erleben, das Empfinden der Freude aber sehen wir nicht. So trägt auch der Mensch das Seelische als eine innere Welt in sich, die jedem äußeren Blick verborgen bleibt. Alles Seelische ist an den „Seelenleib" oder „Astralleib" gebunden, der eine zweite übersinnliche Wirklichkeit darstellt.

Das Geistige schließlich kennen wir in reiner, ursprünglicher Art überhaupt nur im Erleben des eigenen „Ich". Wenn der Mensch sich auf sich selbst besinnt, wird es für ihn zur inneren Gewißheit, daß sich sein wahres Wesen weder im Körperlichen noch im Seelischen erschließt. Erst wenn er auf diese innerste Instanz aufmerksam wird, die durch alle Lebenserscheinungen als die eigene Identität hindurchgeht, die nicht ein Gedanke, nicht ein Gefühl, sondern eine überreale Wirklichkeit, ein Ichwesen ist, erfaßt sich der Mensch in seiner Geistigkeit. Damit kommen wir zu einer dritten übersinnlichen Wirklichkeit: der Welt geistiger Ichwesen.

Außer im Erleben des eigenen Ich kennt der Mensch diese Welt nur in Form seiner Gedanken. Durch die Gedanken lernt er, die Welt zu verstehen, sie erschließen ihm den Zusammenhang und den Sinn der Dinge. Und wenn es auch keinem Menschen möglich ist, Gedanken mit physischen Sinnen zu sehen, so müssen wir doch zugeben, daß uns durch etwas, was ganz unsichtbar ist – die Gedanken –, die Welt in einer viel tieferen Weise zugänglich wird, als es je durch Sinnesorgane möglich ist.

Allerdings ist das, was im Menschen als Gedanke lebt, nur ein blasser, wesenloser Abglanz seiner wirklichen Wesenheit. Erst in der geistigen Welt zeigt sich der Gedanke in seiner ureigenen, wahren Gestalt: als ein geistiges Wesen, das aus reiner Gedankensubstanz besteht. Jede Erscheinung in der Sinneswelt ist im Sinne der Anthroposophie der äußere Ausdruck für ein solches geistiges Wesen, von dem wir denkend nur sein Spiegelbild erfassen: den im Bewußtsein gefaßten Gedanken. In den Gedanken des Menschen spiegelt sich die geistige Wesenheit der Dinge. Ein Mensch, der erlebend in die Geisteswelt einzudringen vermag, schaut nicht mehr die abstrakten Gedanken, sondern er erlebt sich in einer „Welt *lebendiger* Gedanken oder *Geistwesen*". (GA 9/1987/ S.121)

Wenn wir in diesem Sinne die Natur betrachten, müssen wir uns sagen, daß nur ein geringer Teil den physischen Sinnen zugänglich ist: die an Steinen, Pflanzen, Tieren und Menschen materiell erscheinende, mineralische Stofflichkeit. Alles Lebendige, alles Seelische und alles Geistige ist als der weitaus größte Teil des Weltganzen übersinnlicher Natur und bleibt den Sinnesorganen verschlossen.

Nun trägt jedes höhere Naturreich die qualitativ unter ihm stehenden Naturreiche gewissermaßen in sich. So hat die Pflanze außer dem Ätherleib auch einen physischen Leib, das Tier außer dem astralischen auch einen ätherischen und einen physischen Leib. Der Mensch schließlich zeichnet sich dadurch aus, daß er in einer Leiblichkeit, die aus einem physischen, ätherischen und astralischen Leib besteht, das geistige Wesen des Ich in sich trägt.

Imagination, Inspiration, Intuition

Ebenso wie sich das Wesen des Menschen durch die vier Wesensglieder differenzierter beschreiben läßt, differenziert sich auch die geistige

Welt in verschiedene Ebenen, d.h. qualitativ verschiedene Daseinsbereiche. Im engeren Sinne können wir die physisch sichtbare Sinneswelt nur als die Umwelt des physischen Leibes ansehen. Ätherleib, Astralleib und Ich haben, obwohl sie innerhalb der Sinneswelt in Erscheinung treten, als übersinnliche Wirklichkeiten jeweils ihre eigene, spezifische Umwelt. Die Umwelt des ätherischen Leibes ist die ätherische oder elementarische Welt, jene des astralischen Leibes die geistige Welt, und das Ich lebt in einer – wie Steiner sie in einer seiner Schriften nennt – übergeistigen Welt. (vgl. GA 17/Tb. 1981/S.100 f. u. S.136 f.)

Um in diesen höheren Welten erkennend wahrnehmen zu können, bedarf es höherer Erkenntnisstufen. In seinen Schriften hat Rudolf Steiner grundlegend dargestellt, wie diese auf dem Wege einer bewußt geführten geistigen Schulung durch die Mittel der Konzentration und Meditation entwickelt werden können. Es sind die imaginative, die inspirierte und die intuitive Erkenntnisart oder kurz: Imagination, Inspiration und Intuition.

Die *materielle Erkenntnisart* beruht auf Wahrnehmungen, die durch die Sinnesorgane in der physischen Welt gewonnen werden. Diese Wahrnehmungen, denen sich das Denken erkennend zuwendet, werden der Seele durch den physischen Leib vermittelt.

Die ätherische Welt wird außerhalb des Körpers durch den Ätherleib wahrgenommen. Es treten dabei Bilder, Imaginationen, im Bewußtsein auf, in denen sich geistige Wesen oder Vorgänge ausdrücken. Die ätherische Welt wird daher auch imaginative Welt genannt, die entsprechende Erkenntnisart ist die *imaginative Erkenntnis.* Imagination kann als ein geistiges „Schauen" bezeichnet werden.

Die höhere, geistige Welt erschließt sich erst der *inspirierten Erkenntnis.* Inspirationen beruhen auf einem Erleben im Astralleib, die entsprechenden Wahrnehmungen, d.h. Inspirationen, werden ebenfalls außerhalb des Körpers gewonnen. Das menschliche Bewußtsein erweitert sich dabei zur Geisteswelt, so daß der Mensch auf dieser Stufe geistige Wesen erlebt. Während in den Bildern der Imagination nur die Äußerungen der geistigen Wesen erscheinen, beginnt man auf der Stufe der Inspiration wahrzunehmen, was im Inneren der Wesen vorgeht. Die Wesen der Welt beginnen, sich der wahrnehmenden Seele auszusprechen. Inspiration ist ein geistiges „Hören".

Die höchste Erkenntnisstufe ist die *intuitive Erkenntnisart.* Durch sie erschließt sich die noch höhere, die sogenannte übergeistige Welt. Auf dieser Stufe werden die geistigen Wesen nicht allein in ihren verschiedenen Eigenschaften geschaut, sondern es wird möglich, diese Wesenheiten in ihrem Innern selbst zu erkennen:

„Ein Geistwesen durch Intuition erkennen, heißt völlig eins mit ihm geworden sein, sich mit seinem Innern vereinigt haben." (GA 13/Tb. 1972/S.264)

Erst durch Intuition lernt man die Welt in ihrem innersten Wesen verstehen.

Zusammenfassend ergibt sich folgende Zuordnung:

Umwelt	**– vermittelt durch**	**– im Wesensglied**
Sinneswelt	– materielle Erkenntnis	– physischer Leib
ätherische Welt	– Imagination	– Ätherleib
geistige Welt	– Inspiration	– Astralleib
übergeistige Welt	– Intuition	– Ich

Für den Geistesforscher ist die sinnliche Welt somit nur ein Teil dessen, was den Menschen umgibt. Überall, wo wir Steine, Berge, Blumen, Bäume, Tiere, Wolken, die Sonne, den Mond und die Sterne erblicken, schaut er geistig Wesenhaftes. So zeigt sich vom Gesichtspunkt der geistigen Welt aus, „daß die wahre, die ureigene Natur der Sinneswelt selbst geistig ist. Es treten für den Seelenblick, der von der geistigen Welt aus schaut, statt der früheren Sinneswelt geistige Wesen auf, die ihre Wirksamkeiten entfalten, und zwar so, daß durch das Zusammenströmen dieser Wirksamkeiten die Welt entsteht, welche, durch Sinne angesehen, eben zu der Welt wird, welche der Mensch in seinem eigenen Sinnessein vor sich hat. Von der Geisteswelt aus gesehen verschwinden die Eigenschaften, Kräfte, Stoffe usw. der Sinneswelt; sie enthüllen sich als bloßer Schein. Man hat von dieser Welt aus nur noch Wesenheiten vor sich. In diesen Wesenheiten liegt die wahre Wirklichkeit." (GA 17/Tb. 1981/S.126)

Altes instinktives Hellsehen – neues bewußtes Schauen

Hellsehen als eine Fähigkeit, die geistigen Wesenheiten der Welt wahrzunehmen, hat es in alten Zeiten der Menschheitsentwicklung als eine natürliche Fähigkeit aller Menschen über lange Zeit gegeben. Wir müssen dabei bis in die vorgeschichtliche Zeit der alten Atlantis zurückgehen. Damals hatten die Menschen noch ein instinktiv wirkendes hellseherisches Bewußtsein, das sich sehr von dem heutigen Bewußtsein unterschied.

Heute verfügt der Mensch am Tage über das wache Gegenstandsbewußtsein. Er sieht die physische Welt in aller Klarheit, nichts aber von dem Geistigen, das ihr zugrunde liegt. In der Nacht versinkt die sinnliche Welt für den Menschen in Bewußtlosigkeit, es wird finster um ihn. Ganz anders war es zur Zeit der Atlantis. Da trat in der Nacht nicht Bewußtlosigkeit ein, sondern es wurde geistig hell um ihn, er schaute geistig hellseherisch ätherische Gestalten. Später, z.B. in der griechischen Kultur, verehrte man diese als die verschiedenen Götter:

„So wahr der Mensch heute während der Nacht diese Wesen nicht sieht, so wahr ist er in jenen Zeiten in ein Meer von Geistigkeit untergetaucht, in dem er in der Tat die göttlichen Wesen wahrnahm." (GA 106/1978/03.09.1908/S.33)

Im Tagesbewußtsein, das sich damals noch nicht so kraß von dem Nachtbewußtsein unterschied, nahm der Atlantier die Welt nicht in den scharfen Konturen wahr, wie wir es heute vermögen. Alles war wie in einen Nebel gehüllt:

„Wenn wir uns etwa vorstellen, wir gingen aus in einem dichten Winternebel, und wir sähen abends die Laternen wie umgeben von einer Lichtaura, so haben wir eine ungefähre Vorstellung von dem Gegenstandsbewußtsein des Atlantiers." (ebd.)

Alle Tageserlebnisse waren dabei noch von einem eigentümlichen geistigen Erleben durchzogen, wovon die folgende Schilderung ein anschauliches Beispiel gibt:

„Denken wir uns, eine solche Seele näherte sich einem Teiche. Das Wasser in diesem Teiche sah diese Seele nicht so scharf begrenzt wie heute; aber wenn diese Seele ihre Aufmerksamkeit darauf richtete, dann erlebte sie noch etwas ganz anderes, als wenn heute sich jemand einem

Teiche nähert. Beim Annähern an den Teich, schon durch die bloße Anschauung, stieg in ihr ein Gefühl auf, wie wenn sie einen Geschmack bekäme von dem, was da physisch vor ihr lag, ohne daß sie das Wasser des Teiches zu trinken brauchte. Durch das bloße Anschauen würde sie gefühlt haben: das Wasser ist süß oder salzig. Überhaupt war es nicht so, wie wenn wir heute Wasser sehen. Wir sehen heute nur die Oberfläche, aber ins Innere kommen wir nicht hinein. Derjenige, der früher, als es noch dämmerhaftes Hellsehen gab, sich dem Teiche näherte, der hatte nicht das Gefühl der Fremdheit diesem gegenüber, er fühlte sich darinnen in den Eigenschaften des Wassers; er stand dem Gegenstande gar nicht so gegenüber wie heute, es war so, als wenn er in das Wasser hätte eindringen können. Nehmen wir an, wir wären einem Salzklotz entgegengetreten, wir hätten, indem wir uns annäherten, den Geschmack gemerkt. Heute müssen wir das Salz erst kosten, damals wäre das durch die Anschauung gegeben worden. Der Mensch war wie darinnen in dem ganzen, und er nahm die Dinge wie beseelt war. Er nahm sozusagen die Wesenheiten wahr, die zum Beispiel dem Dinge den salzigen Geschmack verliehen. So beseelte sich ihm alles. Luft, Erde, Wasser, Feuer, alles, alles verriet ihm etwas. Der Mensch konnte sich in das Innere der Gegenstände hineinfühlen, er lebte im Inneren ihrer Wesenheit.“ (ebd./S.42 f.)

Dieses Hellsehen trat in der atlantischen Zeit wie ein geistiger Instinkt auf. Gegen Ende der Atlantis aber wurden diese hellseherischen Kräfte für die Mehrheit der Menschen ausgelöscht, und nur die Eingeweihten vermochten durch ihre besondere Schulung, in die geistigen Welten einzudringen.[1]

Nachklänge des alten Hellsehens haben sich jedoch bis in die nachatlantische Zeit erhalten. So sah der Mensch der urindischen Kulturepoche noch feine ätherische Nebelwolken aus allen Naturerscheinungen sich erheben, „wie wenn alle Dinge brennen würden und ein feiner Nebelrauch aus jeder Form hervorströmte. Man schaute ein ätherisches Element, das über alle Dinge gelegt war wie feiner Tau oder Reif. Diese eigentümliche Art des Anschauens war damals die natürliche.“ (GA 113/1982/29.08.1909/S.131)

1. In den Sagen und Mythen der Völker haben sich in bildhafter Art Mitteilungen aus dem Erleben der übersinnlichen Welt aus der Frühzeit erhalten.

Mehr und mehr aber gingen die hellseherischen Fähigkeiten verloren, und in der griechisch-lateinischen Zeit hat der Mensch die Welt etwa schon so gesehen wie wir heute. Worauf ist diese Veränderung zurückzuführen?

Erwachen bedeutet für den Menschen, daß sein Geistig-Seelisches – sein Astralleib und sein Ich – in den Körper, d.h. in den physischen und Ätherleib eindringt, um an ihnen zum Bewußtsein zu kommen. Beim Einschlafen wiederum ziehen sich Astralleib und Ich aus dem ätherischen und physischen Leib heraus. Schaut man äußerlich einen schlafenden Menschen an, sieht man einen physischen Leib, der vom Ätherleib belebt ist, während die Seele davon getrennt erscheint. Heute sind physischer Leib und Ätherleib relativ fest miteinander verbunden. Dringt der Astralleib beim Erwachen in den Ätherleib ein, ist er auch sogleich im Physischen.

Zur Zeit der Atlantis waren diese Wesenglieder dagegen noch viel loser miteinander verbunden. Insbesondere ragte der Ätherleib deutlich über den physischen Leib hinaus, und zwar besonders im Bereich des Kopfes. Zog damals der Astralleib erwachend in den Ätherleib ein, tauchte er nicht vollständig in den physischen Leib unter, sondern blieb durch den noch freieren Ätherleib mit der ätherischen Welt verbunden. Darauf beruhte die Fähigkeit des Hellsehens.

Mit der Zeit drang der Ätherleib mehr und mehr in den physischen Leib ein, bis er annähernd mit ihm zur Deckung kam. Während der griechisch-lateinischen Zeit war die vollständige Durchdringung des Ätherleibes mit dem physischen Leib erreicht. Ich und Astralleib kamen jetzt, wenn der Mensch erwachte, sozusagen gleich im physischen Leib an, wenn sie in den Ätherleib eindrangen, und wurden dadurch unmittelbar und direkt auf die Sinneswelt gelenkt. Infolgedessen schwand das alte instinktive Hellsehen. An seine Stelle trat das bewußte Wahrnehmen und gedankliche Verarbeiten der Sinneseindrücke und damit die Entwicklung des Ichbewußtseins.

Jetzt aber – damit ist die Gegenwart gemeint – vollzieht sich ein umgekehrter Prozeß: Der Ätherleib beginnt, sich allmählich wieder aus dem physischen Leib herauszulösen:

„Der Ätherkopf ist jetzt hineingezogen in den Menschen; das Verknüpftsein des Ätherleibes mit dem physischen Leibe, das steht heute im Höhepunkt der Entwickelung. Deshalb ist niemals der Prozentsatz der Menschen, die übersinnliche Erfahrungen machen könnten, geringer gewesen. Aber der Gang der Entwickelung der Menschheit bewegt sich so vorwärts, daß ein Wiederheraustreten des Ätherleibes ganz von selbst wieder eintritt. Und das hat jetzt schon angefangen. Wieder tritt der Ätherleib heraus, er wird wieder selbständiger, freier und wird in der Zukunft wieder so außerhalb des physischen Leibes sein wie in früher Vorzeit. Die Lockerung des Ätherleibes muß wieder eintreten, und das hat schon jetzt angefangen." (GA 102/1974/13.05.1908/S.160)

Die Lockerung des Ätherleibes führt daher auf natürliche Weise zu neuen hellseherischen Fähigkeiten, denn indem er allmählich aus dem physischen Leib heraustritt und sich außerhalb des Körpers befindet, erlebt er sich *innerhalb* der *ätherischen* Umgebung. Steiner schildert diese hellseherische Fähigkeit einmal so:

„Es wird die Fähigkeit sein, daß die Menschen in ihrer Umgebung etwas sehen werden von dem Ätherischen, das sie normalerweise bisher nicht wahrnehmen konnten. Jetzt sieht der Mensch nur den physischen Leib des Menschen, dann aber wird er imstande sein, den Ätherleib wenigstens wie ein schattenhaftes Bild zu sehen und auch aller tieferen Ereignisse Zusammenhang im Ätherischen zu erleben." (GA 118/1977/25.01.1910/S.27)

Bevor ich auf einzelne Inhalte des ätherischen Hellsehens eingehe, möchte ich zunächst einige Begriffe von der ätherischen Welt verdeutlichen.

Die elementarische oder ätherische Welt

Das neue Hellsehen beruht auf einer Lockerung des Ätherleibes. Dieser dringt, indem er sich aus seinem festen Zusammenhang mit dem physischen Leib zu lösen beginnt, in die ihn umgebende ätherische Welt ein. Man nimmt dann nicht durch den physischen Leib, sondern durch den gelösten Ätherleib wahr, und was auf diese Weise wahrgenommen wird, sind keine Gegenstände der Sinneswelt, sondern Erscheinungen, Wesen und Vorgänge der nächsthöheren, der ätherischen Welt.

Die ätherische Welt ist überall um uns herum vorhanden. Wahrnehmen können wir sie mit gewöhnlichen Sinnen nicht – wir sehen sie nicht unmittelbar mit unseren Augen –, denn sie ist übersinnlicher Natur. Aber wo wir in der Sinneswelt auch hinschauen, schauen wir zugleich mittelbar die ätherische Welt. Denn sie durchdringt die Pflanzen, Bäume, Tiere und Menschen. Sie ist wie die Luft auch zwischen allen Gegenständen vorhanden, und in dem Blau des Himmels haben wir einen äußeren Ausdruck des Weltenäthers, der die ganze Erde umgibt.

Aus dieser elementarischen Welt sind die „Substanzen" der Ätherleiber der Pflanzen, Tiere und Menschen entnommen. Es finden sich hier auch rein elementarische Wesenheiten, die keine physische Körperlichkeit annehmen. Zu ihnen gehören auch die Naturelementarwesen, die vielfältigste Aufgaben im Naturgeschehen zu verrichten haben. Schließlich wirken noch andere, höhere geistige Wesenheiten in die elementarische, ätherische Welt hinein, die selbst einer höheren geistigen Welt angehören und in der ätherischen Welt gleichsam nur ihr Wirkungsfeld finden.

Die verschiedenen Einzelwesen der ätherischen Welt fassen sich dabei für das übersinnliche Bewußtsein wie zu einem großen Geistleib zusammen, der als der elementarische übersinnliche Lebensleib der Erde erscheint. Es handelt sich – anders ausgedrückt – um den Ätherleib der Erde. Im Unterschied zum Ätherleib des Menschen, der als ein einheitliches, wenn auch in sich gegliedertes Gebilde erscheint, setzt sich der Ätherleib der Erde aus unzähligen einzelnen Elementarwesen zusammen; er zeigt sich als eine Vielheit einzelner Wesen.

Nun ist das Verhältnis des Menschen zur ätherischen Welt völlig anders als das zur Sinneswelt. Die Sinnesdinge sind von unserem Körper getrennt in der Außenwelt vorhanden. Die Felsen, die Bäume, die Häuser und die Wolken – sie alle führen ein von unserer eigenen Leiblichkeit abgesondertes Dasein. In bezug auf den ätherischen Leib sind wir nicht in dieser Weise von den anderen ätherischen Vorgängen und Erscheinungen getrennt. Im Gegenteil: Der Hellseher, der bewußt in die ätherische Welt einzudringen vermag, fühlt sich mit allem, was in dieser ist, verbunden:

„Man empfindet sich im vollen Maße als zusammengewachsen, verwoben mit dem, was man die Welt nennen kann. Deren Wirkungen gehen durch die eigene Wesenheit wahrnehmbar hindurch. Es ist keine scharfe Grenze zwischen Innenwelt und Außenwelt.“ (GA 16/Tb. 1981/ S.24)

Ja, man ist als ätherischer Mensch so sehr in die ätherische Welt „eingesponnen“, daß man bestimmte Kräfte, Vorgänge und Wesenheiten, obwohl sie in gewisser Beziehung zur ätherischen „Außenwelt“ gehören, doch so erlebt, als ob sie dem eigenen „Ich“ angehörten:

„In der physisch-sinnlichen Welt hat man seine Gedanken; man ist mit ihnen so zusammen, daß man sie als zum Bestande des ‚Ich‘ gehörig ansehen kann. In das ätherische Menschenwesen wirken so intim in das ‚Innere‘ herein wie die Gedanken in der Sinnenwelt Kräfte, Vorgänge usw., die sich nicht so verhalten wie die Gedanken, sondern die wie Wesen sind, die *mit* und *in* der Seele leben.“ (GA 17/Tb. 1981/ S.86)

Gegenstände der Sinneswelt *sehen* wir *außer* uns, Vorgänge der ätherischen Welt *erleben* wir *in* uns.

Ätherische Bilder

Übersinnliche Erlebnisse unterscheiden sich ganz wesentlich von den gewöhnlichen Tageserlebnissen, und zwar sowohl in der Art ihres Auftretens als auch in bezug auf den Inhalt. Die Sinneswelt hat im Grunde einen sehr aufdringlichen Charakter. Wir öffnen die Augen, und schon steht sie in der ganzen Vielfalt ihrer Farben und Formen vor uns. Alles erscheint klar umrissen, scharf konturiert, und stets bietet sie uns ein komplettes fertiges Bild der Wirklichkeit. Vor mir auf dem mit einer grünen Tischdecke bedeckten Tisch steht eine blaue Tasse mit einem gelben Blumenmuster. Wende ich den Blick für eine Weile davon ab und schaue dann erneut hin, sehe ich die Tasse immer noch genauso dastehen wie vorher. Sie ist blau mit gelben Blumen usw.; alles ist genauso angeordnet wie zuvor, ich kann auf die Beständigkeit im Sein der Dinge voll und ganz vertrauen.

Übersinnliche Wahrnehmungen dagegen sind unaufdringlich und flüchtig, so daß man sie oft nicht einmal bemerkt, und es ist erst eine starke Geistesgegenwart nötig, um sie überhaupt im Bewußtsein zu erfassen. Sie leuchten in einer kaum zu erfassenden Zeit vor dem hellseherischen Bewußtsein auf und huschen so schnell vorbei, daß „nur rasche Besinnung, rasche Einstellung der Aufmerksamkeit" dazu führt, wahre Schauungen zu bemerken:

„Man kann sagen: in dem Augenblicke, in dem sie auftreten, sind sie auch schon wieder entflohen. [...] Darin liegt der Grund, warum von den Menschen die übersinnliche Welt in einem so großen Umfange verleugnet wird, als es der Fall ist. Das übersinnliche Erleben ist wirklich viel verbreiteter, als man gewöhnlich denkt. Der Verkehr des Menschen mit der geistigen Welt ist im Grunde etwas ganz Allgemein-Menschliches. Aber die Fähigkeit, mit rasch wirkender Bewußtseinskraft diesen Verkehr erkennend zu verfolgen, muß mühsam erworben werden." (GA 16/Tb. 1981/S.69)

Eine weitere Schwierigkeit liegt darin, daß sich übersinnliche Schauungen weitgehend dem willkürlichen Zugriff des Menschen entziehen. Die geistige Welt läßt sich nicht zwingen. Man kann sich nicht einfach vornehmen, die „geistigen Augen" zu öffnen, um sogleich etwas zu „sehen". Vielmehr leuchtet die übersinnliche Welt so in das Bewußtsein des Menschen hinein, daß er gewissermaßen wie von dieser dazu begnadet wird. Übersinnliche Erfahrungen treten daher oft unvermittelt auf. Sie stellen sich zu gewissen Zeiten ein, überkommen den Menschen und haben oft den Charakter von plötzlich eintretenden Visionen.

Am ehesten läßt sich die Art, wie die übersinnlichen Erlebnisse auftreten, mit dem Erinnerungsvorgang vergleichen. So wie die Erinnerungen aus dem Inneren aufsteigen, so geschieht es auch mit den übersinnlichen Erlebnissen. Und wie sich durch den Erinnerungsvorgang Bilder im Bewußtsein bilden, so treten die übersinnlichen Erlebnisse in Form von inneren *Bildern* auf. Erinnerungsbilder beziehen sich aber auf Erlebnisse, die in der Vergangenheit in der physischen Welt stattgefunden haben. Ätherische Bilder – man kann auch sagen: Imaginationen – beziehen sich auf reale Vorgänge der übersinnlichen Außenwelt. Natürlich darf man dabei nicht an etwas zu Festes und Starres denken, weder an fertige Bilder wie Gemälde, Fotos usw. noch an Sinnbilder oder Symbole. Es handelt sich um lebendige Bilder, besser noch: um ein inneres Geschehen, das zunächst in allgemeinen Gefühlseindrücken erlebt wird, bis es schließlich ähnlich bewegt wie ein sich aufbauendes Erinnerungsbild erscheint.

Illusion oder Wirklichkeit

Immer wieder betont Rudolf Steiner in diesem Zusammenhang, daß eine gesunde Entwicklung des Ätherhellsehens einer entsprechenden Vorbereitung bedarf. Aus keinem anderen Grund sah er sich veranlaßt, seine Ergebnisse des geistigen Forschens und Schauens öffentlich mitzuteilen. Denn die beste Vorbereitung zum geistigen Schauen besteht darin, sich vorher schon damit vertraut zu machen, was einen erwartet.

So ist es ja auch im gewöhnlichen Leben. Wer nicht weiß, was eine „CD" ist, wie sie aussieht, wo man sie findet, kann unter Umständen stundenlang durch Großstadtgeschäfte laufen, ohne jemals eine zu bemerken, selbst wenn er schon an Tausenden vorbeigekommen ist. Und vielleicht kennen Sie z.B. auch jenes Phänomen, noch nie auf einen bestimmten Autotyp geachtet und ihn im Straßenverkehr kaum wahrgenommen zu haben, bis Sie genau diesen Typ eines Tages selbst fahren, um ihn dann an jeder Straßenecke zu sehen und sich zu wundern, daß es auf einmal so viele davon gibt. Wir nehmen nur das wahr, was bereits einen Platz in unserem Bewußtsein hat. Und ganz besonders gilt das in bezug auf die geistige Welt. Wer nie in seine Gedanken aufgenommen hat, daß es eine geistige Welt gibt und wie diese beschaffen ist, wird unter Umständen geistige Erlebnisse haben, ohne sie als solche zu erkennen. In diesem Sinne schreibt Steiner:

„Der Grundsatz: erst höhere Welten anzuerkennen, wenn man sie geschaut hat, ist ein Hindernis für dieses Schauen selbst. Der Wille, durch gesundes Denken erst zu verstehen, was später geschaut werden kann, fördert dieses Schauen." (GA 9/1987/S.23)

Eines der größten Hindernisse, die geistige Welt zu erleben, besteht vor allem darin, daß wir uns die übersinnlichen Tatsachen und Vorgänge in der Regel viel zu ähnlich den sinnlich-physischen vorstellen. Übersinnliche Erlebnisse unterscheiden sich so sehr von sinnlichen, daß sie entweder überhaupt nicht bemerkt werden, wenn sie eintreten, oder sie werden falsch gedeutet, indem etwas hineininterpretiert wird, was in ihnen nicht enthalten ist, oder aber sie werden als Illusionen, Tagträume und Phantastik abgetan. Und in der Tat ist die Gefahr, Irrtümern und Täuschungen in bezug auf geistiges Wahrnehmen zu unterliegen, offenbar sehr groß:

„Nun soll durchaus nicht geleugnet werden, daß die Unterscheidung von Illusionen und Wirklichkeiten auf diesem Gebiete eine schwierige ist. Viele Menschen, welche glauben, Wahrnehmungen aus einer übersinnlichen Welt zu haben, sind ja gewiß nur mit ihren Erinnerungsbildern beschäftigt, die sie nur nicht als solche erkennen. Um hier ganz klar zu sehen, muß man von vielem unterrichtet sein, was Quell von Illusionen werden kann. Man braucht zum Beispiel etwas nur einmal flüchtig gesehen zu haben, so flüchtig, daß der Eindruck gar nicht in das Bewußtsein voll eingedrungen ist; und es kann später – vielleicht sogar ganz verändert – als lebhaftes Bild auftreten. Man wird versichern, daß man mit der Sache niemals etwas zu tun gehabt habe, daß man eine wirkliche Eingebung habe." (GA 17/Tb. 1981/S.79 f.)

Engel oder Teufel im Engelsgewand?

Eine weitere Quelle der Täuschung besteht darin, daß Bilder, die übersinnliche Erscheinungen ausdrücken, durch sich selbst nicht verraten, auf welches geistige Wesen oder welchen geistigen Vorgang sie deuten. Die klare Beurteilung eines übersinnlich wahrgenommenen Bildes erschließt sich erst einer höheren Stufe der geistigen Erkenntnis. Man muß das Bild erst lesen lernen. Andernfalls läuft man Gefahr, etwas für einen Engel zu halten, wo sich in Wahrheit der Teufel verbirgt. Steiner schreibt:

„Es kann der Seele in der übersinnlichen Welt ein Wesen entgegentreten, das mit Recht als böse bezeichnet werden muß, und welches doch in einem solchen Bilde sich offenbart, welches man ‚schön' nennt, wenn man die Vorstellung vom ‚Schönen' anwendet, welche man aus dem Sinnensein mitbringt. In einem solchen Falle wird man erst richtig schauen, wenn man bis zum Innengrunde des Wesens durchdringt. Dann wird man erleben, wie die ‚schöne' Offenbarung eine Maske ist, die nicht dem Wesen entspricht; und man wird dann das, was man nach Vorstellungen aus dem Sinnensein als ‚schön' empfinden wollte, mit besonderer Stärke als Häßlichkeit ansprechen. Und in dem Augenblicke, wo dies gelingt, ist das ‚böse' Wesen auch nicht mehr imstande, die ‚Schönheit' vorzutäuschen. Es muß sich für einen solchen Beschauer in seiner wahren Gestalt enthüllen, die ein unvollkommener

Ausdruck dessen nur sein kann, was es im Innern ist." (GA 16/Tb. 1981/S.59 f.)

Diese Gefahr kennen wir auch aus dem alltäglichen Leben. Nicht jedem Menschen mit einem Engelsgesicht kann man trauen, und hinter manchem freundlichen Lächeln verbirgt sich ein ganz mieser Charakter. Allein eine sichere Menschenkenntnis vermag vor bösen Überraschungen zu schützen. Und wie mühsam ist es, sie zu erwerben! Handelt es sich gar um Wahrnehmungen einer für uns so unbekannten Welt, wie es die geistige zunächst doch ist, sind erhöhte Vorsicht im Urteil und kritische Selbstprüfung Tugenden, die uns nie verlassen sollten.

II. Das Ätherhellsehen und die Elementarwesen der Natur

Erlebnisse in der ätherischen Welt

Durch das neue Hellsehen treten Bilder der ätherischen Welt im Bewußtsein auf. Man wird in die Lage kommen, Ätherleiber und andere Erscheinungen des Ätherischen wahrzunehmen. Allerdings werden sich diese Erlebnisse zunächst nur schattenhaft und matt bemerkbar machen. Sie können sich aber unter Umständen auch zu eindrucksvollen Imaginationen ausgestalten, die von einer Lebhaftigkeit und Inhaltsfülle sind, mit der sich weder die schattenhaften Erinnerungsbilder der Sinneswelt noch die ganze bunte, wechselreiche Sinneswelt selbst vergleichen lassen: „Auch diese ist gegen das Reich der Imagination nur ein Schatten." (GA 12/1979/S.21)

Grundsätzlich kann man sagen, daß sich die imaginative Welt in Licht- und Farbwahrnehmungen zeigt. Sie vermittelt aber auch „Eindrücke von Wärme und Kälte, von Geschmack und Geruch, ja noch andere Erlebnisse der imaginativen ‚Sinne', für die es etwas Ähnliches in der physischen Welt nicht gibt. Die Eindrücke des Warmen und Kalten sind [...] die Offenbarungen des Willens und der Absichten seelischer und geistiger Wesen. Ob ein solches Wesen etwas Gutes oder Böses bezweckt, das kommt in einer bestimmten Wärme- oder Kältewirkung zum Vorschein." (ebd./S.72)

Nur Ton- und Schallwahrnehmungen gibt es in dieser Welt nicht.

In welche Richtung das Ätherhellsehen weist, sei an einigen Beispielen veranschaulicht, die der geisteswissenschaftlichen Forschung Steiners entlehnt sind. Gewiß, das naturhafte neue Hellsehen ist von der Klarheit des geschulten, höheren Bewußtseins des Geistesforschers noch sehr weit entfernt. Gibt dieser doch den Inhalt des geistig Geschauten in Bildern, Imaginationen, wieder, „durch die Inspirationen sprechen, die von intuitiv erlebter geistiger Wesenheit herrühren". (GA 13/Tb. 1972/S.20) Doch gilt auch an dieser Stelle, daß eine von der Geisteswissenschaft geleitete gedankliche Hinwendung zu den übersinnlichen Welten bereits eine wirksame Vorbereitung auf dem Weg zum eigenen Schauen ist.

Gehen wir zunächst von einem Bild des Ätherleibes aus, denn Ätherleiber werden den hellseherischen Fähigkeiten sichtbar. Der Ätherleib des Menschen z.B. wird hellseherisch als ein wunderbares Gebilde ineinanderflutender und schimmernder Farben sichtbar, das den physischen Leib wie eine Wolke umgibt. Er erscheint als eine rötlich-bläuliche Lichtform, in der Farbe der Blüte des jungen Pfirsichbaums:

„Es glänzt und glitzert alles an ihm in der eigentümlichen Nuance, in Rosenrot, Dunklem und Hellen bis zum Weiß-Leuchtenden." (GA 109–111/1979/05.06.1909/S.178)

Er hat annähernd die Form der menschlichen Gestalt, ist in sich gegliedert wie der physische Körper, nur komplizierter. Allen Organen entsprechen ätherische Organstrukturen. So gibt es ein Ätherherz ebenso wie ein Äthergehirn, und alle ätherischen Organe sind durch Strömungen miteinander verbunden. Diese Äthergestalt des Menschen hat heute – wie oben geschildert – annähernd die gleiche Form und Größe wie der physische Leib. Bei den Tieren ist es noch anders. Der Ätherkopf des Pferdes ragt z.B. noch weit über den physischen Kopf hinaus:

„Wenn Sie ein Pferd hellseherisch betrachten, dann sehen Sie den Ätherkopf als eine Lichtgestalt über die Pferdeschnauze sich auftürmen; und wenn Sie erst jenes merkwürdige Gebilde sehen könnten, das sich beim Elefanten über dem Rüssel aufbaut!" (GA 105/1983/04.08.1908/S.27)

Auch an der Pflanze kann das Ätherische sichtbar werden. Ist die Pflanze im Keimen begriffen, erscheint die übersinnliche Pflanze am mächtigsten. Sie ist gegenüber dem unscheinbaren physischen Keim äußerst vielgliedrig und enthält alles, was zum Aufbau und Wachstum aus dem Geistigen heraus mitarbeitet. Ein Samenkorn erscheint hellseherisch betrachtet wie in einer kleinen Lichtwolke eingeschlossen, die wie eine Art Flamme empfunden wird:

„Gegenüber der Mitte dieser Flamme empfindet man so, wie man beim Eindruck der Farbe *Lila* empfindet; gegenüber dem Rande, wie man der Farbe *Bläulich* gegenüber empfindet." (GA 10/Tb. 1975/S.45)

Bei einer Pflanze dagegen, die sich in voller Entwicklung befindet und die bald Samenkörner aus sich hervorgehen lassen wird, kann ebenfalls eine Art geistiger Flammenbildung sichtbar werden, die jedoch entsprechend größer erscheint und auch einen anderen Farbeindruck vermittelt: in der Mitte grünlich-blau und am äußeren Rand gelblichrot. (vgl. ebd./S.47)

Alles in der ätherischen Welt ist in fortwährender Verwandlung begriffen. Geburt und Tod gibt es hier nicht. Daher ist die übersinnliche Pflanze als ätherische Wesenheit auch dann wahrnehmbar vorhanden, wenn die Pflanze physisch noch gar nicht in Erscheinung getreten ist. Und umgekehrt entsteht, wenn die Pflanze verwelkt, in der imaginativen Welt zugleich ein übersinnliches Gebilde, in welches sich die vergehende Pflanze allmählich verwandelt. Wenn im Physischen von der Pflanze nichts mehr zu sehen ist, ist diese übersinnliche Pflanzengestalt an ihrer Stelle voll entwickelt da:

„Geburt und Tod sind Vorstellungen, welche in der imaginativen Welt ihre Bedeutung verlieren. An ihre Stelle tritt der Begriff von *Verwandlung des einen in das andere.*" (GA 13/Tb. 1972/S.260)

So trägt die übersinnliche, ätherische Pflanze alle Bildungskräfte in sich, die von einer Pflanze auf deren Nachkommen übergehen. Im Übersinnlichen ist als lebensvolle Ganzheit vorhanden, was sich in der physischen Sichtbarkeit erst allmählich in Raum und Zeit entwickelt.

Elementarwesen der ätherischen Welt

Hinter dem Schleier der sinnlich wahrgenommenen Natur wirkt das Ätherische der Erde. Dieses Ätherische zeigt sich als eine Vielheit von elementarischen Wesenheiten, die wahrnehmbar werden können, wenn man die Natureindrücke mit einer gesteigerten Aufmerksamkeit auf sich wirken läßt. Der Weg zum eigenen Schauen des Geistigen in der Natur führt über ein vertieftes Naturempfinden.[2] Wer kennt nicht – zumindest aus der Erinnerung an besondere Momente – das andächtige Staunen gegenüber einem schönen Sonnenuntergang, die Ehrfurcht vor der gewaltigen Macht des anbrandenden Meeres oder die Demut gegenüber der Erhabenheit des Sternenhimmels. Einem gesteigerten Naturerleben antwortet das Menscheninnere mit einem moralischen Empfinden, das sich religiös vertieft. So kann uns die erhabene Majestät der Gebirgswelt mit ihren schneebedeckten Gipfeln einen Eindruck vermitteln, der uns in Ehrfurcht zu den gewaltigen Schöpferkräften der Welt aufblicken läßt. Und in diese Richtung – so Steiner – führt ein Weg, um das Geistige in der Natur zu erleben.

Beginnend mit dem 20. Jahrhundert, in einer Zeit also, in der wir uns durch die fortschreitende Technisierung immer weiter von der Natur entfernen, entwickelt sich nun gerade der Natur gegenüber eine neue Qualität des Erlebens. Durch das neue Äthersehen wird uns die Natur in einem neuen Licht erscheinen. Steiner hebt dabei besonders zwei Aspekte hervor: Der Mensch wird neue Elementarwesen aus der Natur hervorgehen sehen, und er wird den Jahreslauf mit ganz anderen inneren Eindrücken erleben als bisher:

„Diejenigen, deren Geist geweckt ist, werden innerhalb der Naturvorgänge neue Wesenheiten sehen können. Während der Mensch, der noch nicht Hellseher geworden ist, trotz aller Wehmut über das unaufhaltsame Absterbende, immer mehr erleben wird etwas Erfrischendes in der Natur, wird derjenige, dessen hellseherische Kräfte erwachen, neue elementarische Wesenheiten aus der absterbenden Natur hervorgehen sehen. [...] Es wird um die Wende des zwanzigsten Jahrhunderts gleichsam geboren ein immerhin neues Reich von Naturwesen, das als ein geistiger Quell aus der Natur hervorgeht und für die Menschen sichtbar und erlebbar wird. Noch ein anderes. Gewiß, es wäre eine Menschenseele stumpf, die nicht das Aufsprießen des Frühlings erkennen könnte, aber noch anderes kommt hinzu. Diejenigen, die in die Lage kommen

2. Siehe dazu auch FLENSBURGER HEFTE 55: „Naturgeister. Vom Wirken der Elementarwesen“, Flensburg 1996, und Ernst-Martin Krauss: „Holzwege, Steinwege ... Erlebnisse mit Elementarwesen“, Flensburg 1992.

werden, das, was eben geschildert wurde, als Tatsache der Natur zu erleben, die werden in ganz anderer Art als durch das gewöhnliche Gedächtnis solche Eindrücke bewahren. Sie werden hinübertragen – wie die Samenkörner durch den Winter in den Frühling hinein es tun – das, was ihnen entgegenströmt an neuen Elementargeistern. Was im Frühling erlebt wurde und was im Herbst erlebt wurde, das war in der Vergangenheit voneinander unabhängig: dieses Aufstrahlen der Natur im Frühling und diese Wehmut im Herbst. Dasjenige, was der Kosmos von seinem Gedächtnis hergibt, das macht, daß wir von dem, was wir im Herbst erleben, einiges hinübertragen in den Frühling hinein. Wenn wir in uns wirken lassen die Elementarkräfte des Herbstes, dann können wir in einer neuen Weise empfinden, was uns in der Zukunft gegeben wird. Alles erfährt ein Neues in der Zukunft, und es ist unsere Pflicht, daß wir uns vorbereiten, durch die Erkenntnis des Geistigen ein Verständnis dafür zu haben." (GA 130/1977/19.09.1911/S.30 f.)

Mir ist keine Schilderung bekannt, in der Steiner dieses neue Reich von Naturwesen näher beschreibt. Allerdings gibt es im Vortragswerk eine ganze Fülle von Darstellungen über vier Gruppen von Naturwesenheiten – Gnomen, Undinen, Sylphen und Salamander –, die uns einen sehr anschaulichen Einblick in das Wesen der ätherischen Welt vermitteln.

Die Erdgeister: Kobolde und Gnomen

Eine erste Art von Elementarwesen findet der okkulte Blick im Innern der Erde. Dort findet er Wesenheiten, die sich in ihrer Form und Gestalt so deutlich beschreiben ließen, daß man sie sogar zeichnen könnte. Will man diese Wesen wahrnehmen, müsse man – so Steiner – in jene Tiefen der Erde vordringen, in denen die Bergarbeiter arbeiten. Dann müsse man besonders auf die Wärmedifferenzierungen aufmerksam werden, die dort unten gefühlsmäßig erlebt werden können. Alle übrigen Sinneseindrücke müßten außer acht gelassen werden, so daß die Wärme als einziger physischer Natureindruck übrigbliebe. Schließlich würde das zu folgendem Erlebnis führen:

„Wenn wir nämlich dann alles außer acht lassen, was da Eindrücke macht, wenn wir uns bemühen, da unten nichts zu empfinden, auch nicht die Wärmedifferenzen, durch die wir uns nur vorbereitet haben, wenn wir uns bemühen, nichts zu hören und zu sehen, sondern den Eindruck nachwirken zu lassen so, daß das als ein Moralisches aus unserer Seele herauftaucht, dann ersteht vor unserem okkulten Blick diejenige Klasse von schaffenden Naturwesenheiten, die eigentlich in allem Irdischen, namentlich in allem Metallischen, für den Okkultisten real wirksam ist und die sich seiner Imagination, seiner imaginativen Erkenntnis in scharfumrissenen Gestalten der verschiedensten Art zum Ausdruck bringt. Derjenige, der mit einer okkulten Erziehung und zu gleicher Zeit mit einer gewissen Liebe zur Sache – die gehört ganz besonders dazu auf diesem Gebiete – sich zum Genossen von Bergleuten macht, der in Bergwerke eindringt und da unten vergessen kann alle äußeren Eindrücke, der fühlt aufgehen vor seiner Imagination die nächste Klasse sozusagen von Wesenheiten, die hinter allem Irdischen, allem Metallischen namentlich, schaffend und webend sind." (GA 136/1974/03.04.1912/S.27 f.)

Es sind die Erdwesen, die im Volksmund auch Kobolde oder Gnomen genannt werden. Sie leben in großer Zahl dicht zusammengekauert im metallischen, gesteinsartigen Erdreich, und in dem Moment, wo das Erdreich freigelegt wird, bersten und stieben sie auseinander. Dabei verändern sie ihre Gestalt, sie werden größer, bleiben aber immer noch kleiner als die Menschen. Steiner beschreibt auch, daß diese Gnomen eigentlich ganz aus Sinn bestehen, Sinn, der zugleich Verstand ist. Darin fühlen sie sich dem Menschen überlegen, ja, sie werden furchtbar ironisch, wenn man ihnen mit der menschlichen Logik kommt. Moralische Verantwortlichkeit aber kennen sie nicht, sie tun alles wie automatisch. Dafür besitzen sie im höchsten Grade Witz, und durch diesen Witz spielen sie den Menschen so manchen Streich und Schabernack. (vgl. GA 102/16.05.1908 u. GA 230/02.11.1923)

Die Wasserwesen: Nymphen und Undinen

Ganz anders zeigt sich eine zweite Klasse von Naturwesen, die unmittelbar hinter dem Schleier der Natur wirken. Deren Gestalt läßt sich nicht festhalten, sie sind in ständiger Verwandlung begriffen:

„Wenn man, sagen wir, an einem Tag, wo die Witterungsverhältnisse sich jeden Augenblick ändern, wo beispielsweise Wolken sich bilden, aus den Wolken der Regen herunterfällt, wo vielleicht auch, von der Erdoberfläche ausgehend, wiederum Nebel sich aufwärts heben – wenn man an einem solchen Tage sich diesen Erscheinungen in derselben Weise hingibt, wie vorhin geschildert, so daß man einen moralischen Eindruck an die Stelle des physischen treten läßt, dann kann man wieder ein bestimmtes Erlebnis haben. Besonders geeignet ist es, wenn man sich dem eigentümlichen Spiel hingibt, sagen wir, einer in einem Wasserfall sich zerstäubenden, sich überschlagenden Wassermasse; wenn man sich hingibt den sich bildenden, sich auflösenden Nebeln und dem Wasserdunst, der die Luft erfüllt und rauchförmig nach oben geht, oder wenn man einen feinen Regen nach unten strömen sieht oder auch ein leises Rieseln durch die Luft gehen fühlt. Wenn man all dem gegenüber moralisch empfindet, so ergibt das die zweite Klasse von Wesenheiten, denen gegenüber wir anwenden möchten das Wort Metamorphose, Verwandlung. Diese zweite Gruppe von Wesenheiten könnten wir nicht zeichnen, so wenig, wie man eigentlich den Blitz malen kann. Man kann eine bestimmte Gestalt, die nur einen Augenblick vorhanden ist, festhalten, im nächsten ist das alles schon verwandelt. Also solche sich immer verwandelnden Wesenheiten, deren Symbol wir für die Imagination höchstens finden können in den sich verwandelnden Wolkengebilden, sie erscheinen uns als die zweite Klasse von Wesenheiten." (ebd./ S.28 f.)

In der Frühlingszeit zeigen sich diese Wesen noch auf eine zweite Art: Wenn die Pflanzen aus der Erde hervorsprießen und erste grüne Sprossen heraustreiben, sieht der Okkultist die Pflanzenknospen von diesen Wasserwesen wie umspielt:

„Und der okkulte Blick fühlt dann, als wenn das, was da oben unsichtbar über der Pflanzenknospe webt und west, etwas zu tun hätte mit dem, was die Pflanze aus dem Boden herausstreben macht, herausholt aus dem Boden. [...] Nehmen wir an, da wäre ein junger Pflanzensproß. Der Okkultist erkennt um den jungen Pflanzensproß herum sich metamorphosierende Wesenheiten, die gleichsam entlassen sind aus der Umgebung und herunterdringen; die nicht bloß, wie es das physische Wachstumsprinzip tut, von unten nach oben gehen, sondern die von oben nach unten wirkend die Pflanzen herausholen aus dem Boden. So daß der okkulte Blick im Frühling, wenn die Erde sich mit Grün überdeckt, etwas fühlt wie aus dem Weltall herniedersteigende Naturkräfte, die herausholen das, was in dem Erdenboden ist, damit das Erdeninnere ansichtig werden kann des Himmels, der äußeren Umwelt. Ein immer Bewegliches ist über der Pflanze, und das ist das Charakteristische, daß der okkulte Blick sich eben eine Empfindung dafür aneignet, daß das, was da die Pflanze umwebt, dasselbe ist, was in dem verdunstenden und sich zu Regen ballenden Wasser auch vorhanden ist. Das ist die zweite Klasse von, sagen wir, Naturkräften und Naturwesenheiten." (ebd./ S.29 f.)

Eine ältere instinktive Hellseherkunst hat diese Naturwesen Nymphen oder Undinen genannt; es sind Elementarwesen, die im feuchtluftigen Bereich als „Weltenchemiker" wirken. Sie träumen gewissermaßen das Verbinden und Lösen der Stoffe im Pflanzenleben und sind von besonders zarter Geistigkeit:

„Es ist in ihnen eine ungemein zarte Geistigkeit, eine Geistigkeit, die eigentlich ihr Element da hat, wo Wasser und Luft sich berühren. Die Undinen leben ganz im feuchten Elemente; aber ihr eigentliches inneres Wohlgefallen haben sie, wenn sie irgendwo an eine Oberfläche, wenn auch nur an die Oberfläche eines Tropfens oder sonst irgendeines Wäßrigen kommen." (GA 230/1978/02.11.1923/S.117)

Undinen halten sich daher auch besonders gern an Quellen auf, dort, wo die Steine von Moos bewachsen sind und sich eine Art Wand zwischen Moospflanze und Stein bildet. Wenn an solchen Stellen noch Wasser darüber sickert, zeigen sich Undinen mit besonderer Stärke. (vgl. GA 102/01.06.1908)

Die Luftgeister: Sylphen

Wenn die Pflanzen im Spätsommer und Herbst dann Früchte entwickeln und im Absterben begriffen sind, zeigen sich der Imagination Naturwesen, die mit den Reifungsprozessen der Fruchtbildung verbunden sind:

„Wenn die Pflanzen zum Beispiel sich allmählich heranentwickelt haben und wiederum die Notwendigkeit beginnt, daß sie welken, dann greifen andere Wesenheiten ein, Wesenheiten, von denen wir nicht einmal sagen können, daß sie ihre Gestalten fortwährend verwandeln, denn wir können eigentlich von ihnen nur sagen, daß sie keine rechte Gestalt haben. Blitzartig aufleuchtend, wie kleine Meteore aufleuchtend und wieder verschwindend, so erscheinen sie uns, wieder aufblitzend und wieder verschwindend, so daß sie eigentlich gar keine bestimmte Gestalt haben, sondern wie über unsere Erde hinhuschend, meteor- oder irrlichtartig aufleuchtend und verglimmend sind. Diese Wesenheiten hängen zunächst zusammen mit dem Heranreifen alles dessen, was in den Reichen der Natur vorhanden ist. Damit Wesenheiten in den Naturreichen reif werden können, sind diese Kräfte oder Wesenheiten vorhanden." (GA 136/1974/03.04.1912/S.31 f.)

Wahrnehmbar werden diese Wesen nur dann, wenn sich der okkulte Blick auf die möglichst reine Luft richtet:

„Möglichst wasserreine Luft, die vom Sonnenlicht und von der Sonnenwärme durchspielt wird, muß auf die Seele wirken, wenn man die Imagination von diesen meteorisch aufleuchtenden und wieder verglimmenden Wesenheiten erhalten will, welche gleichsam unsichtbar in der wasserreinen Luft leben und gierig einsaugen das Licht, von dem die Luft durchdrungen ist, und das sie aufglänzen und aufleuchten läßt. Diese Wesenheiten sind es, die sich dann niedersenken zum Beispiel auf die Pflanzenwelt oder auch auf die tierische Welt und das Reifen besorgen." (ebd.)

Von Bienen, Blüten, Schwalben und Sylphen

Elementarwesen treten besonders an jenen Grenzgebieten auf, wo verschiedene Naturreiche miteinander in Berührung kommen. Wenn eine Biene sich auf einer Blüte niederläßt, um von ihrem Honig zu saugen, entsteht dabei eine feine, ätherische Aura, und von dieser ätherischen Aura fühlen sich die Sylphen angezogen:

„Es gehört – wenn man den Ausdruck gebrauchen darf, aber wir haben ja für diese subtilen Dinge so wenig treffende Ausdrücke – zu den interessanten Beobachtungen der geistig-übersinnlichen Welten jene eigentümliche aurische Hülle, die immer entsteht, wenn eine Biene oder ein anderes solches Insekt an einer Blüte saugt. Das eigentümliche, eigenartige Erlebnis, welches das Bienlein hat, wenn es an der Blüte saugt, ist nicht etwa nur in den Kauwerkzeugen oder in dem Leib der

Biene vorhanden; sondern was da als Geschmacksaustausch entsteht zwischen Biene und Blüte, verbreitet etwas wie eine kleine ätherische Aura. Jedesmal, wenn das Bienlein saugt, gibt es eine solche kleine ätherische Aura, und immer, wenn so etwas entsteht in der übersinnlichen Welt, kommen die Wesen, die so etwas brauchen, herbei. Sie werden dadurch angezogen; denn sie finden da, wenn wir es wieder grob ausdrücken wollen, ihre Nahrung." (GA 102/1974/01.06.1908/ S.185 f.)

Gesteigert tritt diese Erscheinung auf, „wenn sich irgendwo an einem Baum ein ganzer Bienenschwarm niederläßt und dann abzieht, sozusagen mit der Geschmacksempfindung im Leibe, die da war. Dann ist der ganze Bienenschwarm eingehüllt in diese ätherische Aura, aber auch ganz durchdrungen von diesen geistigen Wesenheiten, die man Sylphen oder Lemuren nennt." (ebd.)

Diese Wesen sind aber nicht nur dann da, wenn diese ätherische Aura entsteht, „sie sättigen sich nicht bloß, sondern sie haben auch Hunger, und den Hunger bringen sie dadurch zum Ausdruck, daß sie die betreffenden Tiere nach den betreffenden Stätten hinleiten. Sie sind sozusagen ihre Führer in einer gewissen Weise." (ebd.)

Wie mit den Bienen, so fühlen sich die Sylphen auch mit den Vögeln in einer innigen Verwandtschaft. Ein schönes Bild davon gibt diese Schilderung:

„Wenn Sie im Frühling oder Herbst einen Schwalbenschwarm sehen, der in seinem Hinfliegen sogleich den Luftkörper in Schwingungen bringt, einen bewegten Luftstrom hervorruft, so bedeutet dieser bewegte Luftstrom, der aber dann bei jedem Vogel vorhanden ist, für die Sylphen etwas Hörbares. Weltenmusik ertönt daraus den Sylphen. Wenn sie irgendwo, sagen wir, auf dem Schiffe fahren, und die Möwen heranfliegen, dann ist in dem, was durch den Möwenflug erregt wird, ein geistiges Ertönen, eine geistige Musik, die das Schiff begleitet.

Wiederum sind es die Sylphen, welche in diesem Tönen drinnen sich entfalten und entwickeln und in diesen erregten Luftströmen ihre Heimat finden. In dem geistig-tönend bewegten Luftelemente finden sie ihre Heimat und nehmen dabei dasjenige auf, was die Kraft des Lichtes in diese Luftschwingungen hineinschickt. Dadurch aber fühlen sich diese Sylphen, welche im Grunde genommen für sich mehr oder weniger schlafende Wesenheiten sind, überall dort am heimischsten, am meisten zu Hause, wo der Vogel die Luft durcheilt. [...] Und wenn Sie den Vogel fragen würden, von wem er singen lerne, dann würden Sie von ihm hören, daß er seinen Inspirator in der Sylphe hat." (GA 230/1978/02.11.1923/S.118 f.)

Die Feuergeister: Salamander

Doch kehren wir zu den Elementarwesen im Pflanzenwachstum zurück. Wir haben die Gnomen in ihrer Beziehung zur Erde kennengelernt – sie haben auch bestimmte Aufgaben im Wurzelbereich der Pflanze zu verrichten –, die Undinen als die Elementarwesen des Wassers mit ihrer besonderen Beziehung zum Pflanzenwachstum im Frühling und die Sylphen als die Elementarwesen der Luft, wirkend in den Reifeprozessen des Herbstes. Die vierte Art der Naturwesen schließlich lebt mit den Wärme- und Lichtprozessen der Erde zusammen, mit dem, was man früher als das Element des Feuers bezeichnet hat:

„Der okkulte Blick kann sich bekannt machen mit dieser vierten Kategorie, wenn er wartet, bis eine Blüte es zur Frucht und zum Keim gebracht hat, und dann beobachtet, wie der Keim allmählich heranwächst zu einer neuen Pflanze. Nur bei dieser Gelegenheit kann man leicht – sonst ist es schwierig – die vierte Art dieser Wesenheiten beobachten, denn die vierte Art, das sind die Bewahrer aller Keime, aller Samen innerhalb unserer Naturreiche. Sie tragen als die Hüter den Samen von einer Generation von Pflanzen oder auch anderen Naturwesen hinüber zu der nächsten Generation. [...] Deshalb sind auch die Samenkräfte verbunden mit einem bestimmten Wärmegrad, mit einer bestimmten Temperatur. Und wenn der okkulte Blick ganz genau beobachtet, dann findet er eben, daß die nötige Umwandlung der Wärme der Umgebung in eine solche Wärme, wie sie der Same oder der Keim braucht, um heranzureifen, daß diese Umwandlung der leblosen Wärme in die lebendige Wärme besorgt wird von solchen Wesenheiten." (GA 136/1974/03.04.1912/S.33)

Auf diese Weise tragen die Feuergeister – auch Salamander genannt – die Wirkungen des Wärmeäthers in die Pflanzenblüten und die Samen hinein:

„Und der Blütenstaub, der ist dasjenige, was nun gewissermaßen das kleine Luftschiffchen abgibt für die Feuergeister, um hineinzutragen die Wärme in den Samen." (GA 230/1978/02.11.1923/S.121)

Salamanderartige Wesenheiten werden auch überall dort angezogen, wo sich besondere Beziehungen zwischen Menschen und Tieren entwickeln, z.B. jene enge Beziehung zwischen „Reiter und seinem Roß". In den Gefühlen, Gedanken und Seelenimpulsen, die unter dem Einfluß solcher Gemütsbeziehungen entstehen, finden die Salamander gewissermaßen ihre Nahrung:

„Das kann man besonders bemerken in dem Zusammenleben des Schäfers mit seiner Schafherde, überhaupt der Hirten, die mit ihren Tieren zusammenleben. In den Gefühlen, die sich da durch diese Intimität zwischen Mensch und Tier entwickeln, finden gewisse salamanderartige Elementarwesen ihre Nahrung und halten sich da auf, wo so etwas vorhanden ist." (GA 102/1974/01.06.1908/S.197)

Jeder einzelnen Naturerscheinung und Naturstimmung können wir uns mit liebevoller Aufmerksamkeit zuwenden und auch an den zunächst unscheinbarsten Dingen ins Staunen geraten. Wir schauen aber noch ganz anders hin, wenn wir zu dem noch wissen, daß in jeder Naturerscheinung elementarische Wesenheiten wie verzaubert wirken. Wenn wir eine vom Gemüt durchdrungene Beziehung zu der Natur aufnehmen, so ist das diesen Wesen keineswegs gleichgültig. Es sind geistige Wesenheiten, die ihre eigentlich geistige Heimat verlassen haben, um innerhalb der ätherischen Welt ihre Aufgaben im Naturgeschehen zu vollbringen, sie haben sich dadurch gewissermaßen geopfert. Wenn wir achtlos und gleichgültig an den Natureindrücken vorübergehen, fesseln wir die Elementarwesen – so schildert es Steiner – weiter an den Erdenstoff; wenn wir ihnen Gemütskräfte entgegenbringen, tragen wir zu ihrer Erlösung bei, und sie können in ihre eigene, geistige Heimatwelt zurück.

Das Miterleben des Jahreslaufes

Um die Wende des 20. Jahrhunderts – so hieß es in der vorhin zitierten Vortragspassage – wird ein neues Reich von Naturwesen geboren, „das als ein geistiger Quell aus der Natur hervorgeht und für die

Menschen sichtbar und erlebbar wird". (GA 130/1977/19.09.1911/ S.31) Aber auch der Jahreslauf kann seitdem in neuer Weise miterlebt werden. Die Menschen werden zunehmend die Natureindrücke, d.h. vor allem „das, was ihnen entgegenströmt an neuen Elementargeistern" (ebd.) von einer Jahreszeit in die andere hinübertragen. Gehen wir diesem Gedanken noch ein wenig nach.

Den Wechsel der Jahreszeiten kann man als einen Atmungsprozeß der Erde verstehen. In der Winterszeit hat die Erde ihr Geistig-Seelisches gewissermaßen eingeatmet, die Erdenseele ist in den Erdenkörper eingezogen. Damit ist für die Erde im Winter ihr Wachzustand gegeben, so wie auch der Mensch wacht, wenn seine Seele beim Aufwachen in den Körper eingezogen ist. Im Frühling beginnt die Erde, ihr Geistig-Seelisches wieder in den Kosmos auszuatmen. Im Sommer ist der Höhepunkt dieser Ausatmung erreicht: Das Geistig-Seelische der Erde befindet sich nun am weitesten außerhalb des Erdenkörpers, und es ist der Schlafzustand der Erde eingetreten.[3]

Mit diesem Atmungsprozeß der Erde vollzieht sich nun auch eine Veränderung in der Tätigkeit bestimmter Elementarwesen, die mit der Lebenssphäre der Erde verbunden sind. Diese Elementarwesen vollziehen den Atmungsvorgang der Erde in folgender Weise mit:

„Die Erde ist während des Winters mit ihren Elementargeistern, man kann sagen, vereint. Die Elementargeister ziehen sich hinein in den Schoß der Erde, wohnen da bei den sich vorbereitenden Pflanzenwurzeln und den andern Naturwesenheiten, die während des Winters im Schoße der Erde sind. Dann, wenn der Frühling kommt, atmet die Erde gewissermaßen dieses ihr elementarisches Wesen aus; die Elementargeister steigen wie aus einer Gruft heraus, steigen herauf in die Atmosphäre. Während sie im Winter die innere Gesetzmäßigkeit der Erde aufgenommen haben, bekommen sie immer mehr und mehr, wenn es gegen den Frühling zu geht, und namentlich wenn es dem Sommer zu geht, in ihrem Wesen und Weben jene Gesetzmäßigkeit, die ihnen von den Sternen des Kosmos und deren Bewegungen aufgedrängt wird.

3. In der südlichen Hemisphäre kann man sich die Vorgänge entsprechend der dort herrschenden Jahreszeiten denken. Wenn auf der Nordhalbkugel im Sommer die Erdenseele in den Kosmos ausgeströmt ist, hat sie sich auf der Südhalbkugel in die Erde zurückgezogen, weil dort zur gleichen Zeit Winter herrscht.

Und wenn die Hochsommerzeit da ist, da webt und lebt es draußen im Umkreise der Erde unter den Elementarwesen, die still und ruhig während des Winters unter der Schneedecke waren, da wallt und wirbelt es unter diesen Elementarwesen in denjenigen Bewegungen, in denjenigen gegenseitigen Beziehungen, die bestimmt sind durch die Gesetze der Planetenbewegungen, durch die Gesetze der Gestaltung der Fixsterne und so weiter. Und wenn der Herbst kommt, dann kommen gewissermaßen diese Elementarwesen wiederum gegen die Erde zurück. Dann nähern sie sich wieder der Erde, bekommen immer mehr und mehr auch wieder die Erdengesetze, um wiederum zurückzukehren, gewissermaßen von der Erde eingeatmet zu werden während der Winterzeit, wo sie wiederum still und ruhig im Schoße der Erde sein werden." (GA 229/1976/05.10.1923/S.11 f.)

Kommt man immer mehr dazu, die physisch-ätherischen Vorgänge, die im Jahreslauf wirken, mit dem Gemüt innerlich mitzuerleben und nicht einfach gleichgültig an ihnen vorüberzugehen, „dann kann man es so erleben, daß man mit jeder Blume selber in seinem Gemüte blüht, daß man das Blühen der Blume miterlebt, daß man das Sich-Aufschließen der Knospen miterlebt, daß man im Tautröpfchen, aus dem die Sonnenstrahlen erglänzen, im erglänzenden Lichte miterlebt dieses wunderbare Geheimnis des Tages, das uns eben in dem erglänzenden Tautröpfchen am Morgen entgegentreten kann. [...] Wenn man hinauskommt über das Prosaische bis in dieses Miterleben des Webens und Treibens der Naturdinge und Naturtatsachen, dann wird erst der Jahreslauf wirklich verstanden." (ebd./S.13)

Das Bild des Michael mit dem Drachen

Der Mensch wird durch ein solches Miterleben des Jahreslaufes belebende Kräfte in seinen Ätherleib aufnehmen, und er wird für das ätherisch-elementarische Wirken in der Natur empfänglich. Den Herbsteindrücken steht der Mensch aber ganz anders gegenüber als den Eindrücken des Frühlings. Im Frühling erleben wir, wie sich das keimende, sprießende und sprossende Leben entfaltet und die Elementarwesen der Erde in den kosmischen Umkreis aufsteigen. Wir erleben aber nicht in gleicher Weise das welkende, hinuntersinkende und absterbende Leben des Herbstes, das dann im Frost des Winters bis zur Erstarrung abstirbt und alle Elementarwesen unter die Schneedecke ruft. Denn würde der Mensch das Welkende voll und ganz miterleben, so wie er das Wachsende und Sprossende im Frühling miterlebt, dann würde er in seinem Inneren nur Sterbeprozesse miterleben und selbst innerlich ersterben.

Damit dies nicht geschieht, widersetzt sich der Mensch einem bloßen Naturbewußtsein und stellt diesem sein Selbstbewußtsein entgegen. Gegenüber dem Sterben in der Natur in der Herbst- und Winterzeit ist der Mensch zur inneren Auferstehung im Geist fähig. Darin liegt das Geheimnis der Michaelizeit, die den alljährlichen Sieg des Menschen über die Todeskräfte der Erdennatur bedeutet:

„Aber wenn die Herbstes- und Winterereignisse herankommen, wenn die Michaelizeit kommt, dann muß der Mensch allerdings sensitiv miterleben das Welkende, Absterbende, sich Lähmende, Tötende, aber er muß nicht so wie dann, wenn die Hochsommerzeit herankommt, sich hingeben dem Naturbewußtsein. Er muß im Gegenteil sich gerade dem Selbstbewußtsein hingeben. Er muß in den Zeiten, wo die äußere Natur erstirbt, die Kraft des Selbstbewußtseins entgegenstellen dem Naturbewußtsein.

Und dann steht die Michael-Gestalt wiederum da. Und wenn der Mensch, durch Anthroposophie angeregt, in solchen Naturgenuß, in solches Naturbewußtsein, dadurch aber auch in solches Herbstes-Selbstbewußtsein hineinkommt, dann wird wiederum in aller majestätischen Gestalt das Bild des Michael mit dem Drachen dastehen; dann wird dastehen dasjenige, was der Mensch, wenn der Herbst sich naht, empfindet zur Besiegung des Naturbewußtseins durch das Selbstbewußtsein. Und das wird geschehen, wenn der Mensch nicht nur einen inneren Frühling und Sommer erleben kann, sondern wenn er auch den ertötenden, ersterbenden inneren Herbst und Winter erleben kann. Und im Erleben des ersterbenden Herbstes und Winters wird sich als eine gewaltige Imagination, als eine Aufforderung an den Menschen zur inneren Tat, das Bild des Michael mit dem Drachen wiederum hinstellen können." (ebd./S.15)

Erwacht der Mensch in diesem Sinne für das Geistige, wird er nicht nur die ätherischen Vorgänge in der Natur wahrnehmen können, wenn sich das ätherische Hellsehen entwickelt. Sondern er wird auch den

Jahreslauf in der geschilderten Weise als Atmungsvorgang der Erde miterleben, und mit diesem verbunden das Wirken der Elementarwesen, die den Atem der Erdenseele mitvollziehen. Und noch eine weitere entscheidende Tatsache ist damit verbunden.

III. Christus im Ätherischen

Christus im Erdenatem

Seit dem Mysterium von Golgatha ist die Erde der Leib des Christus, und mit der Erdenseele ist der Geist des Christus in Einheit verbunden. Vor seinem Erdenwirken wirkte Christus von der Sonne aus auf die Erde. Zum Zeitpunkt der Jordantaufe verband sich diese kosmisch-göttliche Wesenheit mit dem Menschen Jesus von Nazareth. Durch drei Jahre hindurch wirkte Christus durch Jesus auf Erden. Nach dem Kreuzestod auf Golgatha vollzog er die Auferstehung. Er überwand den Tod und erschien den Jüngern in der Geistgestalt des Auferstandenen. Seit dieser Zeit ist der Christus in der Geistsphäre der Erde wirksam. Er kehrte nicht zur Sonne zurück, sondern blieb mit der Erde und der Menschheit verbunden. Er wurde vom „Geist der Sonne" zum „Geist der Erde".

Und wenn man davon spricht, daß die Erdenseele einen rhythmisch wiederkehrenden Atmungsprozeß im Jahreskreislauf vollzieht, so muß man damit zugleich den Gedanken verbinden, daß der Geist der Erde, die Christuswesenheit, diesen Rhythmus mitvollzieht. Im Frühling beginnt die Erde seelisch auszuatmen, die Erdenseele tritt zunehmend in den Kosmos hinaus:

„Und die Vorstellung entsteht: Jetzt beginnt der Christus, der sich mit der Erde seelisch im Dezember zurückgezogen hat in das Erdeninnere, um isoliert zu sein von den kosmischen Einflüssen, mit der Ausatmung der Erde selber seine Kräfte hinausatmen zu lassen, sie hinzureichen zum Empfange des Sonnenhaften, das ihm entgegenstrahlt." (GA 223/1980/31.03.1923/S.16)

Das vom Kosmos einstrahlende Sonnenhafte vereinigt sich in dieser

Zeit mit der von der Erde ausstrahlenden Christuskraft. Und im Hochsommer ist die Erdenseele ganz ausgeatmet. Sie gibt sich den sonnendurchglänzten, kosmischen Kräften hin, mit denen auch Christus seine Kräfte vereinigt:

„Das ganze Seelenhafte der Erde ist in den kosmischen Raum hinaus ergossen, das ganze Seelische der Erde ist dem kosmischen Raum hingegeben. Das Seelenhafte der Erde durchtränkt sich mit der Kraft der Sonne, mit der Kraft der Sterne. Der Christus, der mit diesem Seelenhaften der Erde verbunden ist, vereinigt auch seine Kraft mit der Sternenkraft und der Sonnenkraft, die da fluten in dem an das kosmische All hingegebenen Seelenhaften der Erde. Es ist Johanni, es ist Johannizeit." (ebd./S.18)

Im September beginnen die ausgeatmeten Kräfte, wieder in die Erde zurückzukehren. Wenn der Mensch sich jetzt den Herbsteindrücken zuwendet, begegnen ihm Kräfte der Erde, in denen der Christus nicht wirkt. Es sind die in die Erstarrung führenden, die todbringenden Kräfte Ahrimans. Ihnen gegenüber muß der Mensch sich zum Selbstbewußtsein erheben, wenn er nicht innerlich ersterben will. Und während das Leben der äußeren Natur erstirbt, steht der Mensch vor dem geistigen Bild Michaels, aus dem er Kraft zur inneren Auferstehung schöpfen kann.

Um das zu verdeutlichen, führt Steiner aus, daß die Erde sich im Sommer wie ein Spiegel verhält. Sie spiegelt, was im kosmischen Umkreis lebt, ist selbst aber in ihrem Inneren undurchlässig für das Wesenhafte, das im Kosmos ausgebreitet ist; sie ist deshalb im Sommer auch undurchlässig für den Christusimpuls:

„Da muß der Christus-Impuls gewissermaßen in der Ausatmung leben; die Erde erweist sich selber als undurchlässig für den Christus-Impuls. Die ahrimanischen Kräfte setzen sich fest in dieser für den Christus-Impuls undurchlässigen Erde. Und wenn der Mensch wiederum zurückkehrt mit den durch die Ausatmung der Erdenkräfte in die eigene Seele aufgenommenen Kräften, auch mit den Christus-Kräften, so taucht er unter in die ahrimanisierte Erde. Da aber ist es so, daß im jetzigen Zeitlauf der Erdenentwickelung, seit dem letzten Drittel des 19. Jahrhunderts, aus Geisteshöhen der untertauchenden Menschenseele zu Hilfe kommt die Kraft des Michael, die bei diesem Rückfluten der Erdenatmung in die Erde selbst hinein den Drachen Ahriman bekämpft.“ (ebd./S.20)

Vollzieht der Mensch den Übergang vom Sommer zum Herbst in rechter Weise, d.h. als innere Tat der geistigen Auferweckung und der Stärkung des Selbstbewußtseins, kann sich mit dem herankommenden Weihnachtsfest auch die Geburt des Christusimpulses in rechter Weise vollziehen. Denn in der Tiefwinterzeit hat sich der Christus mit der Erdenseele in das Erdinnere zurückgezogen. Das Weihnachtsfest fällt damit in die Zeit der größten Wachheit der Erde. Das Fest der Erinnerung an die Geburt Jesu kann heute das Fest der Christgeburt im Menschen werden. Dann bleibt Weihnachten nicht nur ein Fest der Erinnerung, sondern es wird gegenwärtig neu belebt, indem der Mensch gewahr wird, daß der Christus im Innern der Erde und im Menscheninnern lebt. In dem Maße, wie das gelingt, vereinigt der Mensch sich mit der Kraft des auferstandenen Christus. Es ersteht der Christusimpuls im Inneren des Menschen.

Und wenn der Christus in der folgenden Osterzeit erneut beginnt, sein Wesen in den Kosmos auszuatmen und mit dem vom Kosmos einstrahlenden Sonnenkräften zusammenzuwirken, kann auch Ostern in einem höheren Sinne empfunden werden:

„Und der Mensch müßte, solches empfindend, gegenüber der Osterzeit sagen: Habe ich mich mit der Kraft des Christus vereinigt, so flutet auch meine Seele mit der Ausatmungskraft der Erdenseele hinaus in die kosmischen Weiten und empfängt die Sonnenkraft, die der Christus von der Erde jetzt ebenso zuführt den Menschenseelen, wie er sie vor dem Mysterium von Golgatha diesen Menschenseelen vom Kosmos herein zugeführt hat.“ (ebd./S.16 f.)

So lebt der Christus im Erdenatem. Er lebt in den geistig-ätherischen Vorgängen, die sich im Wechsel der Jahreszeiten und dem Wirken der elementarischen Wesen der Erde ausdrücken, und sein Wirken zeigt sich in der ganzen Äthersphäre, die die Erde umgibt.

Die Wiederkunft Christi im Ätherischen

Wird dem neuen Hellsehen die Natur in einem höheren Sinne offenbar, so bedeutet das also auch, daß innerhalb der ätherischen Welt der

Christus im Naturgeschehen erfahren werden kann. Denn das Schauen des Christus in der ätherischen Welt steht im Mittelpunkt aller Erlebnisse des neuen Ätherhellsehens.

Und wenn oben ausgeführt wurde, daß der Mensch aus der Natur heraus Neues erkennen und empfinden wird, bedeutet das nichts anderes, „als daß ebenso, wie die Christus-Individualität durch die Taufe herabgestiegen ist in den physischen Leib, in ihm verweilte bis zu dem Ereignis von Golgatha und so als physisches Ereignis auf dem physischen Plan da war, sie nun ebenso beginnen wird eine neue Wirksamkeit in der Ätherwelt. Wir können also von einer physischen Verkörperung sprechen bei dem Ereignis der Johannestaufe bis zu Golgatha hin, und jetzt von einem ätherischen Wiedererscheinen.

Indem der Ätherleib sich ausbildet, auch durch Herbsteseindrücke, die der Mensch in sich hineinverwebt, wird wahrgenommen der ätherische Christus." (GA 130/1977/19.09.1911/S.37)

In der Wiederkunft Christi, die das Evangelium prophetisch vorherverkündet, erkennt die anthroposophische Geisteswissenschaft das Zentralereignis des 20. Jahrhunderts.[4] Es handelt sich dabei nicht um ein Ereignis in der physischen Welt – die Inkarnation des Christus in einem Menschen war ein einmaliges Ereignis, das sich nicht wiederholen wird –, die Wiederkunft Christi ist eine rein geistige Tatsache, die nur dem übersinnlichen Schauen zugänglich ist. So formuliert ist auf beide Seiten dieses Ereignisses hingedeutet: Seine Wiederkunft bedeutet zum einen, daß der Christus, der seit der Auferstehung um die Zeitenwende in der Erdenaura anwesend ist, in heutiger Zeit innerhalb der ätherischen Welt eine neue Aktivität und Wirksamkeit entfaltet; und sie schließt zum anderen ein, daß die Menschen durch neu erwachende hellseherische Fähigkeiten den ätherischen Christus schauen werden. So gesehen bedeutet die Wiederkunft Christi eine Wiederkunft im Bewußtsein und Erleben des Menschen.

In den Evangelien wird auf dieses Ereignis durch das Bild der Wolke hingewiesen, so heißt es z.B. bei Lukas über „das Kommen des Menschensohns":

4. Zur Wiederkunft Christi siehe auch FLENSBURGER HEFTE 52: „Auferstehung. Von der Gegenwart Christi", Flensburg 1996.

„Und alsdann werden sie sehen den Menschensohn, kommen in einer Wolke mit großer Kraft und Herrlichkeit." (Lk. 21, 25–27)

Mit diesem Bild ist keine äußere Wolke gemeint. Es ist ein Bild für eine geistige Wirklichkeit. So wie die Lebenskräfte überirdischer Natur sind, so bildet sich auch die Wolke gewissermaßen im überirdischen Bereich, in der Atmosphäre der Erde, und so wie alles Leben im Wasser eine physische Grundlage findet, so gehört auch die Wolke dem umfassenderen Phänomen des Wassers an. Im Bild der Wolke erscheint damit ein Bild für die Lebenssphäre der Erde, d.h. ein Bild für die ätherische Welt.

So wird der Menschensohn „kommen in einer Wolke", d.h. in der Äthersphäre der Erde, und die Menschen werden ihn „sehen", d.h. er wird dem neuen Ätherhellsehen sichtbar.

In seiner kleinen Schrift „Die geistige Führung des Menschen und der Menschheit" äußert sich Steiner über das Ereignis der Wiederkunft Christi wie folgt:

„Und als das Mysterium von Golgatha sich vollzog, ging das, was aus dem Kosmos eingestrahlt war, in die geistige Substanz der Erde über und ist seit jener Zeit mit dem Geiste der Erde verbunden [gemeint ist die Christuswesenheit; F.L.].

Als Paulus vor Damaskus hellsichtig geworden war, konnte er erkennen, daß in den Geist der Erde übergegangen war, was früher im Kosmos war. Davon wird sich jeder überzeugen können, der seine Seele dazu bringen kann, das Ereignis von Damaskus nachzuleben. Im zwanzigsten Jahrhundert werden die ersten Menschen auftreten, welche das Christus-Ereignis des Paulus in geistiger Weise erleben werden.

Während bis zu dieser Zeit dieses Ereignis nur diejenigen Menschen erleben konnten, welche sich durch esoterische Schulung hellsichtige Kräfte aneigneten, wird künftig durch die naturgemäße Menschheitsentwickelung den fortschreitenden Seelenkräften das Schauen Christi in der Geistes-Sphäre der Erde möglich sein. Dies wird – als ein Nachleben des Ereignisses von Damaskus – von einem bestimmten Zeitpunkte des zwanzigsten Jahrhunderts an einigen Menschen möglich sein; dann wird sich deren Zahl vergrößern, bis es in fernerer Zukunft eine natürliche Fähigkeit der Menschenseele sein wird." (GA 15/Tb. 1974/S.80 f.)

Der lebendige Trostbringer

Seit dem Jahre 1909 – so Steiner an anderer Stelle – ist es möglich, den ätherischen Christus in Gestalt eines Engels zu schauen.[5] Ein solches Erlebnis kann sich bis zu dem Eindruck verdichten, daß ein physischer Mensch im Raume anwesend sei. Der Christus tritt dem Menschen als Helfer, Rater und Tröster gegenüber, er wird Trostworte zu dem Menschen sprechen, ja, er wird sogar in Versammlungen erscheinen und Ratschläge erteilen. Es handelt sich aber immer um ein übersinnliches Erlebnis:

„Es werden nur wenige Jahrzehnte vergehen, und für die Menschen, besonders der jugendlichen Jahre, wird der Fall eintreten – jetzt schon überall bereitet es sich vor –: Irgendein Mensch kommt da oder dorthin, dieses oder jenes erlebt er. Wenn er nur wirklich das Auge durch Beschäftigung mit der Anthroposophie geschärft hätte, könnte er schon bemerken, daß plötzlich um ihn irgend jemand ist, kommt, um zu helfen, ihn auf dieses oder jenes aufmerksam zu machen: daß ihm der Christus gegenübertritt – er aber glaubt, irgendein physischer Mensch sei da. Aber daran wird er merken, daß es ein übersinnliches Wesen ist, daß es sogleich verschwindet. Gar mancher wird erleben, wenn er gedrückten Herzens, leidbelastet, still in seinem Zimmer sitzt und nicht aus noch ein weiß, daß die Tür geöffnet wird: Der ätherische Christus wird erscheinen und wird Trostesworte zu ihm sprechen. Ein lebendiger Trostbringer wird der Christus für die Menschen werden! Mag es auch heute noch grotesk erscheinen, aber wahr ist es doch, daß manchmal, wenn die Menschen zusammensitzen, nicht ein noch aus wissen, und auch wenn größere Menschenmengen zusammensitzen und warten: daß sie dann den ätherischen Christus sehen werden! Da wird er selber sein, wird beratschlagen, wird sein Wort auch in Versammlungen hineinwerfen. Diesen Zeiten gehen wir durchaus entgegen.“ (GA 130/1977/01.10.1911/S.94)

5. Hans-Werner Schroeder hat in seinem Buch „Von der Wiederkunft Christi heute“ (Stuttgart 1991) zahlreiche Berichte über die neue Christuserfahrung, besonders auch aus der Zeit des Ersten und Zweiten Weltkriegs, wiedergegeben. Siehe auch die gesammelten Berichte in dem Buch „Sie erlebten Christus“ (Basel 1979), die aufgrund einer Untersuchung des Religionssoziologischen Instituts, Stockholm, zusammengetragen wurden (Hg. Gunnar Hillerdal u. Berndt Gustafsson).

Als Steiner einmal gefragt wurde, wie man die Trostworte des Christus hören werde, hat er geantwortet: Die Menschen werden sie fühlen wie durch ihr eigenes Herz, es könne sich aber auch wie ein physisches Hören ausnehmen. (vgl. ebd./S.102)

IV. Das Ätherhellsehen und das innere Erleben des Menschen

Die Vertiefung der menschlichen Seelenkräfte

Die Wiederkunft Christi in der ätherischen Welt steht im Mittelpunkt aller Erlebnisse, die dem neuen Hellsehen zugänglich werden, ja, man muß es sogar so formulieren, daß dieses Christusereignis das Ätherhellsehen in gewisser Weise erst ermöglicht. Von dem, was in so umfassender Weise in der ätherischen Welt geschieht, kann der Mensch nicht unberührt bleiben. Vielmehr hat jeder Mensch durch seinen eigenen Ätherleib Anteil an den Vorgängen der ätherischen Welt, er ist mit diesen, wenn auch unbewußt, innerlich verbunden. Was innerhalb der ätherischen Welt geschieht, wirkt dadurch vom Unterbewußten aus in das Seelische hinein und führt dort zu einer Vertiefung bestimmter seelischer Kräfte, die in dieser Intensität bisher nicht in Erscheinung getreten sind.

Steiner nennt in diesem Zusammenhang ein vertieftes Empfinden gegenüber dem Schicksal, die Vertiefung des Gewissens und des Mitleids. Die damit verbundene Sensibilisierung des Seelenlebens führt zu einer Bewußtwerdung vorher nicht in dieser Tiefe erlebten Empfindungen und Gefühlsstimmungen. Aus solchen Empfindungen wird sich das neue Hellsehen und das Schauen des ätherischen Christus entwickeln.[6] Um das zu verstehen, müssen wir zunächst das Ereignis ins Auge fassen, das sich mit dem Christuswirken am Übergang vom 20. zum 21. Jahrhundert vollzieht.

---

6. Wesentliche Gesichtspunkte zu diesem Thema habe ich bereits in meinem Aufsatz „Die Entwicklung neuer Seelenfähigkeiten im 20. Jahrhundert" in Flensburger Hefte 34 dargestellt. Ich möchte hier einige andere Aspekte anführen.

Christus wird der „Herr des Karma"

Wenn heute ein Mensch geboren wird, müssen wir voraussetzen, daß er schon viele Erdenschicksale in der Vergangenheit durchlebt hat, die alle sinnvoll aufeinander bezogen sind und im Ganzen den Fortschritt in der eigenen Entwicklung ausmachen. Er bringt vielfältige Schicksalsimpulse aus dem vorirdischen Dasein mit, durch die er mit verschiedensten Menschen aus früheren Inkarnationen verbunden ist. Und mit jedem Erdenleben bildet sich neues Schicksal, das wiederum gesetzmäßig in der Zukunft zur Auswirkung kommen muß.

Das Schicksalsgesetz, das Karma, bewirkt dabei den Ausgleich aller menschlichen Taten im Verlauf der aufeinanderfolgenden Inkarnationen. Bedenkt man dabei, wie komplex und vielschichtig sich die konkreten Schicksalszusammenhänge heute zeigen, wieviel schweres und in seinen Ausmaßen nicht mehr vorstellbares Schicksal allein im 20. Jahrhundert von der Menschheit zu tragen ist, ahnt man etwas von der ungeheuren Dimension der Aufgabe, die darin besteht, diese verschiedenen individuellen und übergreifenden Schicksalsfäden zu ordnen und einem gerechten Ausgleich zuzuführen.

Gegen Ende des 20. Jahrhunderts – so schildert es Rudolf Steiner – übernimmt der Christus diese Aufgabe. Christus wird der „Herr des Karma für die Menschheitsentwicklung". Dieses Ereignis wird sich nicht in der physischen, sondern in der ätherischen Welt ereignen, und es hängt mit der ganzen zukünftigen Entwicklung der Menschheit zusammen:

„Und dieses Ereignis wird ebenso grundlegende Bedeutung für die Entwickelung der Menschheit haben, wie das Ereignis von Palästina im Beginne unserer Zeitrechnung. [...] Und während das Christentum und die christliche Entwickelung bisher eine Art von Vorbereitung bedeutet, tritt jetzt das Bedeutsame ein, daß der Christus der Herr des Karma wird, daß ihm es obliegen wird, in der Zukunft zu bestimmen, welches unser karmisches Konto ist, wie unser Soll und Haben im Leben sich zueinander verhalten." (GA 131/1974/07.10.1911/S.77 f.)

Das Schicksalsgesetz ist auch in der Vergangenheit im individuellen Lebenslauf des Menschen wirksam gewesen. Durch das Christuswirken kommt heute aber eine neue Dimension hinzu, denn Christus wird vor allem dafür Sorge tragen, „daß unser karmisches Konto in der Zukunft so ausgeglichen wird, das heißt in eine solche Weltordnung hineingestellt wird gegen die Zukunft, wenn wir den Weg zum Christus gefunden, daß die Art unseres karmischen Ausgleiches das größtmögliche Menschenheil für den Rest der Erdenentwickelung hervorrufe, das wird die Sorge sein dessen, der von unserer Zeit an der Herr des Karma wird, es wird die Sorge Christi sein". (GA 130/1977/02.12.1911/S.166)

Vertiefung des Gewissens

Daraus wird zunächst eines deutlich: Es geschieht, beginnend mit dem Jahre 1909, das ganze 20. Jahrhundert hindurch ein umfassendes Ereignis dadurch, daß der Christus innerhalb der ätherischen Welt ein neues Wirken entfaltet: Er übernimmt – vergleichsweise gesprochen – die persönliche Verantwortung für den richtigen Ausgleich der Schicksalsfolgen der Menschen. Weiterhin können wir sagen, daß diese Tat des Christus überhaupt erst die Voraussetzung dafür ist, daß die Menschen den ätherischen Christus schauen werden.

Steiner schildert auch, wie das zusammenhängt: Das Gewissen wird eine erhebliche Steigerung und Vertiefung erfahren. Ja, es wird sich das Gewissensgefühl so sehr vertiefen, daß der Mensch in allem, was er tut, das Empfinden haben wird, nicht nur sich selbst, sondern dem Christus gegenüber Rechenschaft schuldig zu sein. In der Entwicklung solcher Empfindungen und Gefühle liegt ein Weg, den Christus in Zukunft in Äthergestalt zu schauen. Das alles ist mit der Übertragung des karmischen Richteramtes an den Christus verbunden:

„Und diese Tatsache ist es, die so hereinwirkt in die physische Welt, auf den physischen Plan, daß der Mensch ein Gefühl dafür entwickeln wird in der Art: mit alledem, was er tut, schafft er etwas, gegenüber dem er dem Christus Rechenschaft schuldig sein wird. Und dieses Gefühl, das in einer ganz natürlichen Art im Verlaufe der Menschheitsentwickelung nunmehr auftritt, wird sich umgestalten, so daß es die Seele mit einem Lichte durchtränkt, das von dem Menschen selber ausgeht nach und nach und das beleuchten wird die Christus-Gestalt innerhalb der ätherischen Welt. Und je mehr dieses Gefühl, das eine erhöhtere Bedeutung noch haben wird als das abstrakte Gewissen, sich ausbilden wird, desto mehr wird die Äthergestalt des Christus in den nächsten Jahrhunderten sichtbar werden." (GA 131/1974/07.10.1911/S.80)

Visionen vom zukünftigen Karma

In der Gewissensstimme haben wir eine innere Instanz in uns, der wir wie einem guten Ratgeber in vielen Situationen des Lebens vertrauensvoll folgen können. Steigern können sich Erfahrungen auf diesem Gebiet noch dadurch, daß man nicht nur ahnt, sondern in Bildern vor sich sieht, welche Folgen das eigene Tun objektiv im Sinne des Schicksalsgesetzes in der Zukunft nach sich ziehen wird. In diese Richtung weist ein weiterer Aspekt des neuen Hellsehens:

„Es wird immer mehr und mehr Menschen geben – und namentlich bei Kindern wird das herauskommen –, bei denen es so sein wird, daß, wenn der Mensch dieses oder jenes in der Zukunft tun will, diese oder jene Tat in der Welt vollbringen will, es dann in seiner Seele so sprechen wird, daß er sich gedrängt fühlt, etwas stillzuhalten und auf etwas hinzulauschen, was ihm aus der geistigen Welt gesagt wird. Eine Tatsache, die wie eine Vision vor seinen Augen steht, wird ihm entgegentreten. Er wird zuerst eigentümlich berührt werden von dieser Vision. Dann wird er – wenn er ein wenig nähergetreten sein wird der Geisteswissenschaft – erkennen, daß in ihr gegeben ist das karmische Gegenbild seiner eben getanen Handlungen. So wird die Seele darauf aufmerksam gemacht: Du mußt dahin arbeiten, daß du dich aufraffst, hineinzukommen in die Evolution der Zukunft. Und es wird gezeigt, daß keine Tat geschieht ohne Wirkung. Und das wird zu einem Antriebe, der unser moralisches Leben ordnet. So werden die moralischen Triebe wie ein Karma nach und nach in unsere Seele gesenkt werden, wenn wir uns bereiten, unsere Geistesaugen und unsere Geistesohren zu öffnen für das, was aus der geistigen Welt zu uns sprechen kann." (GA 130/1977/19.09.1911/S.32)

Diese Fähigkeit werde sich schon in der Gegenwart zeigen und sich dann in der Zukunft – Steiner spricht von den nächsten drei Jahrtausenden – immer deutlicher in der Menschheit entwickeln. Die Karmavision wird wie ein Traumbild aufsteigen und stellt im Bild eine Vorherverkündigung jener karmischen Tat dar, welche z.B. in einem nächsten Erdenleben eintreten muß, damit es zu einem Ausgleich für die in diesem Leben vollbrachte Tat kommen kann. Hier eröffnet das Äthersehen Einblicke in die Zukunft des menschlichen Schicksalswirkens.

Vorausschau zukünftiger Ereignisse

Etwas anders gelagert, aber auch auf Zukünftiges bezogen, ist jenes Hellsehen von Bildern, das eine Vorausschau auf in Kürze eintretende Ereignisse bedeutet. Die Menschen werden „Bilder und Ahnungen haben von Ereignissen in der geistigen Welt und erleben, daß sich solche Ereignisse in drei bis vier Tagen dann auf dem physischen Plan erfüllen. Sie werden gewisse Dinge in ätherischen Bildern sehen und dann wissen: morgen oder in einigen Tagen geschieht dieses oder jenes.“ (GA 118/1977/25.01.1910/S.27)

Diese Erfahrung tritt offenbar relativ häufig auf. Ich bin schon einigen Menschen begegnet, die mir ähnliches berichtet haben. Allerdings kam es dabei oft vor, daß die Zeitabstände kürzer waren, in einigen Fällen ereigneten sich die Dinge, die sich der ahnenden Vorausschau zeigten, noch am selben Tag. Jedenfalls handelt es sich hier um eine prophetische Vorausschau von Ereignissen, die sich noch in diesem Erdenleben, sogar in relativ kurzer Zeit, ereignen werden. Die Karmavision liefert dagegen Bilder von Impulsen, die erst in einem der nächsten Erdenleben zur Wirkung kommen werden.

Liebe zum Schicksal

In der Erkenntnis des Karmagedankens liegt eine Möglichkeit, einen tiefen Sinn im Leben zu erkennen. Indem der Mensch sich sagen kann, daß alles, was er erlebt, in einem inneren Zusammenhang mit seinem Ich steht, daß sein Schicksal innerlich berechtigt zu ihm gehört, bildet er Vorstellungen aus, die von einem tieferen Sinn im Leben sprechen. Findet er auf diesem Weg die Möglichkeit, sein Schicksal nicht nur anzunehmen und zu bejahen, sondern es geradezu gern zu haben und zu lieben, so liegt darin ein Weg, den Christus zu erkennen und zu schauen. Das neue Hellsehen führt uns eben nicht allein zu Bildern und Visionen, die wie von außen an uns herankommen, sondern es führt uns in die intimsten Seelentiefen, in denen schließlich auch der Christus gefunden wird. Alles, was wir über das Schicksal denken, erhellt und durchwärmt sich dabei durch die Vorstellung, daß wir unser Karma nicht von einer anonymen Macht zuerteilt bekommen, sondern von niemand anderem als von Christus selbst:

„Sie werden lernen zu begreifen die Vorstellung: Ich bin auf die Erde durch die Geburt hineingestellt; mein Schicksal ist auf der Erde, ich erlebe Freude und Leid, ich muß verstehen, daß das, was ich erlebe als Freude und Leid, nicht umsonst an mich herantritt, daß es mein Karma ist und daß es zu mir kommt, weil es mein Karma ist, mein großer Erzieher. Ich blicke auf das, was vor meiner Geburt war, was mich in diese Inkarnation hineingestellt hat, weil dieses mein Schicksal für meine Weiterentwickelung notwendig ist. Wer hat mich hergeschickt? Wer wird mich so lange hineinstellen in mein Schicksal auf dieser Erde, bis ich mein Karma abgetragen habe? Ich werde dies danken dem Christus, daß die Menschen immer wieder berufen werden können zum Erleiden der Schicksale, bis sie ihr Karma auf Erden ausgetragen haben. [...] Die Menschen werden, je mehr wir uns der Zukunft nähern, lernen, daß sie mit dem Christus vereinigt waren vor der Geburt, daß sie von ihm die Gnade erlebt haben, ihr altes Karma in den Inkarnationen abzutragen.

So schauten die Menschen des vierten nachatlantischen Zeitraumes zu dem Jesus von Nazareth auf als zu dem Träger des Christus. So werden die Menschen unserer Zeit lernen, daß der Christus immer übersinnlicher sich offenbaren wird und immer mehr regieren wird die Karmafäden in den Angelegenheiten der Erde. Sie werden kennenlernen jene geistige Macht als jenes Schicksal, das die Griechen noch nicht erkennen konnten: das die Menschen dazu bringen wird, auf die angemessenste Weise in den nächstfolgenden Inkarnationen ihr Karma auszutragen. Als zu einem Richter, als zu einem Herrn des Karma werden die Menschen in der Aufeinanderfolge der Inkarnationen aufschauen zu dem Christus, wenn sie ihr Schicksal erleben. So werden die Menschen zu ihrem Schicksal stehen, daß sie dadurch angeregt werden, ihre Seelen immer mehr zu vertiefen, bis sie sich sagen können: Mir wird dies Schicksal nicht zuerteilt durch eine unpersönliche Macht, mir wird dies Schicksal zugeteilt durch dasjenige, mit dem ich mich verwandt fühle in meinem innersten Wesen. Im Karma selbst nehme ich wahr, was mit meinem Wesen verwandt ist. Mein Karma habe ich gern, weil es mich besser und besser macht. – So lernt man Karma lieben, und dann ist dies der Impuls, den Christus zu erkennen.“ (GA 143/1983/17.04.1912/ S.147 f.)

Wie schwer fällt es uns oft, das Schicksal zu verstehen, es anzunehmen und zu tragen. Gerade jene Schicksalsschläge, die uns hart treffen, führen uns an die Grenze der eigenen Existenz. Dort, wo wir vielleicht am meisten geneigt sind, am Leben zu verzweifeln, kann uns der Gedanke an die Christusnähe zur inneren Lebensstütze werden. Steiners eben zitierte Darstellung führt zu einem wunderbaren Bild über dieses Christuswirken:

„Der Tod auf Golgatha wirkt wie ein Same in der menschlichen Seele, die da fühlt ihre Beziehung zum Christus. So war es mit dem Mysterium von Golgatha: Der Eine ist gestorben, so wie wir den einen Samen nehmen können und ihn in die Erde legen können, daß er aufsprießt auf dem Acker und dasjenige sich vermehrt, was aus dem einen Samen aufgegangen ist. So wurde der Tod eines Gottes am Kreuze realisiert. Das Samenkorn wurde ausgestreut auf Golgatha, der Boden war die menschliche Seele; was aufsprießt, sind die Beziehungen des Menschen zum übersinnlichen Christus, der nie mehr verschwinden wird aus der Evolution der Erde, der immer auf die allerverschiedenste Weise den Menschen erscheinen wird. So wie die Menschen ihn physisch geschaut haben in der Zeit des Mysteriums von Golgatha, so werden sie in einer nahen Zukunft sich erheben zu einem ätherischen Christus-Bilde: sie werden den Christus schauen, wie Paulus ihn geschaut hat.“ (ebd./S.148 f.)

Gedanken dieser Art stiften Vertrauen zum eigenen Schicksal. Denn mit allem, was uns oftmals so rätselhaft erscheint, was uns am Leben verzweifeln läßt, weil wir den Sinn nicht erfassen und vielleicht kaum glauben, den Schmerz ertragen zu können, sind wir nicht allein. Durch unser Schicksal sind wir mit Christus verbunden. Damit ist ein Weg gewiesen, der uns im wahrsten und höheren Sinne des Wortes zu uns selbst führt. Denn wir lernen lieben, was zu uns gehört, was uns mit anderen Menschen innerlich verbindet, im Guten wie im Bösen, im Vertrauen darauf, daß auch die schlimmsten Schicksale sich mit der Zeit zum Guten wenden. Der Weg zur Entwicklung der Liebe zum Schicksal ist ein Weg zum Schauen des ätherischen Christus.

Erhöhtes Mitleid

Eine weitere Seelenkraft, die den Christus als Äthergestalt sichtbar werden läßt, ist – wie wir oben bereits gesehen haben – das Gewissen. Und schließlich nennt Steiner in diesem Zusammenhang auch das Mitleid, das In-sich-aufleben-Lassen der Leiden und Schmerzen des anderen. Auch dieser Seelenkraft kommt im Hinblick auf das geistige Schauen eine besondere Bedeutung zu:

„Vieles, was man vom Mitleid hört, ist bloß Phrase. In Wahrheit ist es etwas, wobei der Mensch von sich loskommt, hinübertritt in ein anderes Wesen, das Leid des anderen mit dem Gefühl des anderen Wesens fühlt. Im Mitgefühl vergißt der Mensch sein eigenes Ich, lebt in dem anderen darinnen. [...] Das Mitleid ist eines von den zwei Dingen, durch die der Mensch aus sich herauskommt, ohne daß er das Bewußtsein verliert; das Gewissen ist das andere. Es spricht in uns hinein, der Mensch unterwirft sich einer Stimme, die in sein Ich hineinspricht. Da unterwirft der Mensch sein Selbst etwas Weiterem, als sein Selbst ist. Mitleid und Gewissen sind die Kräfte, die der Mensch entwickelt. Und das Bewußtsein wird auf Grundlage der Formen, die Mitleid und Gewissen angenommen haben, etwas entwickeln, was sonst nur im abnormen Bewußtsein zu erreichen war, – das geistige Schauen.

Der Mensch wird im zwanzigsten Jahrhundert durch die Erkenntnis dessen, was Mitleid und Gewissen in den Menschenseelen bewirken, schon in seinem gewöhnlichen Bewußtsein zu einem unmittelbaren Erlebnis kommen. [...] Der Mensch wird sich sagen: Wie mich etwas kettet an die äußere Materie, so geht mir auf der anderen Seite ein lichtvoller Helfer in der Seele auf, der mich über mich selbst erheben kann." (GA 214/1980/27.08.1922)[7]

Träume aus der vorigen Inkarnation

Schicksalserlebnisse stehen in vielfältigem Zusammenhang mit unseren vergangenen Inkarnationen. Von den Wirkungen des einen Lebens in das andere wissen wir aber im allgemeinen nichts. Wir haben keiner-

7. Zit. nach Hans-Werner Schroeder: Von der Wiederkunft Christi heute, Stuttgart 1991, S.381. Das Zitat konnte an der Stelle in GA 214 nicht nachgewiesen werden.

lei Erinnerung an frühere Erdenleben. Das wird sich grundlegend ändern. Vom 20. Jahrhundert an werden immer mehr Menschen hellseherische Erlebnisse haben, die sie an vergangene Inkarnationen heranführen. Bei wachem Tagesbewußtsein werden Bilder aufsteigen, die sich aus den gewöhnlichen Tageserlebnissen heraus nicht erklären lassen. Verstehen wird man derartige Erlebnisse vom Prinzip her nur dann, wenn man sich mit dem Gedanken der wiederholten Erdenleben vertraut gemacht hat. Andernfalls wird man Erlebnisse haben, ohne zu wissen, worauf sie sich beziehen, geschweige denn, was sie bedeuten.

Bilder aus den vergangenen Inkarnationen treten beim neuen Hellsehen ebenso wie die anderen Erscheinungen auf naturgemäße Weise auf, und schon jetzt – so Steiner – sei es gar nicht so schwer, an Traumbilder aus der letzten Inkarnation heranzukommen:

„Unser Kopf träumt nämlich fortwährend, wenn wir wachen. Das ist das Bedeutsame, daß unser Haupt hinter dem Tagesbewußtsein ein fortwährendes Fortträumen hat. Sie können auf dieses Fortträumen schon kommen; man braucht dazu nicht sehr weitgehende Übungen zu machen. Man braucht dazu eigentlich nur zu versuchen, in jenen Zustand des seelischen Lebens einzutreten, in welchem man leeres Bewußtsein hat, wo das Bewußtsein zwar wach ist, aber keine Wahrnehmungen und auch keine Gedanken hat. Im gewöhnlichen Leben gehen ja die Dinge so, daß man entweder irgendwie auf die äußere Wahrnehmungswelt gerichtet ist, oder Erinnerungsbilder von diesen Wahrnehmungen hat, oder aufsteigende Gedanken, die auch mit diesen Erinnerungen zusammenhängen. Man gibt sich öfter, als man glaubt, dem bloßen wachenden Bewußtsein hin, aber man bemerkt es nicht. Es ist dumpf. Wenn Sie aber versuchen, in Ihrer Seelenverfassung das zu haben, was ich nennen möchte: ‚Nichts weiter als wachen', nichts, was herstammt weder von äußeren Wahrnehmungen noch Erinnerungen daran, noch Erinnerungsgedanken, wenn Sie bloß versuchen zu wachen, so werden Ihnen alsbald nicht so ganz ordentlich in Vorstellungen gekleidete Wahrnehmungen aufsteigen. So etwas dumpf Gefühlsmäßiges haben diese Vorstellungen, die da auftauchen. Sie können sagen: Sie nehmen sich aus wie Bilder, aber sie nehmen sich so aus, daß sie nicht die Folgerichtigkeit von Bildern haben. Man trifft oft Menschen, welche diesen Zustand haben. Die sagen: Es gibt in mir eine Seelenverfassung, da nehme ich etwas wahr, was ich aber nicht beschreiben kann; es ist wahrgenommen, aber es ist nicht in der Weise ein Wahrnehmen, wie man die äußere Welt wahrnimmt. – Es ist nicht unzutreffend, wenn die Menschen so sprechen, und es gibt viel mehr Menschen, als man glaubt, die, sobald man mit ihnen vertraut wird, über solche Dinge Mitteilungen machen können.

Was da aufsteigt, ist das Weben dieses unterlegten Bewußtseins, von dem ich gesprochen habe. Und dieses unterlegte Bewußtsein ist eine Art Träumen. Aber was wird geträumt? Es wird geträumt, tatsächlich geträumt, von der vorigen Inkarnation, von dem vorigen Erdenleben. Nur ist die Deutung dann schwierig. Aber was so im Bewußtsein, im Hauptesbewußtsein sitzt, ist Traum des vorigen Erdenlebens. Auf diese subjektive Art, die ich geschildert habe, kann man schon den Traum des vorigen Erdenlebens finden, wenn auch die Deutung schwierig ist. [...]

So ist das, was ich als menschliches Haupt schilderte, auch seelisch etwas Kompliziertes, indem eigentlich zwei Bewußtseine ineinanderlaufen: das gewöhnliche tagwachende Bewußtsein und das unterlegte Traumbewußtsein, das eine Art Spiegelung aus der vorigen Inkarnation ist." (GA 181/1967/3. Teil/25.06.1918/S.15 f.)

Mahnung zur Vorsicht

Auch an dieser Stelle sollten wir Steiners Mahnung zur Vorsicht bedenken. Wenn er einerseits auch klar zum Ausdruck bringt, daß heute schon Bilder aus vorangegangenen Inkarnationen hellseherisch auftreten können, so weist er andererseits deutlich darauf hin, daß nicht alles, was vordergründig auf eine frühere Inkarnation hinzuweisen scheint, dies in Wirklichkeit auch bedeutet:

„Wie viele Menschen beziehen doch gewisse Bilder, welche in ihrer Seele auftreten, auf Erlebnisse früheren Erdenseins, wenn sie von den wiederholten Erdenleben überzeugt sind. Man sollte stets mißtrauisch sein, wenn diese Bilder auf solche vorhergehenden Erdenleben hinzuweisen scheinen, welche dem gegenwärtigen in dieser oder jener Beziehung ähnlich sind oder welche sich so zeigen, daß das gegenwärtige sich *verstandesgemäß* aus den vermeintlichen früheren leicht begreifen läßt. Wenn im *wirklichen* übersinnlichen Erleben der wahre Eindruck des oder der vorigen Erdenleben auftritt, so zeigt sich wohl zumeist, daß dieses oder diese früheren Leben so waren, wie man sie durch alles Ausdenken des gegenwärtigen, durch alles Wünschen und Streben für dieses, hätte niemals gestalten können, oder gedanklich gestalten wollen. Man wird zum Beispiel in einem Augenblicke des gegenwärtigen Lebens den Eindruck von seinem vorigen Erdensein empfangen, in welchem es ganz unmöglich ist, Fähigkeiten oder dergleichen sich anzueignen, die man in jenem Leben besessen hat. Weit entfernt, daß für solche bedeutsameren Geisteserlebnisse sich Bilder einstellten, die Erinnerungen aus dem gewöhnlichen Leben sein könnten, sind diese Bilder meist solche, daß man im gewöhnlichen Erleben hätte gar nicht auf sie verfallen können." (GA 17/Tb. 1981/S.82)

Erinnerungen an das Christuswirken

Es werden aber nicht nur persönliche Erlebnisse aus vergangenen Inkarnationen aufsteigen, sondern es wird sogar möglich sein, Bilder aus dem Leben des Christus zu erinnern, die wie eine persönliche Erinnerung in der Seele auftauchen werden. Zwar wird sich diese Fähigkeit erst in ferner Zukunft vollständig entwickelt haben, doch bereitet es sich in unserer Zeit bereits vor, daß der Christus in der Kraft des Erinnerns mitlebt:

„Durch jede Vorstellung wird der Christus sprechen können. Und auch wenn wir unsere Vorstellungen in der Erinnerung wiederbeleben, so wird in der Erinnerung, in dem, was so eng, so intim mit uns verbunden ist wie unsere Erinnerung, der Christus mit verbunden sein. Zurückblicken wird der Mensch können auf sein Leben und sagen wird er sich: So wie ich mich erinnere, so wie die Kraft des Gedächtnisses in mir lebt, so lebt in diesem Gedächtnis der hineingegossene Christus-Impuls." (GA 152/1980/07.03.1914/S.115 f.)

Der Christus wird in die Erinnerungskraft einziehen, und „wenn der Christus-Impuls sich über den ganzen Saum, über den ganzen Streifen von Erinnerungen ausgießen wird, dann wird der Mensch zum Beispiel nicht nur angewiesen sein darauf, aus äußeren Dokumenten Geschichte zu lernen, denn dann wird sich seine Erinnerungskraft erweitern. Der Christus wird in dieser Erinnerung leben. Und der Mensch wird dadurch, daß der Christus in seine Erinnerungskraft eingezogen ist, dadurch, daß der Christus in der Erinnerungskraft lebt, der Mensch wird dadurch wissen, wie bis zum Mysterium von Golgatha hin der Christus außerirdisch gewirkt hat, wie er es vorbereitet hat und durchgegangen ist durch dieses Mysterium von Golgatha und wie er als Impuls weiterwirkt in der Geschichte. So wahr und wirklich wird der Mensch das überschauen, wie jetzt im gewöhnlichen Leben die Erinnerung da ist. Man wird die irdische Entwickelung der Menschheit nicht anders überschauen können innerlich als so, daß man dann den Christus-Impuls im Mittelpunkt erblickt. Alle Erinnerungskraft wird durchsetzt und zugleich verstärkt werden durch das Eindringen des Christus-Impulses in die Gedächtniskraft, in die Erinnerungskraft." (ebd./S.116)

Wiederum hängen diese Veränderungen unmittelbar mit dem Ereignis der Wiederkunft in der Ätherwelt im 20. Jahrhundert zusammen. Und so heißt es dann zusammenfassend:

„Dann macht sich für den Menschen das Schauen geltend. Die gewöhnliche Erinnerung, die auf *ein* Leben sich nur richtet, die wird sich ausdehnen auf die vorhergehenden Inkarnationen. Erinnerung ist jetzt eine Vorbereitung, aber ausgestaltet wird sie durch den Christus. Ob wir nach außen blicken, wie wir uns als Kind heraufentwickelt haben noch unbewußt, ob wir dann nach innen blicken, ob wir durch weitergehende Vertiefung unseres Innern bis zu dem, was als unser Inneres in der Erinnerung bleibt, hineinblicken, überall sehen wir die lebendige Kraft und Wirksamkeit des Christus-Impulses.

In dem neuen Christus-Ereignis, was jetzt nicht physisch, aber ätherisch herankommt, das zusammenhängt mit der ersten Entfachung der Erinnerungsfähigkeit, mit der ersten Entfachung des Durchchristetwerdens der Erinnerung, wird dieses Christus-Ereignis so sein, daß der Christus als engelartiges Wesen an den Menschen herantreten wird. Darauf müssen wir uns vorbereiten." (ebd./S.117 f.)

Zusammenfassung und Schluß

Wenn wir versuchen, die dargestellten Motive im Überblick zu überschauen, so ergibt sich etwa folgendes Bild: Es finden umfassende Veränderungen innerhalb der Lebenssphäre der Erde statt. Hinter dem

Schleier der äußeren Natur, der die sichtbare von der unsichtbaren, übersinnlich-ätherischen Welt trennt, vollbringt die Christuswesenheit ein Wirken, das zu einer umfassenden Erneuerung und Belebung des Daseins führt. Das Ätherische in der Natur und auch im Menschen erfährt eine Anregung, eine Belebung, so daß sich neue Erlebnisse in der Natur und im Menscheninneren einstellen können.

In der Natur wird ein neues Reich von Elementarwesen sichtbar, es wird etwas Erfrischendes von der Natur ausgehen, und der Mensch wird auf ganz neue Weise den Wechsel der Jahreszeiten miterleben. Im Rhythmus des Erdenatems wird schließlich auch der Christus als mit der Erdenseele lebend erkannt.

So führt das neue Hellsehen zu einem vertieften Erleben der Natur, die zunehmend als durchgeistigt und durchchristet erlebt werden kann.

Aber nicht nur der Natur gegenüber, sondern auch in bezug auf das innere Leben des Menschen führt das Ätherhellsehen zu ganz neuen Erfahrungsmöglichkeiten, die wiederum mit dem neuen Christuswirken in der ätherischen Welt untrennbar verbunden sind. Christus greift in die Ordnung des Schicksalswirkens ein, er wird dem Menschen als Helfer, Rater und Tröster erscheinen und seine Wiederkunft in der ätherischen Welt führt schließlich auch zu einer Vertiefung der menschlichen Seele. Liebe zum Schicksal, erhöhtes Gewissen und Mitleid sind dabei Kräfte, die zur Erkenntnis und zum Schauen des Christus führen. Schließlich wird die Vertiefung der Erinnerung Bilder aus den letzten Inkarnationen ins Bewußtsein bringen, ebenso wie die Karmavision uns Bilder der karmischen Ausgleichstaten in der Zukunft vermittelt.

Alle Erlebnisse des neuen Ätherhellsehens sind mit dem Ereignis der Wiederkunft Christi untrennbar verbunden. Ja, mehr noch, „wir sehen in dem allem, in diesen vor uns ausgebreiteten Ereignissen, die sich gruppieren um einen Mittelpunkt, daß die Menschen, die sich in richtiger Weise zur geistigen Welt hinfinden [...], daß diese Menschen den Christus als Äthererscheinung schauen werden: Ihn, der nur vom Äther aus eingreifen wird in das Weltgeschehen. Wir sehen, wie sich alle diese Ereignisse um das zukünftige Christus-Ereignis gruppieren." (GA 130/1977/19.09.1911/S.37)

Indem wir die Inhalte der anthroposophischen Geisteswissenschaft studieren und in unser Bewußtsein aufnehmen, bereiten wir uns dazu vor, dieses zukünftige Christusereignis mehr und mehr in seiner ganzen Tragweite zu erfassen. Heute sind es die Engel, „die den Christus heruntertragen in unsere geistige Entwickelung“, sie werden diejenigen sein, „welche im zwanzigsten Jahrhundert die Menschen hinaufführen werden zu einem Schauen des Christus, wie ihn Paulus gesehen hat. Sie werden dem Menschen zeigen, wie der Christus nicht nur auf die Erde wirkt, sondern das ganze Sonnensystem durchgeistigt.“ (GA 15/Tb. 1974/S.69)

Die Wahrnehmungen denken

Zur Weiterentwicklung übersinnlicher Erfahrungen

Marius Gabor*

Dieser Artikel ist in erster Linie eine Zeugenaussage, und er soll die Aufmerksamkeit der Leserinnen und Leser auf eine Zeiterscheinung lenken, die der Verfasser als die wichtigste von allen ansieht. Es wird versucht, das Persönliche so weit wie möglich beiseite zu lassen, weil gerade das nicht wichtig ist. Aber die weiter beschriebenen Erlebnisse finden immer in der Beziehung mit jemandem statt, so daß der Verfasser nicht aus seinem eigenen Wunsch, sondern aus dem Lauf der Dinge gezwungen ist, persönliche Erlebnisse zu schildern.

Das Bewußtsein des heutigen Menschen erlaubt ihm, für einen objektiven Blick den notwendigen Abstand von seiner Persönlichkeit und seinem Leben zu nehmen. Als äußere Stütze in seiner Bemühung um Objektivität spricht der Verfasser über sich selbst in der dritten Person.

Erste übersinnliche Erlebnisse

Im Alter von 20 Jahren hat er angefangen, ein starkes Miterleben der Erlebnisse anderer Menschen zu haben, was ihm die Fähigkeit gab, das körperliche Befinden, die Stimmung, die seelischen Zustände und die Gedankenart der anderen zu empfinden, auch wenn diese physisch entfernt waren. Er konnte manchmal die Aura sehen und leichte Krankheitszustände mit der Ausstrahlung seiner Lebenskräfte heilen. Dies hat ihm die Sicherheit der Existenz übersinnlicher Welten gegeben, was ihn aber allein nicht befriedigte. Er wollte sie auch verstehen.

Schon damals hatte er eine Ahnung davon, was ihm Jahre später klargeworden ist, daß der bewußte Eintritt in die geistige Welt zwei Seiten hat: die Wahrnehmung und das Denken. Damals konnte er seine

---

* **Marius Gabor**, geb. 1962, Dipl.-Ing., Heilpädagoge und Berufsberater; lebt in Deva, Rumänien.

Erlebnisse, auch wenn sie bei vollem Bewußtsein auftraten, nicht mit seinem Denken durchdringen. Deshalb hat er andere Menschen aufgesucht, die ihm vielleicht helfen könnten. Aber überall hat er nur unklare Erklärungen oder Methoden gefunden, so daß er auf diese Wahrnehmungsart verzichtete.

Neue Erlebnisse

Diese Situation änderte sich, als er mit 27 Jahren die Anthroposophie kennenlernte, in der er die von ihm gesuchte Erkenntnisstütze fand. Gleichzeitig haben sich seine übersinnlichen Wahrnehmungen von selbst verändert und stark weiterentwickelt. An den alten Erlebnissen hatte er kein Interesse mehr, weil er diese – trotz der Anthroposophie – nicht beherrschen konnte. Von den neuaufgetretenen kann man nennen: die Kontinuität des Bewußtseins im Schlaf, die ersten Imaginationen als Metamorphosen der Eindrücke und Interessen aus dem Tagesbewußtsein, Doppelgängerbegegnungen, Erfahrungen mit Elementargeistern, eine erweiterte Fähigkeit, die Aura zu sehen. Mit einem Mal konnte er alles verstehen. In dieser Zeit hat er keine kontinuierlichen Übungen gemacht, so daß das Erlebte nicht Frucht einer solchen Arbeit war.

Wesen der Vernichtung und der Liebe

Eine sehr wichtige Erfahrung hatte er mit 30 Jahren. So weit es möglich ist, wird hier versucht, dies zu beschreiben. Die Sprache ist für solche Beschreibungen nicht geeignet, und die Leserinnen und Leser werden gebeten, das Geschriebene nur als Andeutung und nicht wörtlich zu nehmen.

Als Folge seiner Beschäftigung mit einer Geometrieübung kam der Verfasser zu einer Begegnung mit einem Wesen der Vernichtung. Er kannte aus früheren Erfahrungen die Mächte, die die Anthroposophie Luzifer und Ahriman nennt, aber dieses neue Wesen wollte nicht nur den Menschen unter seine Macht nehmen wie die anderen zwei, sondern ihn und die Welt vernichten. Später hat er diese Art von Wesen in Rudolf Steiners Werken als Asuras beschrieben gefunden, aber während seines Erlebnisses hatte er noch nichts darüber gelesen. Das furchterregende Wesen hatte ihn bedroht: „Vergebens bemühst du dich, vor mir kannst du nichts tun, ich vernichte alles!" Auch wenn er sehr erschrokken war, hat er ihm geantwortet: „Es mag sein, daß du viel von mir vernichten kannst, aber mich kannst du nicht vernichten, ich bin unsterblich!" Und das Wesen verschwand.

Er wußte, er hatte den Kampf gewonnen, und kehrte wieder in seinen Leib zurück. Aber eine unendliche Traurigkeit erfaßte ihn. Er konnte sehen, wie wenig von ihm – nur sein allerinnerster Kern – nach der Begegnung mit den Mächten des Bösen lediglich weiterbestehen würde. Und er fragte sich: Wozu das Ganze? Hat das Leben überhaupt einen Sinn, wenn nur dies bleibt?

Dann kam ein Wesen zu ihm, das nur aus Licht und Liebe bestand. Aber Licht und Liebe waren nicht nur geistige oder seelische Eigenschaften, sondern auch stoffliche. Und dieses Wesen war die Antwort auf seine Fragen und der Trost selbst. Und er wußte, dieses Wesen kann ihm helfen und sich mit ihm vereinigen. Lange Zeit hat er an diese Begegnung gedacht und kam zu der Überzeugung, daß das Wesen der Christus war.

Krisen

Danach kamen sehr bewegte Zeiten für ihn. Seine seelische und körperliche Konstitution hatte sich verändert. Er machte in den folgenden Jahren verschiedene Krankheiten und Krisen durch. Diese waren gesundheitlich und moralisch zu spüren. Es schien, als wären ihm eigene Fähigkeiten und Begabungen der früheren Jahre verschwunden. Und er mußte lernen, diese wieder bewußt zu gewinnen.

Durch seine übersinnlichen Erfahrungen machte er auch sehr negative Erlebnisse, die ihn in die Gefahr brachten, die Kontrolle über sich selbst zu verlieren. Er war in dieser Situation gezwungen, allein damit fertigzuwerden. Manchmal kamen allerdings auch aufbauende geistige Erlebnisse, die ihn stärkten, und auch das Schicksal hat ihm geholfen.

Immer wieder hat er das Wesen aus Licht und Liebe gesucht, aber nicht mehr gefunden, und oft mußte er erleben, wie weit er selbst und das, was er aus der Welt wahrnehmen konnte, von diesem entfernt war.

Weil er die in unterschiedliche Rassen, Völker, Religionen und einzelne Gruppierungen zerfallene Menschheit stark erlebte, traf er mit 34

Jahren die Entscheidung, das Allgemein-Menschliche in der Welt zu suchen.

Er hat sich eingeredet, er sei schuldig wegen seiner Unfähigkeit, das Allumfassende in den anderen Menschen real und nicht bloß theoretisch zu erleben. Sein selbstgewählter Weg war, in eine andere, ihm völlig fremde und nichtgeliebte Kultur und Religion einzutauchen, um zu sehen, was jenseits von den stark erlebten Unterschieden, die ihn belasteten, an Gemeinsamkeiten zu finden wäre. Die Probe war sehr hart für ihn und hat ihn bis an seine Grenzen geführt. Und da ist ihm wieder das Wesen aus Licht und Liebe begegnet. Diese Begegnung war aber viel intensiver, und sie wiederholte sich. Manchmal begleitete ihn das Wesen aus Liebe tagelang. Und er hat etwas wie eine Schule durchgemacht, wie er mit ihm in Verbindung treten kann.

Substantielle Liebe

Es wird jetzt versucht, diese Begegnung mit einem Gleichnis zu schildern:

Stellen Sie sich vor, Sie betreten ein Zimmer. Sie sehen, daß noch eine weitere Person anwesend ist. Diese Person sagt nichts, tut nichts, aber durch ihre Anwesenheit machen Sie alles anders: Stellen Sie sich vor, daß die Anwesenheit des anderen so kraftvoll ist, daß Sie anders denken, fühlen, handeln, auch wenn Sie frei sind. Sie sehen Ihr eigenes Leben anders und urteilen anders. Unüberwindbare Grenzen erscheinen plötzlich überwindbar, weil in Ihnen eine neue Substanz ist. Und gehen Sie noch weiter und stellen Sie sich vor, daß die Substanz, die von dieser Person kommt, geistige, seelische und gleichzeitig stoffliche Liebe und auch Licht ist, das in Ihnen lebt und webt.

Der Verfasser ist durch diese Ereignisse nicht besser, liebevoller oder klüger geworden, seine menschliche Natur hat sich nicht direkt verändert. Aber er hat eine andere Einstellung zum Leben gewonnen und bemüht sich, sich zu verändern. Er weiß auch, daß es möglich ist, sich mit diesem Liebewesen zu vereinigen und dieses durch ihn wirken zu lassen. Seitdem hat er auch das von ihm viel gesuchte Allgemein-Menschliche gefunden. Er hat erlebt, wie das Liebewesen auch in anderen lebt und wirkt, seien sie sich darüber bewußt oder nicht.

Eine andere, am Anfang schon erwähnte Fähigkeit hat sich bei ihm in diesen Jahren entwickelt: das Miterleben, Mitempfinden der Geschehnisse in seiner Umgebung. Er hat gelernt, sich durch eine bestimmte Art von Aufmerksamkeit und innerer Haltung, vor allem Ruhe und Offenheit, in eine Person, ein Tier, eine Pflanze, einen Gegenstand oder eine Situation einzufühlen und dadurch objektiv etwas von ihren Qualitäten zu erleben. Manchmal hat ihn diese Fähigkeit krank gemacht, wenn er durch eine zu große und unkontrollierte Offenheit der Umgebung fast gänzlich ausgeliefert war. Andere Male hat er sich sehr getäuscht, weil er eigene Wünsche und Vorstellungen nicht zum Schweigen brachte. Aber mit der Zeit lernte er, diese Fähigkeit als Wahrnehmungsorgan zu nutzen.

Empathie und neues Denken

Hier ist der Bericht zu Ende. Ähnliche Erfahrungen haben heutzutage viele Menschen, und es wird hier weiter versucht, diese in ein Bild zu fassen und durch sich sprechen zu lassen.

Out-of-body-Erlebnisse, Elementarwesenbegegnungen, Christuserfahrungen – durch Schock, Krankheit, Todesnähe oder als natürliche Gabe eingetreten – sind alles Wahrnehmungen der übersinnlichen Welten. Übersinnliche Wahrnehmungen können vollbewußt oder sogar in einem erhöhten Bewußtseinszustand gemacht werden und lassen dann dem Wahrnehmenden die volle Freiheit im Umgang mit ihnen.

Solche Art von Wahrnehmungen sind in der Geschichte der Menschheit nicht nur aus den letzten Jahrzehnten bekannt. Man denke z.B. an Franz von Assisi oder Teresa von Avila. In ihren übersinnlichen Erfahrungen ist ihnen gesagt worden, was sie in ihren irdischen Angelegenheiten zu tun haben. Das ist bei den Erlebnissen, die wir heute in Betracht ziehen, nicht mehr der Fall. Man wird in seinen Entscheidungen alleingelassen. Teresa von Avila beschreibt auch, wie ihr Verstand und ihr Gedächtnis in Visionen aufgehoben wurden. Daran ist zu erkennen, daß sie ein geringeres Selbstbewußtsein im Übersinnlichen hat, als es heutzutage der Fall sein kann.

Eine andere Art von übersinnlichen Wahrnehmungen ist das Miterleben der Umgebung, auch Empathie genannt. Der Unterschied zu den erstgenannten Wahrnehmungen ist, daß jene direkt im Übersinnlichen stattfinden, bei der Empathie aber die übersinnlichen Qualitäten der physisch wahrnehmbaren Umgebung erlebt werden. Sie ist heutzutage eine sehr verbreitete Fähigkeit, die vor dem 20. Jahrhundert so noch nicht möglich war. Man denke z.B. nur daran, daß die meisten Menschen vor 100 Jahren – leider manche auch noch heute – einen Menschen anderer Rasse nicht als „vollen" Menschen betrachtet haben.

Hier geht es nicht um das, was die Menschen denken, sondern was sie erleben. Und das ist etwas Neues. Die Empathie läßt dem Wahrnehmenden die volle Freiheit. Sie regt nicht zur Tat an. Und man muß sich den Unterschied zum Instinkt oder zu sozialen Sitten klarmachen. Das Helfen einer Person, die vor uns ohnmächtig wird, kommt von selbst, aber die empathische Wahrnehmung eines kranken oder leidenden Menschen führt nur durch freie Entscheidung zur Tat.

Aber auch diese Seite der Wahrnehmung kann nur durch das Denken zur Erkenntnis gebracht werden. Und hier kann man im Gegensatz zu früheren Zeiten einen Unterschied bemerken. Aus den Berichten von Menschen, die früher übersinnliche Erfahrungen gemacht haben, ist oft zu ersehen, daß sie sich diese nicht erklären konnten und doch ohne eigene Bemühungen weiter in sich behalten haben, so daß dadurch sogar ohne ihr Zutun ihr ganzes Leben wie durch eine Art Überwältigung verändert wurde. Heute kann man verstehen, was sie erlebt haben.

Solche Erfahrungen werden heute nur durch Interesse und Erinnerung im Bewußtsein gehalten. Es sind aus unserer Zeit Fälle bekannt, in denen Menschen Christuserfahrungen gemacht haben, sich damit aber nicht weiter beschäftigten, weil sie sie nicht verstanden. Sie vergaßen diese Erlebnisse, und erst Jahre später, durch Erkenntnisarbeit, kamen sie ihnen wieder zum Bewußtsein. Die Notwendigkeit des Denkens, des Verstehens ist am stärksten bei der Empathie zu merken, denn leise und flüchtige Eindrücke, wenn nicht schnell und gewollt gedanklich gefaßt, verschwinden sofort wieder.

Das notwendige Denken, um diese Erfahrungen zu verstehen, hat eine besondere Qualität, und wir können von einem neuen Denken sprechen. Die Berichte und Erklärungen dieser Erfahrungen werden von manchen Menschen, die so etwas nicht erlebt haben, verstanden, von anderen aber nicht. Für die erste Gruppe sind sie klar, mit ihrem Weltbild vereinbar und vorstellbar. Für die anderen sind sie unklar, unlogisch, unvorstellbar, nur eine Illusion, und man kann sehen, daß sie diese Gedanken nicht denken können. Dieses neue Denken ist kaum erforscht. Die Menschheit hat gerade erst angefangen, so denken zu können und diese andere Erkenntnismöglichkeit zu entwickeln.

Jetzt können wir uns fragen, welches die Ursache dieser neuen Fähigkeiten ist. Eine Antwort lautet: eine Veränderung in der Konstitution des Menschen, indem die Lebenskräfte sich etwas vom physischen Leib befreit haben. Mehr darüber zu sagen, würde weit über den Rahmen dieses Artikels hinausgehen. Die Leserinnen und Leser seien hier auf die Werke Rudolf Steiners und die weiteren Darstellungen in diesem FLENSBURGER HEFT verwiesen.

Wir haben gesehen, daß in der Menschheit neue Wahrnehmungsfähigkeiten auftreten, die sich einerseits direkt auf das Übersinnliche beziehen, andererseits auf die übersinnlichen Qualitäten der physischen Umgebung. Zugleich können die Menschen eine neue Art des Denkens entwickeln. Diese Wahrnehmungen können bei vollem Selbstbewußtsein gemacht werden, dann erfordern sie eigene Arbeit und überwältigen den Wahrnehmenden nicht.

Der freie Mensch hat die Möglichkeit, aus der Bewußtwerdung dieser Wirklichkeit die Welt zu verändern. Er kann sich frei entscheiden, etwas aus dem so Erfahrenen als Ursache seiner Taten zu wählen. Dadurch wird er Schöpfer seiner selbst und der Welt aus diesem Bereich des Geistigen. Der Weg dorthin ist der umgekehrte Weg des Menschen vom Geiste zur Geburt. Das kleine Kind kommt durch Gehen, Sprechen und Denken zum Selbstbewußtsein, zu sich selbst. Der Mensch, als Schöpfer aus dem Geiste mit Hilfe dieser Fähigkeiten, geht den umgekehrten Weg. Er muß zuerst die Wahrnehmungen denken, sonst verflüchtigen sich diese und haben keine Folgen. Danach muß er mit seinen Mitmenschen darüber sprechen und die selbstgewählten Entscheidungen in die Tat umsetzen. Und das ist es, was der Verfasser am Anfang dieses Artikels mit der wichtigsten Zeiterscheinung gemeint hat.

Geschautes Gesicht

Eckhard Glaeser*

Was hatte sich die Seminarleitung bloß dabei gedacht? Da saß dieser junge Student im zweiten Semester in seiner Bude des Studentenwohnheims an seinem Schreibtisch und hatte die Aufgabe, ein Referat zu erarbeiten. Und dabei sollte es nicht um das Thema gehen, sondern darum, die freie Rede zu schulen. Und trotzdem brauchte er irgendeinen Anhaltspunkt, einen Aufhänger für das Referatsthema. Und das war dem Ungeübten schon Anstrengung genug.

Es wollte und wollte sich nichts konkretisieren, sich nichts fassen lassen. Verschiedene Ansätze wurden aufgegriffen, zu Papier gebracht, wieder verworfen – zu unübersichtlich erschien die Thematik. Immer wieder schweiften die Gedanken umher, irrlichtelierten, assoziierten.

Ab und zu starrte er vor sich hin auf die gegenüberliegende Wand. Dort hing eine Landkarte seiner Heimat, ausgeschnitten in der Form der Landesgrenze, so als wäre dies ein Stück mitgebrachte Heimat. Natürlich befand sich diese Heimat nur auf einem Stück Papier, aber das war immerhin besser, als ganz und gar heimatlos zu sein. Wenn es noch eine Verbindung gab, dann diese. Oder gab es sonstwo noch eine Heimat?

Möglich, daß sich beim Stieren auf Flußläufe, Städte- und Dörfernamen, Küstenlinien, Berge mit ihren Höhenangaben, wichtige Eisenbahnlinien und Verkehrsadern Erlebnisse dazwischenschoben, die nur dazu dienten, um von der leidigen Aufgabe des Referatverfassens abzulenken. Wunderbar wie das funktionierte, wie ganz von selbst!

Da verlor sich der Blick des Konkreten, das Anschauen der langgezogenen Halbinsel ins Nichts und tauchte unvermittelt in farbiger Pracht wieder auf. In der Wirklichkeit vor dem Jetzt wurde der 21jährige wieder zum 8jährigen Jungen, der spielend den Schmetterlingen hinterherlief, sie zu haschen suchte, in die Sonne blinzelte und nichts kannte außer der Gegenwart.

---

* **Eckhard Glaeser**, geb. 1954, ist Landwirt und Gartendesigner. Er lebt in Flensburg.

Viele Orte gab es, wo das Bewußtsein eintauchen konnte, und immer wieder blieb es an Erlebnissen hängen, meist auch an Personen.

Wie nun ausgerechnet Onkel Nonny auf die imaginäre Leinwand zog, war völlig schleierhaft. Irgendein Bindeglied war verlorengegangen. Jedenfalls tauchte sein Gesicht plötzlich auf: dieser langgestreckte hohe Schädel mit den Geheimratsecken, den auffälligen Tränensäcken unter den gutmütigen Augen. Der Cousin der Mutter des Studiosus war urbildlich das, was der gute Onkel schon immer war: väterlicher Freund und immer mit gutem Rat zur Stelle.

Dieses Bild kreuzte nun vor dem inneren Auge des Studenten hin und her, schob sich wie vor die Linse eines Objektivs, von rechts kommend und links verschwindend, dann wieder erneut von links nach rechts, wanderte durchs Blickfeld, verschwand, tauchte wieder auf. Bei jedem Auftritt auf der Bildfläche jedoch tönte eine Stimme aus unbekannter Tiefe: „Ich bin tot. Ich bin tot. Ich bin tot."

Das Hier-und-heute-Bewußtsein des in sich versunkenen Referenten meldete sich zurück. Der rationale Verstand fragte sich: „Wieso ist Onkel Nonny tot? Er lebt doch, ihm geht es doch gut, er war gar nicht krank! Ich habe zwar lange nichts von ihm gehört, aber warum soll er tot sein? Ach Mist, ich muß mein Referat fertig bekommen, dieses blöde Thema." – Ein Unlustgefühl baute sich auf.

Mitten hinein in seine Überlegungen klingelte eine Treppe tiefer das Haustelefon. Irgend jemand ging schließlich ran, und dann wurde deutlich hörbar, daß sich jemand die knarrende Treppe hochbegab. Gerade war noch Zeit für die innere Frage, für wen der Anruf wohl sei, da pochte es unwirsch und laut an der Tür: „Telefon!"

„Wer ist's, wer will mich wieder plagen?" – Oder war es nur eine willkommene Ablenkung vom ungeliebten Referat? Der Student erhob sich aus seinem Sessel, schritt die Stufen hinunter, dorthin, wo sich in einer Nische der Hocker nebst einem kleinen Tischchen mit dem Telefon und dem Telefonbuch befand. Er meldete sich und erfuhr, daß sich seine Mutter am anderen Ende der Leitung befand.

Sofort versuchte er herauszufinden, was der eigentliche Beweggrund ihres Anrufs war, mußte sich zunächst aber Tiraden über Wind und Wetter und Wehwehchen und Arztkonsultationen anhören. Lauter Sachen von vordergründiger Natur. Während des halbinteressierten Hinhörens dachte sich der Angerufene immer wieder und wieder: „Was redet sie um den heißen Brei herum? Wetter hin, Wetter her. Warum sagt sie nicht, daß Onkel Nonny gestorben ist?“ „Na ja“, sagte seine Mutter plötzlich, „ich wollte dir nur mitteilen, daß Onkel Nonny gestorben ist.“

Das Ende vom Schwänzchen eines Elementarwesens

Ute Hallaschka*

Man müßte einmal ganz unbefangen fragen: Hellsichtig wollen Sie werden? Wozu, und was wollen Sie denn sehen? – Vermutlich würden sich zwei Gruppen von Antworten ergeben: das Sehen um des Sehens willen und das Sehen, um damit etwas zu beweisen, zu bewirken.

Vergleicht man diese Fragestellung mit dem ganz gewöhnlichen sinnlichen Sehen, so könnte man eine entsprechende Frage nur einem Blinden stellen: Wollen Sie sehend werden? – Sicher würde er das wollen und ebenso sicher nur aus einem einzigen Grund: weil er weiß, daß er blind ist, weil er sich der Einschränkung durch den fehlenden Sehsinn bewußt ist. Spannung, Neugier, Angst – das alles würde der Blinde vielleicht fühlen, aber *ein* Motiv hätte er bestimmt nicht: die Vorstellung, daß sein Sehen vorrangig einem anderen als ihm selbst dienen könnte. Dieses auf sich bezogene Verlangen des Blinden nach dem Sehen ist unschuldig und völlig gerechtfertigt.

Es ist anzunehmen, daß dem Hellsehen gegenüber zunächst auch keine andere Ausgangslage in der Seele besteht als dieses auf sich bezogene Verlangen. Aber es gibt zwei wesentliche Unterschiede: Übersinnliche Blindheit wird anders als die sinnliche nicht an der Umgebung bewußt, sondern muß als innere Einsicht im Bewußtsein aufsteigen. Das ist ein Paradox und macht die Sache nicht leichter. Das Wichtigere ist jedoch, daß geistiges Sehen nicht als Abschaffung einer Beschränkung, als Behebung eines Mangels, sondern als Vermögenszuwachs interpretiert und erlebt wird.

Der sinnlich Blinde, der sehend wird, erlebt, daß er nur die Fähigkeit erlangt, die alle anderen sowieso haben. Der Hellseher dagegen sieht sich in der Lage eines avantgardistischen Fähigkeitsfortschritts – reicher als alle anderen. Hellsichtig werden, das ist sozusagen der Börsengang

* **Ute Hallaschka,** geb. 1959, ist Eurythmistin und freie Autorin.

jeder esoterischen Weltanschauung. Wer in kapitalistischen Zeiten etwas zu sagen hat, der muß es durch seine Produktschöpfung beweisen. Dinge müssen her, feste unumstößliche Tatsachen, Fakten.

Aber die Hellsichtigkeit ist „ein Ding", das sich dieser Art der Wertschöpfung verweigert. Ihr Vermögen, wenn es eins ist, verhält sich ganz anderer Art.

Schnell erledigt und in seiner banalen Unschuld durchschaut ist das naive „Wissen wollen von sich". Es ist nichts anderes als ein geistiges Wirtschaftswunder: noch mehr haben und sein wollen als die anderen. Hinzu kommt der spezielle Ruch des Exklusiven.

Eine klärende Frage ist diejenige nach der Zeit: Willst du wissen, was in der Vergangenheit oder in der Zukunft ruht? Der naive Egoist wird sich immer für die Zukunft entscheiden, wo die Lottozahlen von übermorgen oder die Vermeidung des Autounfalls locken.

Subtiler wird es, wenn die Schau sich auf die Vergangenheit richtet. Es ist entscheidend, ob man das karmische Kapitel vergangener Erdenleben im Auge hat oder die Beeinflussung zukünftigen Geschehens. Oder läuft es auf dasselbe hinaus? Es wird nicht viele Kandidaten geben, die im karmischen Rückblick ihre Verschuldung einsehen wollen, um sich im Jetzt bei dem Betreffenden zu entschuldigen, um seinetwillen.

Peilt jemand die Fähigkeit der Einsicht an, aus Liebe zu seinem Feind – statt aus Liebe zu sich selbst, um sich endlich von den feindlichen Auswirkungen zu befreien –, dann ist er sowieso auf dem besten Weg. Man könnte das Paradox formulieren: Nur der kann Hellsicht gut gebrauchen, der sie nicht nötig hat. Wer immer sie braucht, benutzen will zu etwas, wird wenig Nutzen davon haben.

Aus Erkenntnis handeln, diese Forderung aus Steiners „Philosophie der Freiheit" (GA 4), als eine Fähigkeit des sich selbst wahrnehmenden Denkenden, gilt für nichts so kompromißlos wie für die Entwicklung geistigen Kraftzuwachses. Auch das ist ein Paradox. Wer sich dorthin entwickeln will, wo geistige Anschauung gegeben ist, der muß sie bereits erworben haben im Hinblick auf sich selbst, seine Antriebe, Motive, Willensregungen, Absichten und Ziele. Er muß sogar über ein weiteres verfügen: die Selbstbeherrschung, sich Ziele geben zu können, die nicht der Egoität entstammen, d.h. aus Erkenntnis entspringen.

Nur wer sein Denken überschaut, sein Fühlen beherrscht und seinen Willen lenken kann, der kann davon ausgehen, sich in der geistigen Welt zurechtzufinden. Wie sonst? Mag es hart klingen und wie eine unverschämte Forderung, aber wie sollte ein Mensch, der auf der Erde nicht zurechtkommt, imstande sein, sich in der Unmittelbarkeit dessen zurechtzufinden, was hier nur als blasser Anschein, als Auswirkung des dort Ursprünglichen auftritt? Wer in die Sonne des Geistigen schauen will, braucht keine Brille, sondern Einsicht in die Verfinsterung der eigenen Blindheit. Es braucht mindestens soviel abgründige Lotkraft in die Eigenheiten seiner Persönlichkeit, wie er aufzusteigen gedenkt auf geistige Aussichtsgipfel.

Hier liegt der springende Punkt. Dem Leiden am eigenen Erdendasein mit dem himmlischen Trostpflaster der Hellsichtigkeit begegnen zu wollen wird dem Patienten ebenso schlecht bekommen wie seiner gesamten Umwelt. Der ikarische Höhenflug ebenso.

Am schlimmsten ist der Geistesschüler dran, der einen Gleitflug zur Rettung der Erde unternimmt, ohne sich im mindesten für die Voraussetzungen seiner Gerätschaft zu interessieren. Aber auch Bastler gibt es, do-it-yourself-verliebte Heimwerker, die genauso abstürzen. Zum Schluß wären die Verkäufer zu nennen, die aller Welt ihre Technik anpreisen, ohne sich selbst jemals auch nur ein Fußbreit ins Ungewisse begeben zu haben, die weder der eigenen Courage noch dem Flugzeug über den Weg trauen.

Vielleicht faßt es das pragmatische Bild am besten: Wer sich entschließt, in die geistige Welt einzudringen, ist mindestens in der Lage desjenigen, der ein Passagierflugzeug steuert. Es hängen Menschenleben vom Verhalten des Piloten ab. – Nur keine Illusionen: Jedes Wort, jede Tat im Geistigen hat Auswirkungen.

Nichts ist dagegen einzuwenden, wenn der Patient sich als sein eigener Arzt erkennt, wenn die realistische Selbstdiagnose der Blindheit zur Einsicht in die eigene Behandlungsbedürftigkeit führt und wenn – ehe der Therapievorschlag unterbreitet wird – das heilsame Denken vermittelt, daß auch andere an dieser Krankheit leiden. Das Denken kann und muß von jeder Selbstbezogenheit Abstand schaffen. Auch ein Forscher im Labor, der nach einem wirksamen Mittel gegen tödliche Erreger forscht, ist nicht vor dem Hochmut des Ruhms gefeit – ob er nun an der Krankheit leidet oder nicht. Der betroffene Patient ist es ebensowenig; am ehesten vielleicht der behandelnde praktische Arzt. Aber das Sterben der Egoität ist unvermeidlich für den, der höhere Einsichtsstufen anstrebt.

Man könnte den Zustand des hellsichtigen Menschen schlicht als ein Herausgehobensein aus der Zeit charakterisieren. In der Geistesgegenwart stehen Vergangenheit und Zukunft offen, bis über die Grenzen von Geburt und Tod. Die wechselnde Bewegung der Ausdehnung und Zusammenziehung, die dazu notwendig ist, die Urgeste des Lebendigen, ist die erste Erfahrung, die in die Wirklichkeit führt – zunächst in die erste Schicht der das Physische durchziehenden Lebenskräfte, die die Welt im Innersten zusammenhalten.

Hier ist jeder kleine Schritt, den man erkenntnismäßig zurücklegt, ein Siebenmeilenfortschritt. An dieser Stelle steht die Tür zur geistigen Welt weit offen, wie die Pforten des Gesetzes in Kafkas Türhüterparabel. Wenn wir nur hineingingen – dieser Eingang ist für uns bestimmt –, wenn sich die Erkenntnis der Lebenskräfte durchsetzen könnte, dann wäre unendlich viel auf dem Weg gewonnen, den alle Menschen zurückzulegen haben. In diesem Eingang, in dieser Einsicht ist die geistige Welt näher, als man meinen, hoffen oder fürchten kann.

Die Wirklichkeit hat das mechanistische Weltbild längst überrollt. Im Grunde weiß jeder, daß es *so* nicht geht, doch beinahe alle stehen an der Schwelle und zaudern. Jeder wartet auf das erlösende Wort vom anderen, daß einer hingeht und das ganze Blendwerk entlarvt als das, was es ist: des Kaisers neue Kleider.

Jedes Kind hat heute die Fähigkeit, seine Lehrer und seine Eltern zu durchschauen, und zwar auf deren grundlegende Willensimpulse hin. Zu wissen, was einen Menschen wirklich bewegt – Hellsichtigkeit? Kein Problem! Aber dann bleiben sie meistens cool, so wie es in der Erwachsenenwelt vorexerziert wird. Sie durchschauen genauso alles, Politiker, Programme, Absichtserklärungen, jeder weiß genau, was Sache ist, aber niemand spricht es aus – es herrscht Stillhalteabkommen.

Wenn man einem Menschen begegnet, fühlt man dann seine Nähe etwa nicht, lang bevor er physisch bis auf wenige Schritte herangekommen ist? Wenn man auf einen Bekannten trifft, spürt man nicht schon Kilometer gegen den Wind, wie ihm zumute ist? Momente des Herausgehobenseins aus der Zeit kennt jeder, ob Liebende, Künstler, Hausputz-Haltende oder Börsenbroker.

Man könnte an die kleinen Alltäglichkeiten die Kräfte des Zwischenraums, des Zwischenmenschlichen, des Denkens anknüpfen, Übungen machen, um diese innigen Bewegungskräfte selbst besser in den Blick zu bekommen und sich in ihnen seiner selbst bewußt zu werden. Das scheint wenig sensationell, könnte aber ein sehr bodenständiger Weg geistigen Fortschritts werden. Er erfordert Aussprache und Bezugnahme, dann könnten ihn alle miteinander zurücklegen. Unablässiges Innehalten in der Hektik und das Durchschauen üben. Gerade weil keine Muße mehr ist, bietet die Welt um so mehr Angriffsfläche für solche selbstbewußten Wege des Zwischenraums. Einen Weg, den man gebahnt hat, erkennt man anders wieder als einen, auf dem man geführt wird.

Wir alle waren einmal hellsichtig. Wer den Gedanken der Reinkarnation anerkennt – und wer tut das heute nicht? –, wird diesen Satz nicht bestreiten wollen. Trotzdem wissen wir von nichts – die meisten jedenfalls. Folgerichtig kann zeitgemäße Hellsichtigkeit unmöglich in einer bloßen Wiederholung, in einer qualitativ unveränderten Neuauflage dieses uralten Vermögens bestehen. Sonst würden wir es nächstens wieder nicht wissen. Nur das, was auf der Basis einer bewußten Entscheidung, auf der Unterscheidungskraft eines ausgebildeten Urteilsvermögens beruht, wird uns in Zukunft klar sein. Alles andere bleibt nebulös.

Die Offenheit der geistigen Welt gegenüber ergibt sich von selbst und kann durch keinerlei Maßnahme erzwungen werden. Die Ignoranz dagegen, die dieser Offenheit im Wege steht, will gründlich bearbeitet sein. Wir sind zur Hellsichtigkeit befähigt – das ist grundsätzliche Gnade. Aber die Freiheit der Erhebung unseres Denkvermögens in die Wirklichkeit bedeutet heute in erster Linie harte Fleißarbeit. Schlichte, pure Faulheit ist einer der Gründe, sie gar nicht erst anzupacken, das Pendant zum geistigen Hochmut.

Und dann ist da natürlich noch die Angst vor den Konsequenzen. Was man selbst einsieht, ist unumstößlicher als jede Predigt, der eigene Wille wirkt sich in der Einsicht im Gegenüber aus. Wer hellsehen will, kommt am Tun nicht vorbei. Hellsichtigkeit ist kein Zauberstock, keine Wünschelrute zum Aufspüren verborgener Geheimnisse, auch kein erhobener Zeigefinger für die anderen, sondern ein Arbeitsauftrag, der mit Verantwortung, Last und Verpflichtung einhergeht. Geistige Schau ist kein Fernsehen, wo man sich raushalten und als unbeteiligter Zuschauer berieseln lassen kann. Auch kein Bioladen, in dem man sich als Konsument mit geistigen Lebensmitteln eindeckt, erst recht kein Verkehrsverbund, der Freifahrtscheine ins Wahre, Schöne und Gute ausstellt.

Drum prüfe, wer sich an diese Aufgabe bindet, ob er ihr auch gewachsen ist. Und wenn der heiße Wunsch nach letztgültiger Anschauung der Tatsachen nicht auf die Gegenliebe der geistigen Welt stößt, dann ist es sicher besser, tapfer weiterhin im Anschein zu leben, als mit Gewalt durchzubrechen. Auf der langen Durststrecke der Kultivierung der Persönlichkeit heißen die Zauberworte: Geduld und Humor. Den hatte wohl auch jener Schüler, der Rudolf Steiner einst erklärte: Er gäbe was darum, wenn er bloß das Ende vom Schwänzchen eines Elementarwesens zu sehen bekäme. Was er darum gäbe, hat er nicht verraten. Rudolf Steiner hat jedenfalls gehofft, daß es nicht der gesunde Menschenverstand wäre.

Die Mysterien finden auf dem galaktischen Bahnhof statt

Arfst Wagner*

„Wir brauchen Hellseher"

Ein Freund maßte sich kürzlich an, dem Lektor eines anthroposophischen Verlages gegenüber zu äußern, für die Beurteilung von Geschichte müsse man die Wirksamkeit geistiger Wesenheiten einbeziehen. Und er führte auch gleich Symptome für diese Wirksamkeit an. Der Lektor entgegnete darauf, das könne der Freund doch nicht leisten, denn für eine solche Erkenntnis benötige man einen Hellseher.

Vertieft man sich in das Werk Rudolf Steiners und sucht die verschiedenen Darstellungen und Gesichtspunkte zum Thema Hellsehen auf, dann findet man eine gewaltige Anzahl von Äußerungen zu diesem Phänomen. Bereits das 1904/05 erschienene Buch „Wie erlangt man Erkenntnisse der höheren Welten?" (GA 10) hat die Entwicklung der Fähigkeit des Hellsehens zum zentralen Thema. Man muß annehmen, daß Steiner von dem Buch einen nachhaltigen Impuls erwartet hat, die Leserinnen und Leser anzuregen, sich übersinnliche Fähigkeiten anzueignen. Heute nähert sich der Zeitpunkt, an dem dieses Buch 100 Jahre alt wird. Haben die Anregungen dieses Buches ihre Wirkungen entfaltet?

Ein Themenkomplex, zu dem auch die Entwicklung eines neuen Hellsehens gehört, ist in den FLENSBURGER HEFTEN bereits behandelt worden: das Auftreten neuer Seelenfähigkeiten in der Gegenwart (siehe FLENSBURGER HEFTE 34: „Alte und neue Seelenfähigkeiten"). Gewiß wird man dabei auch mit der Entwicklung von verschiedenen, möglicherweise auch sehr individuellen Formen von Hellsehen zu rechnen haben.

---

* **Arfst Wagner,** geb. 1954. Mitarbeiter der FLENSBURGER HEFTE-Redaktion, Verleger (Lohengrin-Verlag), arbeitet als Eurythmielehrer an der Freien Waldorfschule Rendsburg.

In der Anthroposophie wird dargestellt, daß die Menschheit – und damit auch der einzelne Mensch im Gang durch seine Inkarnationen – , sich von einem alten, dumpfen Hellsehen der urfernen oder auch nicht so fernen Vergangenheit zu einem neuen Hellsehen entwickelt, das auf der Grundlage von bewußt errungenen neuen Seelenfähigkeiten entsteht. Die Unterscheidung dieser neuen Formen vom alten, auch in die Gegenwart hereinragenden, atavistischen Hellsehen ist sehr schwer und auch häufig mit vielen Vorurteilen belastet. So konnte sich der obengenannte Lektor des anthroposophischen Verlages offenbar nicht vorstellen, daß der zitierte Freund durch die symptomatologische Darstellung der Wirksamkeit geistiger Wesen bereits Schritte in die Richtung eines neuen Hellsehens entwickelt hat.

Vielleicht hat ihn aber auch die Furcht vor den Verirrungen, in die das Hellsehen bzw. jede Ausbildung höherer Fähigkeiten führen kann, zu der schroffen Ablehnung geführt. Vielleicht ist es auch die Furcht vor Scharlatanerie, die leider nicht selten auftritt. Echtes Hellsehen und Scharlatanerie sind teilweise sehr schwer zu unterscheiden. Ich habe mich seit längerem mit der Gestalt des Erik Jan Hanussen beschäftigt, und bis heute ist es mir nicht möglich, ein generelles Urteil über dessen Wirken abzugeben. Echtes Wahrnehmen, mutwilliges Irreführen, der Kitzel der Macht und die Angst sind hier so eng verflochten, daß die Wahrheit außerordentlich schwer zu erkennen ist.

Erwachende neue Fähigkeiten

In unserer Zeit der Jahrtausendwende kann die Tatsache, daß es zahlreiche Menschen gibt – und anscheinend immer mehr –, die die Fähigkeit des Hellsehens in bestimmten Bereichen entwickelt haben, viele Fragen aufwerfen. Dabei ist zu bedenken, daß es durchaus nicht so sein muß, daß jemand, der eine solche Fähigkeit besitzt, damit bereits alle tieferen Geheimnisse der Welt zu entschlüsseln vermag. Die Fähigkeit des Hellsehens kann sich bei einem Menschen auf verschiedene Phänomene beschränken.

So traf ich bisher drei Menschen, die in die Zukunft zu „schauen" vermochten. Die eine für wenige Minuten, die beiden anderen für etwa einen Tag. Alle drei waren jung, noch unter 20 Jahre alt. Und alle drei mußten mit dem Problem kämpfen, daß die hellsichtigen Schauungen sie zunächst einfach überkamen. Sie mußten lernen, den Zeitpunkt dieser Schauungen langsam selbst bestimmen zu können, was ihnen unterschiedlich schnell gelang.

Ein zentrales Problem dieser hellsichtigen Fähigkeit war die Frage, die sich allen dreien stellte: Sollten sie Menschen, von denen sie wußten, daß ihnen z.B. in den nächsten Stunden ein Unglück zustoßen würde, vor diesem Unglück warnen oder nicht?

Ein anderes Mädchen konnte sich in der Schule gelegentlich nicht besonders auf den Unterricht konzentrieren, da ihr ständig Bilder der letzten Inkarnationen ihrer Mitschülerinnen und Mitschüler aufstiegen und sie selbst zeitweilig nicht wußte, in welcher Zeit sie sich nun eigentlich befand.

Und sie alle hatten lange das Problem, mit niemandem über diese Fähigkeiten sprechen zu können.

J.W. Ernst, Autor eines Buches über die kommende Kultur des 21. Jahrhunderts, erwartete bereits vor 20 Jahren den immer häufiger bei jungen Menschen auftretenden „Sinn für das Kommende":

„Pah, ‚Götter'! Sogar ‚Gott ist tot', wieviel mehr ‚die Götter'! Je nun, darum fehlt dem Leben der Sinn, und alles ist zum Sterben langweilig. – Doch es ändert sich nun. Der Sinn für das Lebendige und Kommende kommt. Er *ist* der Sinn des Lebens. Er entdeckt *die Unsichtbaren* wieder." (Ernst 1978/1987, S.124)

Gibt es Jedi-Ritter?

Gerade bei jüngeren Menschen treten solche Phänomene und Erlebnisse häufiger auf. Einige gehen wie alltäglich damit um. Sie sind mit solchen Erfahrungen aufgewachsen. Wie selbstverständlich diese Phänomene heute bereits sind, dem kann sich auch der aufmerksame Kinogänger nicht verschließen. Die Jedi-Ritter aus den bisherigen vier Teilen der „Star Wars"-Filme von George Lukas besitzen viele solche Fähigkeiten. Sie gehen bewußt mit magischer Kraft um. Sie wissen, daß es eine schwarze und eine weiße Seite der magischen Kraft gibt, daß es sich aber um dieselbe Kraft handelt, die nur jeweils aus anderen Motiven benutzt wird und dadurch zu schwarzer oder weißer Magie wird. Die

Jedi-Ritter können spüren, wenn eine entsetzliche Katastrophe in weit entfernt gelegenen Teilen des Kosmos geschieht. Sie können den Schmerz spüren, der in anderen Lebewesen durch solche Katastrophen ausgelöst wird. Sie spüren auch die Nähe von Unmoralität, Haß und Furcht. Und die Jedi-Ritter sind in der Lage, für kurze Augenblicke in die Zukunft zu sehen, was ihnen eine ungeheuer rasche Reaktionsfähigkeit vermittelt.

Für Kinder und Jugendliche ist das ein ungeheures Erlebnis. Sie erfahren in diesen Filmen einige ihrer meist unbewußten Fähigkeiten. Und sie leben mit der Frage: Gibt es so etwas wie Jedi-Ritter wirklich? Sie fühlen sich in den Tiefen ihrer Seele, im Bereich der in ihnen schlummernden Fähigkeiten zutiefst ernstgenommen.

Laserschwerter und Eingeweihte

Die Erde kommt im „Krieg der Sterne“ nicht vor. Wir werden in entlegene Galaxien entführt, begegnen den kuriosesten Lebensformen, meist intelligenter Natur, und ahnen, daß sie Menschentypen und deren tiefere Seelenschichten charakterisieren sollen. Wir erfahren vom existentiellen Kampf zwischen Gut und Böse und hören im vierten Teil, „Die dunkle Bedrohung“, von der Erwartung des „Erlösers, der das Gleichgewicht bringt“. Wir erleben eine ungeheuer technisierte Welt, in der die meisten Kämpfe mit futuristischen Waffen ausgekämpft werden, die entscheidenden aber mit Laserschwertern, die die Geisteskraft von Eingeweihten symbolisieren. Und alles wird uns als Gleichnis deutlich.

Durch die „Star Wars“-Filme erfahren die Betrachter, daß der Unterschied zwischen Gut und Böse groß ist, daß er aber für den, der eine spirituelle Schulung macht – sich in der Sprache des Films zum Jedi-Ritter ausbilden läßt –, an bestimmten Stellen seiner Biographie sehr klein ist, so daß es ausgesprochenermaßen auf die Beobachtung eigener innerer Seelenprozesse ankommt, will man nicht der schwarzen Seite verfallen – usw. usf.

Würde man George Lukas die Frage stellen, inwieweit er selbst an die Realität des von ihm in den Filmen Dargestellten glaubt, er würde wahrscheinlich nicht antworten.

„Star Wars“ ist nur einer von zahllosen Filmen der letzten Jahre, in denen Hellsehen, die Suche nach dem Heiligen Gral, die Auseinandersetzung zwischen Gut und Böse, spirituelle Brüderlichkeit und andere grundlegende spirituelle Fragen wie selbstverständlich vor die Bewußtseine junger Menschen gestellt werden. Auch die Erscheinung eines „Erlösers“ wird immer wieder thematisiert. So auch in dem zur Zeit in den Kinos laufenden Film „Matrix“.

Diese Filme aus verschiedenen, möglicherweise berechtigten Gesichtspunkten heraus zu verurteilen ist leicht. Im Sinne von echter Positivität die wertvollen Seiten in ihnen zu entdecken ist schwer, aber nötig. Zumindest eines zeigen Filme wie „Star Wars“ in aller Deutlichkeit: die Selbstverständlichkeit des Vorhandenseins spiritueller, auch hellsichtiger Fähigkeiten.

„Ich habe Drachenblut getrunken“

In der Siegfried-Sage gibt es das Bild des Siegfried, der Drachenblut trinkt und dadurch die Fähigkeit erhält, die Stimmen der Natur zu verstehen. Bei Richard Wagner erlangt Siegfried zudem noch die Fähigkeit zu verstehen, was Menschen *eigentlich* sagen, was sie wirklich meinen und beabsichtigen, und nicht bloß auf das zu Hören, was sie oft nur vorgeben, wenn sie sprechen. Hierin begründet sich ein ganz neues Verhältnis zur Wahrheit. Wer ein gestörtes Verhältnis zur Wahrheit hat, wird von Menschen, die diese Fähigkeit entwickeln, in der Zukunft rasch durchschaut werden.

Und diese Fähigkeit besitzen zunehmend mehr Menschen, was auch an Schülerinnen und Schülern zu beobachten ist. So sagte mir ein Schüler, dem ich einmal von der Siegfried-Sage und dieser letztgenannten Fähigkeit erzählte: „Dann habe ich Drachenblut getrunken“. Eine von ihm unbemerkte Nachprüfung ergab, daß er diese Fähigkeit in sehr starker Form ausgeprägt besaß.

Die Notwendigkeit der Auseinandersetzung, der Konfrontation mit dem Bösen wird von Rudolf Steiner immer wieder als Bedingung für die Ausbildung eines zeitgemäßen Bewußtseinszustandes genannt. Diese Auseinandersetzung, man mag das vielleicht sogar bedauern, findet für viele heute weitgehend im Kino statt.

Spirituelle Fähigkeiten sind unangenehm

Menschen können unter spirituellen Fähigkeiten leiden. Wie bereits erwähnt, können die sozialen Beziehungen von Menschen, die in die Zukunft schauen können, durch diese Fähigkeit belastet werden. Auch die Fähigkeit des gesteigerten Wahrnehmens des Wahrheitsgehaltes gesprochener Worte können den Wahrnehmenden, aber natürlich auch den Wahrgenommenen, sozusagen den Entblößten, belasten. Menschen fühlen sich durchschaut und bekommen Furcht vor Menschen, die sie auf unangenehme Art durchschauen. Dadurch ist nicht immer die Neigung bei allen Menschen vorauszusetzen, sich über spirituelle und hellseherische Fähigkeiten zu freuen.

Stellen wir uns doch einmal die Frage: Erkennen wir die verborgenen Fähigkeiten in unseren Mitmenschen, oder mißachten wir sie? Oder behindern wir sogar die Entwicklung dieser Fähigkeiten? Besonders Pädagogen haben Grund, sich diese Frage zu stellen. – Theodor Roszak bringt einen weiteren interessanten Gesichtspunkt, warum spirituelle Fähigkeiten unangenehm sein können:

„Die Person [als potentieller Ort hellsichtiger Erleuchtung; A.W.] ist immer eine bedrohte Spezies gewesen, die sich an die Ränder der Gesellschaft klammerte, die noch nicht ausgetretenen Wege suchte und die heilige Flamme an geheimen Orten bewahrte. Manchmal fällt einem dieser abgeschieden Lebenden der Ruf des Heiligen oder Weisen zu. Vielleicht sollten wir lieber sagen, daß manche Propheten uns so beunruhigen, daß wir ihnen diesen erhabenen Status verleihen, denn dadurch schirmen wir uns gegen den Anspruch ab, den sie auch an uns erheben. Wir machen sie zu Göttern, damit wir guten Gewissens in unserer bequemen Mittelmäßigkeit verharren können." (Roszak 1982, S.119 f.)

Gefahren der Einweihung

Niemand wird hellsichtige Fähigkeiten durch den Kauf einer Kino-Eintrittskarte, einer Studienbescheinigung oder durch andere irdische Zertifikate erringen können, auch wenn Roszak bereits befürchtet, daß in Zukunft „Examina in Kundalini" abgelegt werden müssen.

In den letzten Jahren hat der naive Glaube daran, daß der Einweihungsprozeß etwas Schönes, rein zu Genießendes sei, abgenommen. In der frühen New-Age-Bewegung wurde diese naive Anschauung geradezu zum Kult. In der Schulung der Jedi-Ritter in „Star Wars" wird der Einweihungsweg als gefährlich beschrieben. Der Schüler wird von den älteren eingeweihten Jedi-Rittern überwacht. Ob ein Schüler reif ist, entscheidet der Rat der Jedi-Ritter, wenn auch sehr undogmatisch.

Die Schwierigkeiten für einen jungen Menschen mit anfänglichen übersinnlichen Fähigkeiten sind im äußeren Leben sehr groß, die inneren Gefahren sind aber noch größer und sehr vielfältig.

Wenn man auch die beschriebenen anfänglichen hellseherischen Fähigkeiten mit Sicherheit als solche bezeichnen kann, so beginnt die wahre Hellsichtigkeit doch erst mit dem konkreten Schauen der astralen Welt. Aus den vielen Beschreibungen der Einweihung und des Erlebens in der astralen Welt, die sich im Werk Steiners finden, sei eine hier herausgegriffen:

„Versuchen wir nun also, die Astralwelt zu beschreiben. Da muß man sich an eine ganz andere Art des Sehens gewöhnen.

Das erste, worüber man sich Rechenschaft geben muß, das ist, daß sie uns alles, was existiert, wie in einem Spiegel zeigt; daß also alles umgekehrt ist. Liest man also die Zahl 365 im Astrallicht, so muß man sie von hinten her lesen: 563. Spielt sich ein Ereignis vor uns ab, so geschieht es in der umgekehrten Reihenfolge, die es auf der Erde hat. In der Astralwelt kommt die Ursache nach der Wirkung, während in unserer Welt die Wirkung nach der Ursache kommt. In der Astralwelt erscheint die Wirkung als die Ursache. Das beweist, daß die Wirkung und die Ursache identische Dinge sind, wirksam im umgekehrten Sinn, je nach der Lebenssphäre, in der wir uns befinden. Das Hellsehen löst also auf experimentellem Wege das teleologische Problem, das keine Metaphysik durch den abstrakten Gedanken lösen konnte.

Eine andere Anwendung dieser gegensätzlichen Entsprechung der Dinge auf dem Astralplan besteht darin, daß sie den Menschen lehrt, sich selbst zu erkennen. Die Gefühle und die Leidenschaften drücken sich auf diesem Plan durch pflanzliche und tierische Formen aus. Wenn der Mensch beginnt, seine Leidenschaften auf dem Astralplan wahrzunehmen, sieht er sie in tierischen Gestalten, aber diese Gestalten, die von ihm ausgehen, sieht er im umgekehrten Sinne: als ob sie ihn anspringen würden. Das kommt daher, daß er im Zustand des Bild-Erlebens schon außerhalb seiner selbst ist; anders könnte er nicht sich selbst sehen. Hier allein, auf dem Astralplan, lernt der Mensch sich wahrhaft erkennen, indem er die Bilder seiner Leidenschaften betrachtet im Bilde von Tieren, die sich auf ihn stürzen. So erscheint ein Haßgefühl, daß man gegen ein Wesen der Außenwelt gehegt hat, als ein Dämon, der sich auf uns stürzt.

Diese astrale Kenntnis, die man von sich selbst erhält, stellt sich in anormaler Weise bei denen ein, die an seelischen Krankheiten leiden, durch die sie sich ohne Unterlaß von tierhaften Wesen, von verzerrten Gestalten verfolgt sehen. Sie ahnen nicht, daß, was sie sehen, nur der Reflex ihrer Emotionen und Leidenschaften ist.

Die echte Initiation verursacht keine psychische Störung, aber der vorzeitige, plötzliche Einbruch der Astralwelt in den menschlichen Organismus kann den Wahnsinn hervorrufen. Denn im Zustand des Hellsehens löst sich der Mensch von seinem physischen Körper. Von daher können Gefahren für Verstand und Gehirn desjenigen erwachsen, dem das seelische Gleichgewicht und die nötige Schulung fehlen." (GA 94/1979/02.06.1906/S.61 f.)

Weiß George Lukas, was er tut?

Das Heranziehen von Beispielen aus der „Star Wars"-Reihe sollte nicht als grundlegende Bewertung dieser Filme verstanden werden. Darauf wird hier vollkommen verzichtet, weil sie nicht das Thema ist.

Unverkennbar ist der Impetus von George Lukas, ein monumentales Zeugnis für das Vorhandensein von Spiritualität abzulegen, und allein das soll uns hier beschäftigen. Auf jeden Fall kann man sagen, daß es sich in den bisherigen vier Teilen des „Kriegs der Sterne" um ein wahres Mysteriendrama handelt. Über die Art der Darstellung, das Medium des Films und das mit dem ganzen Projekt verbundene ungeheure Geschäft mag man streiten. Auch über das bisherige Fehlen der Reinkarnationsidee.

Weiß George Lukas eigentlich, was er hier darstellt? Es ist anzunehmen. Im Jahre 1962 veränderte ein schwerer Verkehrsunfall, den Lukas nur durch einen Zufall überlebte, seine Lebenseinstellung radikal. Er erkannte plötzlich, daß er von geborgter Zeit lebte:

„Man kann eine solche Erfahrung nicht machen, ohne zu merken, daß es einen Grund dafür geben muß, warum man lebt. Ich erkannte, daß ich lieber herausfinden sollte, was dieser Grund ist, und versuchen, ihn zu rechtfertigen. Tatsache ist, daß es keine Möglichkeit gegeben hätte, diesen Unfall zu überleben, wenn ich mich mitsamt dem Wagen um den Baum gewickelt hätte. Eigentlich hätte der Sicherheitsgurt nie aufgehen dürfen – unter keinen Umständen." (zit. nach: Bullock 1983, S.8)

In allen vier Teilen des Films sind tiefe spirituelle Motive verarbeitet. Die ganze Art der Darstellung deutet auf Erscheinungen auf dem Astralplan hin, so z.B. die ungeheuer phantasiereiche Gestaltung der verschiedenen intelligenten Lebensformen, die an Hieronymus Bosch erinnert. Frank Linde hat in FLENSBURGER HEFTE 45 auf die Darstellung des „Hüters der Schwelle" im zweiten Teil der damaligen „Star Wars"-Trilogie hingewiesen – zu diesem Zeitpunkt gab es drei Teile – und damit einen zentralen spirituellen Angelpunkt des Films herausgearbeitet (siehe Linde 1994, S.94 ff.).

Die magische Kraft, mit der die bösen Sith genauso wie die guten Jedi-Ritter umgehen, wird dem werdenden Jedi-Ritter Luke Skywalker von seinem Lehrer, dem Jedi-Meister Yoda, wie folgt beschrieben:

„Die Macht ist es, die den Jedi die Stärke gibt. Es ist ein Energiefeld, das alle lebenden Dinge erzeugen. Es umgibt uns, es durchdringt uns, es hält die Galaxis zusammen. [...] Denk immer daran, ein Jedi kann es fühlen, wie die Macht ihn durchströmt."

Luke Skywalker wird auch darüber belehrt, daß die dunkle, böse Seite der Macht keine andere, sondern dieselbe Kraft verwendet, nur aus anderen Motiven. Und er wird eindringlich vor der dunklen Seite gewarnt:

„Ja, die Kraft fließt einem Jedi von der Macht zu. Aber hüte dich vor der dunklen Seite der Macht! Zorn, Furcht, Aggressivität, die dunklen Seiten der Macht sind sie. Besitz ergreifen sie leicht von dir. Folgst du einmal diesem dunklen Pfad, beherrschen wird auf ewig die dunkle Seite dein Geschick. Verzehren wird sie dich, wie einst den Schüler von Obi-Wan." (Aus dem Film: „Das Imperium schlägt zurück")

Eine ganze Reihe weiterer Beispiele spiritueller Phänomene und die Darstellung ihrer Gesetzmäßigkeiten könnte aus allen vier Teilen der „Star Wars"-Saga herangezogen werden.

Wer sich mit „Star Wars" auseinandersetzt, steht bereits mitten drin in dem unentschiedenen Kampf zwischen Gut und Böse. Ein Problem kann man damit haben, daß die meisten Betrachter dies wohl nicht wissen. Aber empfinden tun es viele. Ich fragte zwei Jungen: „Wollt ihr jetzt auch Jedi-Ritter werden?" Der eine antwortete: „Nein, das ist mir viel zu schwierig." Der andere sagte: „Ja, aber ich würde das nie sagen."

Es gibt Hellseher

Den „Lektoren" können wir sagen: Es gibt viele Hellseher und viele Arten des Hellsehens. Es gibt gesunde und ungesunde Arten, zur Hellsichtigkeit zu kommen. Und man kann zwischen angeborenen bzw. bereits mitgebrachten Fähigkeiten und erworbenen unterscheiden. Wir stehen vor der Notwendigkeit, daß hellsichtige Fähigkeiten hervorkommen. Es gibt aber auch das Gesetz, daß wir durch ein Mißverhältnis zwischen eigener Wahrnehmung und von uns gefälltem Urteil unsere eigene spirituelle Entwicklung schädigen. Unkritisches Übernehmen hellsichtiger Erkenntnisse schädigt diese Entwicklung ebenfalls. Vor beiden Abwegen sollten wir uns hüten.

Eingeweihter, Adept und Hellseher

Die Mitglieder des Jedi-Rats sind eingeweihte Jedi-Ritter und deren Schüler, die allerdings bereits bestimmte hellsichtige Fähigkeiten besitzen. Wenn sie diese Anlagen nicht hätten, könnten sie gar nicht ausgebildet werden. Die Rangstufen erinnern an die drei bekannten Bezeichnungen Eingeweihter, Adept und Hellseher.

Versuchen wir nun zum Schluß eine Unterscheidung dieser drei wesentlichen Begriffe. In dem „Lexikon des Geheimwissens" von Horst E. Miers lesen wir unter dem Stichwort Adept:

„Adept, von lat. Adeptus = ‚der, welcher erhalten hat'; nach Dr. v. Purucker ‚einer, der geschickt ist'. Als Adept wird im Okkultismus jemand bezeichnet, der die Einweihungsstufe erreicht hat und ein Meister in der Wissenschaft der esoterischen Philosophie geworden ist. Nach anderen muß der A. 5 Einweihungen hinter sich gebracht haben und daher ins 5. oder geistige Reich eingegangen sein; er kennt die Evolution der Menschheit und hat nur noch 2 Einweihungen vor sich. In den esoterischen Schriften ist der A. jedoch jemand, der sich in der esoterischen Weisheit, d.h. den Lehren vom Leben, auskennt. A. ist im allgemeinen der Grad, der die Laufbahn eines Eingeweihten als Krönung abschließt.“ (Miers 1993)

In den im Jahre 1893 gehalten Vorträgen über „Geheimwissen, Theosophie und den katholischen Glauben“ von C.G. Harrison, die 1897 unter dem Titel „Das transzendentale Weltenall“ erschienen, findet sich eine bemerkenswerte Unterscheidung der drei Bezeichnungen Hellseher, Adept und Eingeweihter. Da das Verständnis der Unterschiede dieser drei geistigen Bezeichnungen nicht sehr verbreitet, aber von großer Wichtigkeit ist, möchte ich es an den Schluß dieses Artikels stellen:

„Ein Eingeweihter ist derjenige, welcher die Schwelle des Unsichtbaren mit oder ohne Hilfe überschritten hat, an dem ‚Hüter‘ vorübergegangen ist, der Versuchung widerstanden hat, bei ihm zu bleiben, von der Furcht, welche das Unbekannte immer einflößt, unabgeschreckt die jenseitige Region kennengelernt und eine Reihe von Erfahrungen, welche ihm so gänzlich unbekannt sind, wie die Sinnenwelt dem neugeborenen Kinde, auf dem gewöhnlichen Wege des gesunden Menschenverstandes, durch intellektuelle Einteilung in Klassen, in Ordnung gebracht hat.

Ein Eingeweihter ist nicht notwendigerweise ein Adept. Er kann das Verhältnis zwischen der sichtbaren und unsichtbaren Welt verstehen, er kann das Netzwerk (wenn ich den Ausdruck gebrauchen darf) der Ursachen in der unsichtbaren Welt durchdrungen haben, welche sich in der Welt der Erscheinungen als Wirkungen entfalten, und dennoch gänzlich unfähig sein, diese Wirkungen zu beherrschen; er würde mit Schrecken vor der Verantwortung zurückbeben, an einem Wettstreit teilzunehmen, wozu eine Vorbereitung jahrelanger Ausbildung erforderlich ist. Würde jemand, weil er ein Paar Ruder auf einem Teich handhaben gelernt hat, freiwillig auf einem Rettungsboot bei Sturm zur See dienen? Oder weil er einer Gliedabnahme durch einen geschickten Chirurgen beigewohnt hat, sich für tauglich halten, eine gleiche Operation auszuführen und sich entschließen, bei der ersten passenden Gelegenheit das Messer zu führen?

Ebensowenig ist ein Eingeweihter (oder jeder Adept, was dies anbelangt, wenn er nicht einer gewissen Klasse angehört) notwendigerweise ein Hellsehender. Ein Mann kann zu lesen imstande sein, obschon sein Sehvermögen schwach sein mag, während die schärfsten Augen für den nutzlos sind, der nicht zu lesen gelernt hat, dem die Sprache unbekannt ist. Das geistige Gesicht mancher Adepten ist in der Tat schwach (denn man gelangt selten zur Adeptschaft ohne Einbuße an dem, was die Welt geistreich nennt), und sie lassen sich lieber vorlesen, wenn ich diesen Ausdruck gebrauchen darf. [...]

Wiederholt gesagt: Ein Eingeweihter ist ein Mann [oder auch eine Frau; A.W.], der ein großes Geheimnis erfahren hat, welches paradoxer Natur ist. Es zu erraten ist gefährlich, aber es zu verraten ist Vernichtung. Es der Welt mitzuteilen wäre Wahnsinn, denn dies würde die Wirkung haben, die Menschheit in Kains und Abels zu spalten. Es jemandem zu enthüllen wäre so viel, als sich lebenslang unter dessen Macht zu stellen. Es ist das einzige Geheimnis, welches zu entreißen die Folter machtlos ist, denn unter solchen Umständen würde die Qual, es unter dem Zwange zu verraten, der Vernunft und wahrscheinlich dem Leben des Opfers ein Ende machen.“ (Harrison 1897, S.38 f.)

Literatur:

Bullock, Dale: Sternenimperium. Das Leben und die Filme von George Lukas. München 1983.

Ernst, J.W.: Das Schicksal unserer Zivilisation und die kommende Kultur des 21. Jahrhunderts. Freiburg 1978 und Schaffhausen 1987.

Harrison, C.G.: Das transzendentale Weltenall. 6 Vorträge über Geheimwissen, Theosophie und den katholischen Glauben. O.O. 1897.

Linde, Frank: Der Hüter im „Krieg der Sterne“. In: FLENSBURGER HEFTE 45: Hüter der Schwelle. Der Mensch am Abgrund. Flensburg 1994.

Miers, Horst E.: Lexikon des Geheimwissens. München 1993.

Roszak, Theodor: Mensch und Erde auf dem Weg zur Einheit. Soyen 1982. (Titel der amerikanischen Originalausgabe: Person / Planet. The creative disintegration of industrial society.)

Flensburger Hefte 56

Über Reinkarnation und Karma

Erfahrungen früherer Erdenleben

188 Seiten, kart., DM 26,00 ISBN 3-926841-78-8

Das Thema „Reinkarnation und Karma" gewinnt zunehmend an Bedeutung. Dieses Buch wendet sich grundlegenden Fragen und vor allem auch den persönlichen Erfahrungen zu, die Menschen heute in der Auseinandersetzung mit ihren früheren Verkörperungen machen. Es zeigt sich nämlich, daß immer mehr Menschen anfängliche Erlebnisse – Stimmungen oder Bilder – vergangener Erdenleben haben. Für den Umgang mit diesen Erfahrungen sind sachgerechte Methoden erforderlich, und man benötigt vor allem spirituelle Begriffe, um sie verstehen zu können.

Es wird dargestellt, welche Veränderungen im Wesensgefüge des Menschen und in seiner Wahrnehmungsfähigkeit in den nächsten Jahrzehnten und Jahrhunderten anstehen. Und die Beiträge zeigen, wie man trotz des heutigen esoterischen Massenangebots Unterscheidungsfähigkeit für übersinnliche Phänomene entwickeln kann und wie man übend mit übersinnlichen Erlebnissen umzugehen lernt.

Die Beiträge

Schicksal verstehen –
Notwendige Differenzierungen zum Verständnis des Karmabegriffs
Artikel von Frank Linde, Dozent, Rendsburg

In Zeiten des Umbruchs
Artikel von Wolfgang Weirauch, Redaktion FH
Äthersehen / Christus wird Herr des Karma / Der karmische Ausgleich / Bilder früherer Erdenleben / Ätherische und astrale Leichname / Rückführungen.

Geheimnisse werden offenbar
Interview mit Nothart Rohlfs, Dozent, Neu-Darchau
Ätherhellsehen in der Natur / Bilder vergangener Inkarnationen / Eigene Erfahrungen / Karmaübungen in der Gruppenarbeit / Zwei Karmaübungen Steiners.

Blick durch den Schleier der Vergangenheit
Interview mit Johannes W. Schneider, Psychologe und Dozent, Dortmund

Wer die Türen zur Vergangenheit öffnet
Interview mit Petra Angelika Peick, Psychologin und Reinkarnationstherapeutin, Hamburg
Schilderungen des Vorgehens und der Erlebnisse bei der Rückführung.

Der Mensch als Gestalter seines Lebens
Interview mit Willem Frederik Veltman, Dozent, Den Haag

Grundlagen schaffen
Interview mit Dr. Bodo Hamprecht, Prof. für Physik, Berlin
Zur Methodik der geistigen Forschung / Karma und Freiheitsentfaltung.

Ichentwicklung denken
Interview mit Dr. Dr. Wolf-Ulrich Klünker, Leiter der Turmalin-Stiftung, Bliestorf
Über die Wurzeln des Reinkarnationsgedankens im Christentum.

Bezug über den Buchhandel oder direkt beim Verlag (zzgl. Porto und Verpackung):
Flensburger Hefte Verlag · Holm 64 · D-24937 Flensburg · Fax 0461 / 2 69 12

Johannes Rogalla von Bieberstein
Die These von der Verschwörung 1776–1945
Philosophen, Freimaurer, Juden, Liberale und Sozialisten als Verschwörer gegen die Sozialordnung
216 S., kt. DM 33,–
ISBN 3-926841-36-2

Jimmy Carter
Frieden schaffen im Gespräch
Ein Impuls für die nächste Generation
206 S., kt. DM 32,–
ISBN 3-926841-71-0

Carola Cutomo
Medialität, Besessenheit, Wahnsinn
188 S., kt. DM 19,80
ISBN 3-926841-19-2

Klaus Engels
Destruktive Kulte im Spannungsfeld von Kirche und Gesellschaft
212 S., kt. DM 28,–
ISBN 3-926841-46-X

Hans-Diedrich Fuhlendorf
Rückkehr zum Paradies oder Erbauen des Neuen Jerusalem?
Geschichtsbetrachtungen in apokalyptischer Zeit
352 S., kt. DM 39,–
ISBN 3-926841-37-0

Wolfgang Gädeke
Anthroposophie und die Fortbildung der Religion
448 S., Leinen, DM 48,–
ISBN 3-926841-23-0
kt. DM 36,–
ISBN 3-926841-24-9

Dieter Hornemann
Geheimnisvolles Afrika
Anthroposophische Arbeit im Urwald
102 S., 32 farb. Abb., kt. DM 26,–
ISBN 3-926841-60-5

Johannes Kiersch
Fragen an die Waldorfschule
148 S., kt. DM 19,80
ISBN 3-926841-33-8

Peter Krause
Das Judasproblem
Von den spirituellen Hintergründen der Gewalt
128 S., kt. DM 19,80
ISBN 3-926841-38-9

Peter Krause
Feuer in Tschernobyl
Die Ukraine nach dem SuperGAU
168 S., 37 farb. Abb., kt. DM 28,–
ISBN 3-926841-58-3

Peter Krause, Faustus Falkenhahn (Hg.)
Einsam – gemeinsam
Jugend im Gespräch
192 S., kt. DM 22,80
ISBN 3-926841-43-5

Ernst-Martin Krauss
Holzwege, Steinwege ...
Erlebnisse mit Elementarwesen
92 S., Großformat, 13 farb. Abb., gebunden, DM 56,–
ISBN 3-926841-35-4

Jukka Kuoppamäki
Einsam – gemeinsam
Jugendliche singen Lieder mit Jukka Kuoppamäki
Musikkassette, DM 22,–

Andreas Meyer (Hg.)
Seele und Geist
Ansätze zu einer spirituellen Seelentherapie
160 S., kt. DM 26,–
ISBN 3-926841-47-8

Hans Philippsen
Götter, Hexen und Naturgeister
Sagen und Sagenhaftes der Insel Föhr
144 S., 16 farb. Abb., kt. DM 24,80
ISBN 3-926841-84-2

Sidney Saylor Farr
Tom Sawyers Nah-Todeserfahrung und die Wandlung seines Lebens
204 S., kt. DM 32,–
ISBN 3-926841-82-6

Heinz Schimmel (Hg.)
Tanz der Seelen
Der Tod als Verwandler der Seele. Die Totentanzdichtung von Joachim Fernau und ihre eurythmische Darstellung
108 S., 14 farb. Abb., kt. DM 25,–
ISBN 3-926841-53-2

Wolfgang Weirauch
Im Spiegel der Finsternis
Roman für Jugendliche und Erwachsene. Ab 13 Jahren.
252 S., geb. DM 33,–
ISBN 3-926841-86-9

Siehe auch die folgenden Seiten.

FH 11
Über Tod und Sterben
4. Aufl., 232 S., kt. DM 28,–
ISBN 3-926841-11-7

FH 13
Hexen, New Age, Okkultismus
3. Aufl., 196 S., kt. DM 19,80
ISBN 3-926841-08-7

FH 14
Erneuerung der Religion
Die Christengemeinschaft, Sakramente, Kirche und Kultus
4. Aufl., 184 S., kt. DM 16,80
ISBN 3-926841-07-9

FH 15
Waldorfschule und Anthroposophie
3. Aufl., 132 S., kt. DM 9,80
ISBN 3-926841-00-1

FH 16
Kulturvergiftung: Rauschgift, Sucht und Therapie
2. Aufl., 228 S., kt. DM 16,80
ISBN 3-926841-21-4

FH 17
Kulturvergiftung: Alkohol
2. Aufl., 160 S., kt. DM 16,80
ISBN 3-926841-34-6

FH 18
Biologisch-dynamische Landwirtschaft, Ökologie, Ernährung
2. Aufl., 184 S., kt. DM 19,80
ISBN 3-926841-03-6

FH 19
Musik
2. Aufl., 184 S., kt. DM 16,80
ISBN 3-926841-06-0

FH 20
Sexualität, Aids, Prostitution
2. Aufl., 170 S., kt. DM 14,80
ISBN 3-926841-09-5

FH 21
Aids
164 S., kt. DM 14,80
ISBN 3-926841-10-9

FH 22
Erkenntnis und Religion
Zum Verhältnis von Anthroposophischer Gesellschaft und Christengemeinschaft
132 S., kt. DM 14,80
ISBN 3-926841-13-3

FH 23
Engel
3. Aufl., 196 S., 9 farb. Abb., kt. DM 28,–
ISBN 3-926841-15-X

FH 24
Direkte Demokratie / 1789–1989
240 S., kt. DM 14,80
ISBN 3-926841-16-8

FH 25
Rechtsleben und soziale Zukunftsimpulse
Von der Dreigliederungsidee Rudolf Steiners zur Volksgesetzgebung
244 S., kt. DM 16,80
ISBN 3-926841-17-6

FH 26
Michael
Januskopf Bundesrepublik
184 S., 8 farb. Abb., kt. DM 16,80
ISBN 3-926841-22-2

FH 27
Strafprozeß, Strafvollzug, Resozialisierung
224 S., kt. DM 16,80
ISBN 3-926841-20-6

FH 28
Naturwissenschaft und Ethik
204 S., kt. DM 16,80
ISBN 3-926841-25-7

FH 29
Freie Schule
248 S., kt. DM 19,80
ISBN 3-926841-28-1

FH 30
Märchen
224 S., kt. DM 16,80
ISBN 3-926841-29-X

FH 31
Biographiearbeit
4. Aufl., 192 S., 7 farb. Abb., kt. DM 24,80
ISBN 3-926841-31-1

FH 32
Anthroposophen und Nationalsozialismus
168 S., kt. DM 16,80
ISBN 3-926841-32-X

FH 33
Destruktive Kulte, schwarze Magie, Sexualmagie
232 S., kt. DM 22,80
ISBN 3-926841-40-0

FH 34
Alte und neue Seelenfähigkeiten
192 S., kt. DM 19,80
ISBN 3-926841-41-9

FH 35
Die Christengemeinschaft heute
Anspruch und Wirklichkeit
212 S., kt. DM 19,80
ISBN 3-926841-42-7

FH 36
Schwangerschaftsabbruch
212 S., kt. DM 22,80
ISBN 3-926841-44-3

FH 37
Indianer
212 S., 6 farb. Abb., kt. DM 24,80
ISBN 3-926841-45-1

FH 38
Konfliktbewältigung
2. Aufl., 220 S., 10 farb. Abb., kt. DM 24,80
ISBN 3-926841-50-8

FH 39
Christus
184 S., 16 farb. Abb., kt. DM 24,80
ISBN 3-926841-51-6

FH 40
Ausländerhaß, Nationalismus, Rassismus
188 S., 13 farb. Abb., kt. DM 24,80
ISBN 3-926841-52-4

FH 41
Anthroposophie und Rassismus
212 S., kt. DM 24,80
ISBN 3-926841-54-0

FH 42
Sind wir noch zu retten?
Zerstörung oder Verwandlung der Erde?
224 S., 26 farb. Abb., kt. DM 24,80
ISBN 3-926841-56-7

FH 43
Gebet heute
168 S., kt. DM 24,80
ISBN 3-926841-57-5

FH 44
Scheidung – warum?
Partnerschaftsprobleme und ihre Bewältigung
2. Aufl., 228 S., 11 farb. Abb., kt. DM 28,–
ISBN 3-926841-59-1

FH 45
Hüter der Schwelle
Der Mensch am Abgrund
172 S., kt. DM 24,80
ISBN 3-926841-61-3

FH 46
Jugendideale
208 S., kt. DM 24,80
ISBN 3-926841-62-1

FH 47
Übungen zur Selbsterziehung
2. Aufl., 216 S., 16 farb. Abb., kt. DM 28,–
ISBN 3-926841-65-6

FH 48
Angst
188 S., 16 farb. Abb., kt. DM 24,80
ISBN 3-926841-66-4

FH 49
Depression
200 S., 8 farb. Abb., kt. DM 24,80
ISBN 3-926841-67-2

FH 50
Erziehung
188 S., 8 farb. Abb., kt. DM 24,80
ISBN 3-926841-68-0

FH 51
Nah-Todeserfahrungen
Rückkehr zum Leben
168 S., kt. DM 24,80
ISBN 3-926841-72-9

FH 52
Auferstehung
Von der Gegenwart Christi
168 S., 8 farb. Abb., kt. DM 26,–
ISBN 3-926841-73-7

FH 53
Gedächtnis und Erinnerung
184 S., kt. DM 26,–
ISBN 3-926841-74-5

FH 54
Ernährungsfragen
176 S., kt. DM 26,–
ISBN 3-926841-75-3

FH 55
Naturgeister
Vom Wirken der Elementarwesen
196 S., 16 farb. Abb., kt. DM 26,–
ISBN 3-926841-76-1

Siehe auch das Verzeichnis auf der vorangehenden Seite.